O GRANDE EXPERIMENTO

MARCEL NOVAES

O GRANDE EXPERIMENTO

1ª edição

EDITORA RECORD
RIO DE JANEIRO • SÃO PAULO
2016

CIP-BRASIL. CATALOGAÇÃO NA PUBLICAÇÃO
SINDICATO NACIONAL DOS EDITORES DE LIVROS, RJ

Novaes, Marcel
N816g O grande experimento: a desconhecida história da revolução americana e do nascimento da democracia moderna / Marcel Novaes. – 1ª ed. – Rio de Janeiro: Record, 2016.
238 p; 23 cm.

Inclui bibliografia
ISBN 978-85-01-08276-3

1. Estados Unidos – História – Revolução, 1775-1783. 2. Democracia – Estados Unidos – História. I. Título.

16-35375 CDD: 973.3
CDU: 94(73)'1975/1783'

Texto revisado segundo o novo Acordo Ortográfico da Língua Portuguesa.

Direitos exclusivos desta edição reservados pela
EDITORA RECORD LTDA.
Rua Argentina, 171 – Rio de Janeiro, RJ – 20921-380 – Tel.: (21) 2585-2000.

Impresso no Brasil

ISBN 978-85-01-08276-3

Sumário

Introdução

A relação dos brasileiros com os Estados Unidos da América costuma ser ou de amor, ou de ódio. De um lado, férias em Miami, cinema, *rock and roll*, hambúrgueres. De outro, invasões militares, apoio a ditaduras, capitalismo selvagem, cultura massificada. De um lado, a "terra dos livres e lar dos bravos", como diz seu hino; de outro, o "imperialismo ianque". A imagem dos EUA está nos olhos de quem vê.

Colonizados por europeus mais ou menos na mesma época, Brasil e EUA têm muitas semelhanças. Historicamente, os dois fizeram amplo uso de mão de obra escrava durante seu crescimento econômico colonial. Atualmente, são os únicos países do continente americano que figuram entre os dez primeiros colocados nas listas dos maiores, dos mais ricos e dos mais populosos do mundo.

Mas as diferenças entre o *Gigante Adormecido* e o *Tio Sam* são ainda mais marcantes. A colonização portuguesa do Brasil, baseada no latifúndio, na monocultura e no extrativismo, só muito lentamente produziu uma democracia de massas. O povoamento inglês dos EUA, iniciado com dissidentes que fugiam de perseguição religiosa, foi marcado por relativa igualdade de condições e por várias iniciativas de autogoverno.

Outra diferença interessante é a relação com a noção de patriotismo. Para o brasileiro, ser patriota é ser ingênuo, e o respeito à pátria se exerce pela via da crítica. Para o americano, os defeitos do país só podem ser resolvidos por aqueles que o amam. O número de bandeiras nacionais encontradas em qualquer passeio pelos dois países é evidência visual impactante dessas abordagens distintas. Uma possível consequência é o tratamento dedicado à própria história. A história do Brasil não costuma ser o ponto forte do conhecimento dos brasileiros (tente encontrar alguém que lhe diga com segurança quem foi José Bonifácio), enquanto os americanos têm uma reverência quase sagrada pela deles (é interessante comparar o 4 de Julho americano, uma festa realmente popular, com o 7 de Setembro brasileiro, tradicionalmente associado a paradas militares).

A diferença se reflete nas bibliotecas. Os livros de história americana publicados nos EUA se contam (e se vendem) aos milhares. Se nos restringirmos ao tema do presente livro, a história da independência e dos primeiros anos da república, ainda assim encontraremos centenas de títulos. Há livros sobre os aspectos militares, há biografias e autobiografias dos envolvidos; há livros sobre as mulheres na revolução, sobre os escravos, sobre os agricultores, sobre o que se passava na Inglaterra; há livros escritos sob o prisma filosófico, o político, o econômico, o social. Existem livros para crianças, existem patriotadas, existem revisionismos. Não há aspecto da história que não tenha sido exposto, pesquisado, criticado, devassado. Há livros para todos os gostos.

Naturalmente, a história dos Estados Unidos é muito menos conhecida no Brasil. Decerto é amplamente sabido que o primeiro presidente americano foi George Washington, o sujeito que aparece na nota de 1 dólar. Mas e quanto ao segundo presidente, John Adams, talvez a figura mais importante no processo político da independência americana, quem já ouviu falar dele? Seu rosto não aparece em nenhuma nota, e não será fácil encontrar seu nome na estante de alguma livraria brasileira. E quanto ao primeiro secretário do Tesouro, Alexander Hamilton, o homem que estabeleceu as fundações da economia americana moderna?

Você sabia, leitor ou leitora, que os EUA foram a primeira grande república moderna e são a democracia mais estável do planeta, tendo realizado mais de cinquenta eleições presidenciais em sequência, sem nenhum rompimento institucional? Que sua constituição original tinha apenas sete artigos? Sabia que, durante treze anos depois de se tornarem independentes, os EUA não tinham presidente? Que sua independência foi declarada no dia 2 de julho, não no dia 4? Que boa parte de seu território foi comprada da França?

Voltando às diferenças históricas entre nosso país e os EUA, uma das mais marcantes está em seus processos de independência e de republicanização. O Brasil se tornou independente de Portugal por iniciativa de seu imperador, em uma decisão que não contou com a participação popular. Uma vez independente, continuou sendo um "império". Muitos anos depois, proclamou-se a república sem muito entusiasmo e, mais uma vez, sem que muita gente se desse conta do que estava acontecendo.

A independência dos EUA, declarada em 1776, foi um evento ao mesmo tempo muito mais traumático e muito mais popular que a brasileira. De certa forma, foi traumático justamente por ter sido popular. A independência só aconteceu depois que a maioria da população, ao longo de anos, vendo-se a tanto obrigada pelos fatos, renunciou aos tradicionais laços de lealdade e obediência para com a Coroa britânica. Isso não foi feito sem dificuldades psicológicas, políticas, econômicas e, finalmente, militares.

Entre os anos de 1763 e 1775, a Grã-Bretanha fez diversas tentativas para instituir taxas e impostos aos moradores de suas colônias na América. Essas iniciativas encontraram resistência por parte dos colonos, os quais acreditavam que seus direitos estavam sendo violados, já que só poderiam ser tributados por uma casa legislativa na qual estivessem representados. A disposição de Londres para o confronto levou a uma escalada de hostilidades, ao longo da qual foi ficando claro que as colônias não tinham escolha senão assumir completamente a responsabilidade pelo seu próprio governo. Eventualmente, essa decisão precisou ser defendida em uma guerra que durou cerca de oito anos.

A construção da independência é o tema da primeira parte deste livro, que vai do capítulo 2 até o capítulo 5. O capítulo 1 funciona como uma espécie de preâmbulo, mostrando o momento da declaração da independência, retomado depois no capítulo 4.

O processo de independência levou naturalmente à instituição de uma república, experimento nunca antes realizado em tão grande escala. Entre

1776 e 1787, quando foi estabelecida a primeira constituição federal, os Estados Unidos existiram como uma verdadeira federação de estados praticamente autônomos. O capítulo 6 acompanha as discussões associadas à criação e à ratificação estadual da Constituição, em particular a oposição entre as correntes denominadas de Federalista e Antifederalista (o fato de a tensão entre essas facções não ter degenerado em guerra civil e fuzilamentos é uma das características marcantes do processo americano).

Somente em 1789 houve a primeira eleição para o cargo de presidente, ocupado em sequência por Washington (dois mandatos), Adams e Thomas Jefferson (dois mandatos). Esses atribulados primeiros anos da república, em que se firmaram as bases econômicas, políticas e diplomáticas do novo país, são assunto do capítulo 7.

Na Conclusão, me baseio em Alexis de Tocqueville para fazer um breve balanço das consequências que advieram da introdução da "democracia na América". O aristocrata francês Tocqueville, intrigado com a natureza da então nascente e problemática democracia francesa, visitou os EUA por nove meses em 1831, e suas impressões sobre o período permanecem como um registro penetrante e arguto do que ele chamou de "grande experimento" americano (expressão que tomei emprestada para o título do livro).

Já que mencionei a democracia francesa, vale a pena dedicar um parágrafo, ainda que breve, à relação entre esses dois eventos, tão próximos em sua cronologia mas tão distantes em sua natureza. De acordo com Hannah Arendt, "a Revolução Francesa, que terminou em desastre, entrou para a história do mundo, enquanto a Revolução Americana, tão triunfantemente bem-sucedida, permaneceu um evento de importância pouco mais que local".[1] Duas diferenças principais são comumente apontadas. A primeira é que a revolução havida na França foi uma guerra civil, em que as forças antagônicas pertenciam à mesma sociedade, enquanto a independência americana opôs uma colônia e uma metrópole que estavam a milhares de quilômetros de distância. A segunda é a ambição do movimento revolucionário francês, que pretendia não só reformar a política, mas promover uma reorganização profunda da sociedade (enforcar o último rei nas entranhas do último padre, na formulação sucinta de Diderot), enquanto o americano foi, em última análise, um movimento culturalmente conservador. É nesse sentido que Gertrude Himmelfarb, por exemplo, contrapõe a "Ideologia da Razão" francesa com a "Política da Liberdade" americana.[2] O tema, dentro da perspectiva mais geral da história do Iluminismo, é assunto de diversas obras, mas neste livro aparece apenas de forma tangencial.

Este é um livro de divulgação de história, que busca apresentar o desenrolar da criação dos Estados Unidos da América de forma acessível. Minha intenção não foi apresentar estudos inéditos ou aprofundados sobre o assunto. Como já mencionado, estes últimos podem ser encontrados em inúmeras outras fontes, desde que o leitor ou leitora saiba ler inglês. As notas explicativas que se encontram ao final de cada capítulo contêm muitas obras de referência.

Em alguns momentos, usei com liberdade e alguma ambiguidade os termos "britânico" e "inglês" (chamando o Exército britânico de "os ingleses", por exemplo). Isso foi feito para evitar repetições e manter um tom mais coloquial. Também não há consistência no uso de nomes próprios; alguns foram traduzidos (como Luís XVI, por exemplo), enquanto outros foram mantidos em sua versão original (rei James, rei Charles, em vez de rei Jaime, rei Carlos etc.).

Gostaria de agradecer a presença e o apoio constantes de minha esposa, Alessandra, e a influência de meus pais, Regina e Celso. Agradeço também a minha agente, Luciana Villas-Boas (e sua equipe), e meu editor, Carlos Andreazza (e sua equipe), pela chance.

Dedico este livro a meus filhos, Mateus e Julia.

1. Verdades autoevidentes

Thomas Jefferson acordou quando o dia ainda estava raiando. Antes de se vestir, mergulhou os pés em uma bacia de água fria, prática que considerava medicinal. Mais tarde, enquanto comia pão com geleia, tinha nas mãos um jornal, comprado ali mesmo na Filadélfia, no qual vinha reproduzido o texto da Declaração de Direitos da Virgínia.

Jefferson estava bastante impressionado.

Aquela declaração havia sido adotada poucos dias antes pela colônia da Virgínia, sua terra natal, em 12 de junho de 1776, e consistia em uma lista de dezesseis artigos. O primeiro começava dizendo que "todos os homens são, por natureza, igualmente livres e independentes" e que todos têm direito "à vida, à liberdade, aos meios de adquirir e possuir propriedade e a buscar e a obter felicidade e segurança". O segundo artigo dizia que "todo poder está investido no povo e, consequentemente, deriva do povo".

Quando se sentou para trabalhar, Jefferson estava decidido a incorporar aquelas ideias radicais ao texto que ele próprio começava a escrever.

No dia anterior, o presidente do Segundo Congresso Continental, John Hancock, nomeara um comitê com cinco membros para elaborar uma Declaração de Independência para as colônias britânicas na América. O comitê contava com duas estrelas da política americana: os congressistas John Adams, representante de Massachusetts, líder do movimento pela independência e futuro presidente dos Estados Unidos, e o lendário Benjamin

Franklin, representante da Pensilvânia. Os outros três membros eram Roger Sherman (de Connecticut), Robert Livingston (de Nova York) e o próprio Jefferson (da Virgínia).

Livingston não era entusiasta da independência, e fora incluído no comitê justamente para contentar as facções mais moderadas. Sherman era amigo de Adams e compartilhava de sua orientação política. Segundo Jefferson, Sherman "jamais disse uma tolice em sua vida". Entretanto, fora criado em fazenda, tinha pouca educação, gramática ruim e oratória ainda pior.

Adams estava bastante ocupado, e Franklin já tinha a saúde debilitada. Assim, desde o primeiro dia, a responsabilidade pela escrita do texto recaíra sobre Jefferson. De fato, ele fora indicado para o comitê justamente por sua fama de escritor brilhante. Outra qualidade sua, a rapidez na escrita, seria necessária, já que o prazo-limite para que o documento estivesse pronto era o primeiro dia de julho, ou seja, dali a pouco mais de dez dias.

Não havia realmente tempo a perder. A guerra com a Grã-Bretanha já começara havia mais de um ano e os mortos se contavam aos milhares. Um Exército Continental fora organizado e era liderado pelo general George Washington, mas era formado por soldados sem treinamento militar e os recursos eram parcos. As forças britânicas na América ainda eram poucas e haviam sido rechaçadas em Boston, mas era questão de tempo até chegarem poderosos reforços (de fato, Nova York seria tomada dali a dois meses).

O Congresso precisava declarar a independência o quanto antes. Isso certamente levantaria o moral dos soldados. Serviria também para facilitar a criação de impostos nacionais para financiar o Exército e possibilitaria alianças estratégicas com outros países, em particular a eterna rival dos britânicos: a França. Em janeiro, Thomas Paine já escrevera em seu popular livreto, o *Senso comum*, que "nada pode resolver nossos assuntos com tanta prontidão quanto uma declaração franca e categórica de independência". Segundo ele, "o costume de todas as Cortes está contra nós, e assim será, até que, pela Independência, tomemos posição com as outras Nações".[1]

No papel em branco à sua frente, Jefferson escreveu a primeira frase: "Consideramos estas verdades como sagradas e inegáveis." Em seguida, inspirado pelo texto que acabara de ler no jornal, continuou: "que todos os homens são criados iguais e independentes, e que dessa criação eles derivam direitos inerentes e inalienáveis, dentre os quais à vida, à liberdade e à busca da felicidade". Em contraste com a declaração de Virgínia, Jefferson deixou de fora o direito à propriedade, a fim de incluir os americanos sem propriedades entre aqueles que declaravam sua independência.

O texto continuava, afirmando que, para assegurar esses direitos, governos eram instituídos entre os homens e que tais governos derivavam seus poderes do consentimento dos governados. Assim, o povo sempre poderia alterar ou abolir o governo, se porventura visse seus direitos ameaçados. Para não deixar dúvida, Jefferson escreveu que, se um governo se tornasse despótico, o povo tinha "o direito, o dever, de se livrar de tal governo".

Apesar de ecoarem ideias de John Locke[2] publicadas quase um século antes,[3] aquelas ainda eram teses radicais. Afinal, os reis e imperadores que governavam os países da Europa derivavam seu poder da inspiração divina, do direito de sangue, obtido automaticamente no nascimento, não do consentimento de seus súditos, que não eram consultados. Em nenhum outro lugar se cogitava que o povo pudesse alterar ou abolir o governo sob o qual vivia.

O Congresso, se aceitasse aquele texto, não estaria apenas decretando a separação entre as colônias e a Grã-Bretanha — estaria fundando uma república. A primeira grande república moderna.

Jefferson gostava de trabalhar de manhã e à noite, e não é improvável que tenha feito uma pausa no meio do dia, durante a qual talvez tenha ido passear pela Filadélfia. Se tiver feito isso, terá caminhado pela maior das cidades americanas, então com cerca de 30 mil habitantes. A residência de Jefferson, o segundo andar da casa da família Graff, ficava na periferia da cidade, em frente a um estábulo (ele apreciava o silêncio, apesar das moscas).[4] Para ir até o Centro, ele teria caminhado pelas calçadas de tijolos e admirado o conjunto regular de ruas paralelas e perpendiculares, um contraste com as vielas da maioria das cidades da época, que costumavam formar uma verdadeira teia de aranha. Em seu trajeto, teria passado por descendentes de ingleses, escoceses, galeses, irlandeses, alemães, escravos africanos — todos em meio a uma riqueza incomum de etnias e dialetos.

Ao fim daquele dia, a primeira parte do documento, o "Preâmbulo", já estava terminada. Na segunda parte, a mais longa, o rei da Grã-Bretanha[5] era acusado de tentar estabelecer uma "absoluta tirania" sobre as colônias. Para substanciar essa acusação, era oferecida uma lista de 21 acusações específicas. Por exemplo, a proibição de comércio com o resto do mundo e a "imposição de taxas sem consentimento".

A questão dos impostos não poderia faltar, já que estivera na origem do movimento pela independência. A Lei do Açúcar, de 1764, e a Lei do Selo, de 1765, foram as primeiras tentativas de a Grã-Bretanha levantar fundos a partir de impostos cobrados dos americanos. A iniciativa gerara enorme descontentamento e levantara pela primeira vez a questão do limite do poder do Parlamento britânico. Este, de acordo com muitos advogados americanos, não detinha autoridade para estabelecer impostos na América, uma vez que as colônias não possuíam representação no Parlamento ("não pode haver tributação sem representação" tornou-se o seu lema). A resistência oferecida à Lei do Selo começara a plantar nas mentes americanas as sementes das ideias revolucionárias.

Um dos momentos em que a escrita de Jefferson demonstrou mais paixão foi quando ele acusou o rei de cumplicidade com o comércio de escravos. De acordo com o texto, o rei havia atacado "um povo distante, que nunca o ofendera, tornando-o cativo e levando-o à escravidão em outro hemisfério". Por haver participado dessa prática, o rei agira como um ditador "infiel", não como "o rei cristão da Grã-Bretanha".

Em que pese seu discurso, Thomas Jefferson não era exatamente um abolicionista. Ele aparentemente compartilhava da visão predominante da época, segundo a qual os negros eram um povo inferior aos brancos, e suas propriedades no sul do país contavam com cerca de duzentos escravos. Apesar de ao longo da vida ter defendido várias vezes o fim da escravidão, não tomou qualquer atitude concreta nesse sentido durante seus mandatos como presidente. Jefferson parece ter acreditado que a escravidão era um mal necessário para os Estados Unidos, e que deveria ser erradicada de forma lenta, gradual e segura. A partir de 1788, depois da morte de sua esposa, ele tomou a escrava Sarah "Sally" Hemings como amante e teve vários filhos com ela. Eles foram os únicos escravos que Jefferson libertou.

Em menos de uma semana, a primeira versão da declaração já estava pronta. O texto terminava afirmando que "estas colônias são, e por direito devem ser, Estados livres e independentes; elas ficam absolvidas de toda aliança com a Coroa britânica, e toda conexão política entre elas e a Grã-Bretanha ficam totalmente dissolvidas; como Estados livres e independentes, elas têm total poder para conduzir guerra, declarar paz, contrair alianças, estabelecer comércio e fazer tudo que Estados independentes têm o direito de fazer". Esse trecho incorporava parte da moção original pela independência, apresentada ao Congresso por Richard Henry Lee em 7 de junho.

A primeira coisa que Jefferson fez depois de terminar o trabalho foi mostrar seu rascunho aos dois notáveis do comitê, Adams e Franklin, que fizeram algumas mudanças menores. A primeira frase foi trocada: de "Consideramos estas verdades como sagradas e inegáveis" para "Consideramos que estas verdades são autoevidentes". A frase seguinte também foi mudada para "foram dotados por seu Criador de certos direitos inalienáveis".

Os outros dois membros do comitê, Sherman e Livingston, também foram consultados e possivelmente sugeriram uma ou outra modificação sem consequência. Ao fim desse processo, o documento final, essencialmente um trabalho exclusivo de Jefferson, foi entregue ao Congresso no dia 28 de junho. Uma pintura a óleo, de autoria de John Trumbull, mostra o momento da entrega da declaração e está em exibição no Capitólio americano desde 1826.

Quando Thomas Jefferson terminou de escrever o rascunho da Declaração de Independência, seu plano era voltar o quanto antes ao seu estado natal. Ele provavelmente sequer sonhava que ainda serviria ao governo dos Estados Unidos como diplomata e como secretário de Estado do primeiro presidente eleito, nem que ainda iria concorrer à presidência do país por três vezes, perdendo uma e ganhando duas.[6]

No primeiro dia de julho, o Congresso iniciou suas atividades por volta das 10 horas da manhã. Depois de lidar com as habituais questões de ordem iniciais relativas à guerra (recrutamento de homens para o Exército, obtenção de chumbo para fabricação de balas, construção de fortificações etc.), o presidente Hancock abriu as atividades relativas à Declaração de Independência em torno das 11 horas.[7] O primeiro congressista a falar foi o veterano John Dickinson, da Pensilvânia.

Dickinson era o autor das famosas *Cartas de um fazendeiro da Pensilvânia*, nas quais defendera que as taxas impostas pela Coroa sobre as colônias eram inconstitucionais. No ano anterior, 1775, escrevera para o Congresso a versão final da *Declaração das causas e da necessidade de pegar em armas.* Sua atividade política fora marcada pela vontade de chegar a um acordo com a Grã-Bretanha e tentar evitar tanto a independência como qualquer conflito armado. Naquele dia, ele faria sua última tentativa.

Depois de concordar que a América havia sido prejudicada e que os americanos tinham de fato direito de resistir aos atos da Coroa britânica, Dickinson insistiu que a independência não serviria aos interesses de longo prazo do continente. Em vez disso, argumentou que era necessário buscar uma reconciliação. Afinal, uma guerra por independência contra a poderosa Grã-Bretanha, o mais vasto império que o mundo já viu, seria provavelmente longa, custaria muitas vidas e muito dinheiro e, ao final, talvez fosse perdida. O povo americano, enfraquecido pela guerra, poderia ser presa fácil das potências europeias.

Dickinson era um orador experiente, mas já havia entendido que não tinha mais chance e via aquele discurso como sua despedida da política (na verdade, ele ainda viria a ser governador de dois estados: Pensilvânia e Delaware). Os congressistas o ouviram por cerca de duas horas. Quando ele acabou, John Adams se levantou para oferecer sua resposta. Como líder daqueles que buscavam a independência, era sua responsabilidade fazer o último discurso antes da apreciação do texto da declaração. Adams não tinha a oratória excelente de Dickinson, mas tinha sua cota de experiência como congressista e como o advogado mais famoso de Boston.

Durante seu discurso, no meio da tarde, o céu da Filadélfia ficou escuro com nuvens carregadas. Uma tempestade forte castigou a cidade, com raios e trovões que ribombavam como os temidos canhões ingleses. Velas tiveram de ser acesas para que a sessão do Congresso continuasse.[8] Enquanto a chuva batia nas janelas, a voz de Adams hipnotizava a audiência. Jefferson disse mais tarde que Adams era o "pilar" que suportava a independência, "seu mais hábil advogado e defensor".

Nenhum registro escrito do discurso de Adams sobreviveu, mas podemos imaginar o que ele deve ter dito com base em sua correspondência da época. Certamente descreveu em detalhes os fatos que levavam a América a buscar sua independência (muitos dos quais constavam da acusação ao rei escrita por Jefferson). Deve ter insistido no aspecto moral da questão, no valor da liberdade e na importância de lutar contra a tirania. Ao mesmo tempo, certamente não terá deixado de lado a importância de poder fazer alianças com outros países e as vantagens comerciais que inevitavelmente adviriam da independência.

O discurso acabou por volta das 16 horas, normalmente o horário em que o Congresso encerraria suas atividades. Naquele dia, no entanto, todos os congressistas queriam dizer algo a respeito da independência, contando com a inspiração para deixar registrada alguma frase memorável. Um após o outro, os discursos entraram pela noite adentro.

No dia seguinte, 2 de julho, depois de mais alguma discussão e mais alguns discursos, o Congresso votou oficialmente a questão. A moção pela independência foi aprovada sem oposição.[9] John Adams escreveu que o dia 2 de julho seria para sempre lembrado como "uma época memorável na história da América", um dia que seria "comemorado com pompa e solenidade, com shows, jogos, esportes, tiros, sinos, fogueiras e fogos de uma ponta à outra do continente".[10]

Adams acertou em tudo, menos na data. Ou melhor, no documento. Ele a princípio achou que a moção pela independência, que realmente era o fato político relevante, é que restaria lembrada. Em vez disso, depois de a moção ter sido aprovada, o Congresso ainda levou mais dois dias debatendo os detalhes do texto da correspondente declaração, que acabou por levar toda a fama.[11]

O "Preâmbulo" é a parte mais famosa e mais influente da Declaração da Independência. Ele contém três ideias centrais. A primeira é que todos os homens são iguais no nascimento e possuem direitos inalienáveis (entre eles a famosa trinca "vida", "liberdade" e "busca da felicidade"). A segunda é que todo poder político emana do povo. A terceira, derivada da segunda, é que o povo tem direito de derrubar o governo se este se tornar "destrutivo" (essa ideia se concretizou da forma mais sangrenta treze anos depois, na Revolução Francesa). Por incrível que pareça aos nossos olhos de hoje, o Congresso não deu atenção e não fez nenhuma alteração no "Preâmbulo". Naquele momento, as acusações ao rei eram mais importantes; o "Preâmbulo" era considerado mera retórica.

Por exemplo, Jefferson acusara o rei de usar de políticas com "crueldade e perfídia inapropriadas ao chefe de uma nação civilizada". O Congresso achou melhor aumentar a pungência da frase, aumentando-a para "crueldade e perfídia sem paralelo nas eras mais bárbaras e totalmente inapropriadas ao chefe de uma nação civilizada".

O artigo em que o rei era denunciado pela escravidão acabou sendo retirado por completo, por pressão de congressistas dos estados do sul, fortemente dependentes do trabalho escravo. A remoção do artigo não contou com muita oposição dos estados do norte que, apesar de não empregarem muita mão de obra escrava, participavam ativamente do comércio de escravos. O antagonismo entre o norte e o sul do país, especialmente na questão do abolicionismo, eventualmente levaria, quase cem anos depois, a uma guerra civil vencida pelo norte, governado pelo presidente Abraham Lincoln.

Finalmente, em 4 de julho de 1776, o texto final da Declaração da Independência foi lido e aprovado pelo Congresso. Contra a vontade de Adams, que defendia o estabelecimento do dia 2 como data comemorativa, foi o 4 de julho, quando os Estados Unidos já eram independentes havia dois dias, que ficou para a história.

Desde 1776, mais de uma centena de "declarações de independência" foram promulgadas mundo afora, muitas delas inspiradas, quando não decalcadas diretamente, da versão americana.[12] Esse número serve como indicador da transformação ocorrida no mundo; em relativamente pouco tempo, uma era dominada por impérios deu lugar a uma era dominada por repúblicas.

2. União?

2.1 Colonização

A rainha Elizabeth I reinou sobre Inglaterra e Irlanda por 45 anos (de 1558 a 1603). Foi durante seu reinado, conhecido como a "Era Elizabetana", que floresceu o teatro de William Shakespeare. Foi também nessa época que a Marinha inglesa superou a invencível Armada Espanhola, tornando as viagens pelo Atlântico muito mais seguras e possibilitando a colonização inglesa da América.[1] Elizabeth era conhecida como a "Rainha Virgem", por nunca haver se casado e nunca ter tido filhos. Veio daí o nome da primeira colônia inglesa, a Virgínia.

Em 1603, Elizabeth morreu sem deixar herdeiros, e seu sobrinho James assumiu o trono. Elizabeth foi a última regente da dinastia Tudor, enquanto James foi o primeiro rei inglês da Casa de Stuart. James já era rei da Escócia desde 1567, e sua ascensão ao trono da Inglaterra e da Irlanda marcou a unificação dessas três coroas. A primeira cidade inglesa na América, fundada na colônia da Virgínia em 1607, seria batizada de Jamestown em sua homenagem.

O rei James I criou duas companhias para tentar levar a cabo com lucros o processo de colonização: a Virginia Company of London e a Virginia Company of Plymouth, responsáveis pela colonização e exploração de áreas diferentes. A companhia de Londres fundou Jamestown, enquanto a de Plymouth fundou... Plymouth.

Boa parte dos primeiros imigrantes que foram para Jamestown eram filhos de nobres que, por não serem primogênitos, não tinham direito a herança em sua terra natal. Buscavam vida confortável na colônia, onde pretendiam continuar a ser nobres. O trabalho ficaria por conta de servos temporários, pessoas que assinavam um contrato pelo qual estavam obrigadas a trabalhar na colônia por certo número de anos, tipicamente sete, depois dos quais passavam a ser livres e recebiam uma porção de terra. Mais da metade das pessoas que emigraram para a América nos séculos XVII e XVIII eram servos temporários.[2]

Naturalmente, os primeiros anos em Jamestown foram bastante difíceis. Os colonos tinham poucos suprimentos, não estavam acostumados ao clima e boa parte não tinha intenção de pegar no pesado. O inverno de 1609—1610, durante o qual nada menos que 80% das pessoas morreram, é conhecido como o "período da fome", durante o qual os colonos comeram seus animais, seus sapatos e suas roupas, e é provável que tenha havido canibalismo. Em 1609, o barão De La Warr foi nomeado governador da Virgínia e partiu para lá com nove navios, carregando suprimentos e cerca de quinhentos novos colonos. No ano seguinte, De La Warr enviou uma expedição para a região ao norte da Virgínia. Essa expedição batizou um rio com seu nome, e a região mais tarde se tornaria a colônia de Delaware.

A partir de 1613, um homem chamado John Rolfe, casado com a famosa índia Pocahontas, iniciou um processo de plantação de tabaco na Virgínia. Essa produção começou a dar lucro e dois anos depois ele já estava exportando toneladas do produto. A partir daí, a Virginia Company decidiu que cada pessoa que pagasse a própria passagem para a América receberia 50 acres de terra; os colonos logo começaram a chegar aos montes. A companhia desencorajava a imigração de artesãos, de modo que a maior parte dos lucros que a colônia obtinha com a produção de tabaco era usada para comprar bens produzidos na Inglaterra.

Em 1619, já havia mais de 2 mil colonos na Virgínia (dos quais apenas cerca de cem eram mulheres).[3] Foi nesse ano que os holandeses começaram a trocar tabaco por escravos trazidos da África. O trabalho escravo foi muito bem recebido na Virgínia por razões óbvias. Em 1670, eram mais de 2 mil escravos. No meio do século XVIII, o número de escravos já alcançava mais de 100 mil, respondendo por quase metade da população (em 1720, a porcentagem de escravos na população da Carolina do Sul chegava a 70%).[4]

Foi também em 1619 que a estrutura política da Virgínia foi estabelecida. A colônia foi dividida em onze distritos (*boroughs*), cada um dos quais passou a eleger dois representantes (*burgesses*) para um corpo legislativo chamado de House of Burgesses, uma espécie de órgão precursor de uma Assembleia Legislativa.

Em 1620, um grupo de uma centena de colonos, dissidentes religiosos conhecidos como peregrinos (*pilgrims*), entraram em acordo com a Virginia Company de Plymouth e foram para a América a bordo do navio *Mayflower*. Seu objetivo era criar uma nova colônia, distante o bastante de Jamestown para que não interferissem uns com os outros.

Os peregrinos aportaram no que hoje é Cape Cod e fundaram um núcleo populacional que eventualmente seria a cidade de Plymouth. Antes de desembarcarem, todos os homens presentes no navio assinaram o Contrato do Mayflower, em que se comprometiam a criar um "corpo político, para nosso melhor ordenamento e preservação". A criação da House of Burgesses e o Contrato do Mayflower foram as primeiras iniciativas de autogoverno do Novo Mundo.[5]

Em 1630, outro grupo de dissidentes religiosos, os puritanos, navegou para a América e criou a colônia de Massachusetts. Essa colônia cresceu, inclusive incorporando Plymouth, e estabeleceu comércio com ilhas do Caribe. Sua capital, Boston, foi durante algum tempo a maior cidade da América (até ser superada pela Filadélfia) e era um porto muito movimentado. Em pouco tempo, Massachusetts perdia apenas para a Virgínia em população.[6]

A primeira escola pública da América foi aberta em Boston, em 1635. No ano seguinte, os puritanos, muitos deles educados em Oxford e em Cambridge, criaram uma instituição dedicada à educação religiosa. John Harvard deixou como herança sua biblioteca pessoal, com cerca de trezentos volumes, e mais uma pequena fortuna para essa escola, que passou a ser chamada de Harvard College (até 1780, quando se tornou Harvard University).

Em 1625, James I morreu e foi sucedido por seu filho, Charles I. James já havia retirado da Virginia Company os direitos sobre terras na América, e uma das primeiras medidas do novo rei foi transformar a Virgínia em uma colônia real (isto é, de propriedade da Coroa) e determinar que ela agora se estendia da Filadélfia até a Flórida Espanhola e do Atlântico ao Pacífico. Naturalmente, isso só valia no papel, já que a maior parte dessas terras jamais tinha sido sequer visitada.

De fato, nos anos seguintes, o rei começou a desmembrar a gigantesca colônia. Em 1629, deu um enorme pedaço de terra a um senhor chamado Sir Robert Heath, que a chamou de Carolina em homenagem ao rei (a forma latina de "Charles" é *Carolus*). Em 1632, deu toda a terra ao norte do rio Potomac para Lorde Baltimore, que chamou a região de Maryland (a esposa de Charles I se chamava Mary), onde pretendia receber católicos que fugiam de perseguição religiosa nos países protestantes da Europa.

Mas não eram apenas os ingleses que pretendiam aproveitar as oportunidades oferecidas pelas terras recém-descobertas. Em 1609, Henry Hudson navegou desde a Holanda, buscando uma rota para a Ásia em nome da Companhia das Índias, e reclamou para os holandeses a região onde hoje é o estado de Nova York. O rio Hudson se tornou o centro do assentamento holandês na América, baseado no comércio de peles de animais.

Em 1624, os holandeses fundaram a cidade de Nova Amsterdã, que incluía a ilha de Manhattan, "comprada" dos índios em troca de 60 florins (que corresponderiam hoje a cerca de mil dólares). A natureza dessa compra nunca ficou perfeitamente clara. É possível que os índios estivessem apenas aceitando a presença dos holandeses, acreditando que o acordo representava um esquema de partilha das terras. Há quem diga que a tribo que "vendeu" a terra estava apenas de passagem, tendo enganado os holandeses no primeiro golpe imobiliário da América.[7]

Os franceses começaram sua ocupação da América pela região mais ao norte, onde hoje é o Canadá. A cidade de Quebec foi fundada em 1608, mas sua população cresceu devagar: em 1640, ainda havia apenas 350 pessoas vivendo ali. Desde o começo, os colonos franceses se aliaram aos índios algonquinos em sua luta contra os iroqueses[8] e também basearam sua economia no comércio de peles.

Somente a partir da década de 1640, com o reinado de Luís XIV, as colônias francesas começaram a crescer. Em particular, seus exploradores desceram rumo ao sul, explorando as bacias dos rios Mississippi e Ohio. As terras que estavam a oeste das colônias inglesas, entre os montes Apalaches e as Montanhas Rochosas, foram dominadas pela França e chamadas de Luisiana, em homenagem ao seu rei. O enorme território da Luisiana se estendia desde os Grandes Lagos, ao norte, até o golfo do México, ao sul, e sua principal cidade seria Nova Orleans (fundada em 1718).

A partir de 1642, a Inglaterra passou por quase dez anos de guerra civil. Charles I foi deposto pelo Parlamento, condenado por traição, e acabaria sendo decapitado em 1649. O país existiu durante quatro anos na forma de uma república, controlada pelo Parlamento, até que em 1653 um deputado e líder militar chamado Oliver Cromwell assumiu o poder como uma espécie de ditador (ele tinha o título de "Lorde Protetor"). Cromwell morreu em 1658 e, por algum tempo, pareceu que a Inglaterra poderia ser tomada pela anarquia (o filho de Cromwell se tornou ditador, mas foi logo deposto pelo Exército). Em 1660, aconteceu a chamada Restauração: a monarquia voltou a ser o regime de governo na Inglaterra, na Escócia e na Irlanda, com o retorno do exílio do filho de Charles I, que subiu ao trono e se tornou o rei Charles II.

Charles II deu a seu irmão James as terras que correspondiam à colônia holandesa na América. Em 1664, uma frota inglesa capturou aquelas terras sem necessidade de batalha. A região conhecida então como Nova Holanda se tornou a colônia de Nova York, enquanto a cidade de Nova Amsterdã se tornou a cidade de Nova York. O príncipe James também rebatizou as terras entre os rios Hudson e Delaware de colônia de Nova Jersey.

Em 1651, o Parlamento inglês editara uma lei de navegação, de acordo com a qual navios estrangeiros não podiam transportar bens de fora da Europa para a Inglaterra nem para suas colônias. Essa regra visava especificamente os holandeses, que controlavam boa parte do comércio internacional da Europa e tinham uma economia concorrente à inglesa. Depois da Restauração, Charles II promulgou novas leis de navegação. Produtos que não eram produzidos pela metrópole (tabaco, algodão, açúcar) deveriam ser enviados pelas colônias apenas para a Inglaterra. Além disso, qualquer bem europeu enviado para a América teria de passar pela Inglaterra primeiro, e todo comércio tinha de ser feito em navios ingleses.

Em 1681, as terras a oeste do rio Delaware foram dadas a William Penn, com quem o rei Charles II tinha uma imensa dívida. Nessas terras, foi fundada uma nova colônia, que o rei determinou chamar-se Pensilvânia. Quaker fervoroso, Penn via a colônia da qual era proprietário como mais um possível refúgio para pessoas que quisessem fugir de perseguição religiosa. Ele estabeleceu uma organização administrativa em que o governador — ele próprio — dividiria o poder com um conselho de 72 membros eleitos e uma assembleia de duzentos membros eleitos.[9]

Por causa de sua firme crença de que todos eram iguais perante a Deus, Penn fez questão de introduzir uma inovação na legislação de Pensilvânia: terras de índios não podiam ser tomadas sem pagamento. Por outro lado, a escravidão de negros era aceita sem problemas, ainda que a população de escravos nunca tenha passado de 6% nessa colônia.

A capital da Pensilvânia, Filadélfia, foi cuidadosamente planejada para ter ruas paralelas, largas e arborizadas. O clima equilibrado, sem os invernos do norte nem o calor intenso do sul, era adequado para todo tipo de vida animal. A agricultura, o comércio e as manufaturas se desenvolveram, e a colônia se expandiu rapidamente (em 1750, havia cerca de 120 mil moradores na Pensilvânia). Filadélfia foi a maior cidade da América durante algum tempo e serviria mais tarde como a primeira capital dos Estados Unidos.

Em 1685, Charles II morreu, e o trono passou para seu irmão, James II. O problema é que Charles era protestante, enquanto James se convertera ao catolicismo. Em 1688, James teve um filho de sua esposa católica e se espalharam temores de que uma linhagem católica pudesse se estabelecer na Inglaterra. James tinha outra filha, Mary, que era protestante e casada com um protestante, o holandês William de Orange. Naquele mesmo ano, na chamada Revolução Gloriosa, o Parlamento, com auxílio de uma invasão holandesa, derrubou James II (que se exilou na França) e colocou no trono o casal William III e Mary II.

A partir desse momento, a religião católica foi para sempre alijada do poder na Inglaterra. Durante um século, os católicos ficaram proibidos até mesmo de votar e de serem eleitos para o Parlamento. Por mais de três séculos, até o ano de 2013, o rei (ou rainha) da Inglaterra era proibido por lei de ser católico ou de se casar com alguém católico.

Outra consequência importante da Revolução Gloriosa foi o estabelecimento da Declaração de Direitos (Bill of Rights) de 1689. Essa declaração, emitida pelo Parlamento, impunha várias restrições ao poder real. A essência política da declaração é a ideia de que o monarca deve buscar o consentimento do povo para suas ações, sendo o povo representado pelo parlamento. Juntamente com a Magna Carta, a Lei de Habeas Corpus e outras leis, a Declaração de Direitos constitui o que se entende pela Constituição britânica. Dentre outras coisas, ela estabelecia que nenhum imposto poderia ser instituído sem autorização do Parlamento, que todo cidadão tinha direito de encaminhar petições ao monarca, que nenhum exército permanente seria mantido em tempos de paz, que a liberdade de expressão era absoluta no Parlamento e que punições cruéis eram proibidas.

Outro evento importante de 1689 foi a publicação, por John Locke, de um texto chamado "Dois tratados sobre o governo", no qual ele defende que a sociedade é criada para servir ao interesse individual de seus membros, qual seja, a proteção de sua vida, sua liberdade e suas propriedades. Locke é adepto da teoria do "contrato social" (que exerceu conhecida influência sobre Jean-Jacques Rousseau), segundo a qual o governo tira sua legitimidade do consentimento dos cidadãos. Como consequência, o povo deveria ter direito de se revoltar e depor o governo, caso este agisse em detrimento de seus direitos.

Desnecessário dizer que esse tipo de ideias não estava exatamente em voga na época de Locke. Mas elas se tornariam muito populares na América da década de 1770.

Mary morreu em 1694. William III morreu em 1702, e o trono passou então para a irmã de Mary, a rainha Anne. Em 1707, foram promulgados pelos parlamentos da Inglaterra e da Escócia as Leis da União, pelas quais esses reinos formaram o Reino Unido da Grã-Bretanha. Anne reinou sobre a Grã-Bretanha até morrer, em 1714. Apesar de ter ficado grávida nada menos de dezessete vezes, Anne morreu sem deixar herdeiros (doze dessas gestações terminaram em abortos ou natimortos).

A morte de Anne pôs fim à dinastia Stuart. O trono passou então para George I, sobrinho-neto de Charles I, que reinou de 1714 a 1727 e inaugurou a dinastia de Hanover. George I foi sucedido por seu filho, George II, que reinou de 1727 a 1760. Na época da independência americana, o rei era George III (neto de George II), cujo reinado durou sessenta anos: de 1760 a 1820.

2.2 As Guerras Franco-Indígenas

Como vimos, James II foi deposto no final de 1688, e o trono passou ao casal William e Mary. No ano seguinte, William se uniu à Guerra dos Nove Anos, que opunha a França de Luís XIV a diversos países da Europa.

Nas colônias americanas, o reflexo desse conflito ficou conhecido como a Guerra do Rei William. As colônias francesas, em união com diversas tribos indígenas algonquinas, entraram em guerra com a população da colônia de Nova York, em aliança com os índios iroqueses. Na época, ainda não havia exércitos na América, e "guerra" significava ataques isolados a esta ou àquela localidade, nos quais morriam algumas dezenas de pessoas. Ao todo, estima-se que cerca de duzentos colonos tenham morrido nesse período.

A Guerra do Rei William terminou junto com a Guerra dos Nove Anos, em 1697. A paz durou pouco: em 1702, estourou a Guerra da Rainha Anne, que duraria outros dez anos. Essa guerra começou quando Felipe, sobrinho de

Luís XIV, se tornou rei da Espanha. A possibilidade de aliança entre os tronos espanhol e francês uniu mais uma vez as potências europeias contra a França. Na Europa, essa guerra é conhecida como a Guerra da Sucessão Espanhola. Na América, os franceses decidiram não atacar Nova York, a fim de manter os iroqueses fora do conflito.

Depois de trinta anos de paz, a Guerra do Rei George começou, em 1744. No ano seguinte, uma força de trezentos franceses e duzentos índios atacou a vila de Saratoga, em Nova York, matando trinta pessoas e tomando outras cem prisioneiras. Em 1747, os iroqueses foram convencidos a entrar no conflito ao lado dos ingleses. A guerra, relativamente curta, acabou em 1748.

Pouco depois do fim da Guerra do Rei George, a França enviou tropas para a região conhecida como Ohio, delimitada a oeste pelo rio Mississippi, ao sul pelo rio Ohio, a leste pelos montes Apalaches e ao norte pelos Grandes Lagos (como vimos, a chamada Nova França compreendia uma faixa vertical de terra que ia do Canadá até Nova Orleans). Essa região era absolutamente crucial para a sobrevivência da colonização inglesa. Se não pudessem se expandir para o oeste, os ingleses corriam o perigo de ficar presos entre o Atlântico e os Apalaches, cercados por territórios franceses a oeste a ao norte, e territórios espanhóis ao sul.

Em 1753, o governador da Virgínia enviou um mensageiro para estabelecer contato com o Exército francês em Ohio. Esse mensageiro, de apenas 21 anos mas com quase 2 metros de altura, se chamava George Washington. Como praticamente não havia estradas, Washington e seu grupo levaram seis semanas, viajando a cavalo, a pé e de canoa, para chegar à guarnição francesa de Forte Le Boeuf.

Após transmitir a mensagem de que aquelas terras pertenciam aos ingleses, ouviram de seus anfitriões que elas eram, na verdade, francesas. Depois dessa breve troca de informações, não muito proveitosa, a viagem de volta levou outras três semanas. Washington manteve um diário dessa viagem, que depois foi publicado e o tornou famoso em sua terra natal.

Na Virgínia, a notícia de que as terras estavam em disputa fez com que fosse organizada uma força armada. Washington se tornou seu comandante, com a patente de tenente-coronel. Em 1754, a pequena tropa de cerca de 150 pessoas lideradas por ele avançou em direção a Ohio. Quando encontraram um destacamento com cerca de trinta soldados franceses, abriram fogo e levaram a cabo um massacre. Esse evento ajudou a precipitar o começo de mais uma guerra, a última das Guerras Franco-Indígenas, conhecida como Guerra dos Sete Anos.[10] Pela primeira vez, soldados ingleses foram enviados para as colônias, a fim de decidir de uma vez por todas quem mandava ali.

Em 1758, houve o Tratado de Easton, pelo qual vários grupos indígenas (principalmente iroqueses, lenapes e shawnees) fizeram a paz com os britânicos e abandonaram sua aliança com os franceses. Em troca, o governo colonial prometeu respeitar seus direitos sobre a região de Ohio e proibir o crescimento da colonização sobre suas terras. A perda do apoio indígena prejudicou muito as forças francesas. No mesmo ano, uma expedição de cerca de 7 mil homens (dentre os quais Washington, já como coronel) capturou Forte Duquesne. Em seu lugar, fundaram o Forte Pitt, em homenagem ao líder político inglês William Pitt. A proteção da área permitiu o desenvolvimento da cidade que mais tarde se chamaria Pittsburg.

Forte Pitt foi palco de um episódio controverso na história americana. Em 1763, em meio a um conflito com os índios, que ficou conhecido como Rebelião de Pontiac, o general Amherst, então comandante das forças armadas britânicas na América, enviou uma carta ao coronel Henry Bouquet, perguntando se seria possível introduzir varíola entre as tribos indígenas. Segundo ele, "precisamos nesta ocasião usar todo estratagema em nosso poder" para reduzir o número de adversários. Bouquet respondeu afirmando que tentaria disseminar a doença dando aos índios cobertores contaminados. Não se sabe se ele realmente pôs esse plano em prática. Muitos livros de história dão a coisa como certa, mas as evidências sugerem[11] que, mesmo que os cobertores tenham sido entregues, a contaminação provavelmente não aconteceu.

Ainda em 1758, os ingleses capturaram Louisbourg; em 1759, foi a vez de Quebec; em 1760, Montreal. A guerra terminou oficialmente em 1763, com o Tratado de Paris. Como resultado de sua derrota, a França perdeu a parte oriental de seu território para a Grã-Bretanha e cedeu a parte ocidental para a Espanha, como compensação pela perda da Flórida, que também passou para o controle britânico. A Grã-Bretanha agora controlava toda a América do Norte ao leste do Mississippi.

2.3 Benjamin Franklin

Antes de continuarmos com nossa história, façamos um breve *intermezzo* para acompanhar a trajetória de um personagem importante: Benjamin Franklin. Franklin foi a primeira celebridade americana, o primeiro homem cujo nome era conhecido de uma ponta à outra do país. Ele nasceu em Boston e, durante a juventude, trabalhou como aprendiz de seu irmão na gestão de um jornal. Aos 17 anos, partiu para a Filadélfia, onde comprou seu próprio jornal, o *Pennsylvania Gazette*, que durante algum tempo foi o mais vendido da América.

Franklin também publicou anualmente o *Almanaque do Pobre Ricardo*, um compêndio com calendários, poemas, piadas, jogos, informação astronômica e, principalmente, provérbios e adágios.[12] O almanaque era um sucesso, chegando a vender 10 mil cópias por ano. Algumas das frases publicadas no periódico se tornaram famosas e entraram para o vernáculo americano. Por exemplo: "Quem se deita com cães acorda com pulgas"; "Três podem guardar um segredo, se dois estiverem mortos"; "Peixes e visitantes fedem depois de três dias"; "Deus ajuda a quem se ajuda"; "Não jogue pedras em seus vizinhos se suas janelas forem de vidro"; "Quem é rápido para beber é lento para pagar"; "A fome é o melhor tempero".

Franklin tinha duas características marcantes. A primeira é que ele era extremamente curioso, combinando o conhecimento teórico de um leitor voraz com um bom senso e uma preocupação com os fatos da natureza forjados em ávida experimentação.

Uma vez lhe disseram que a viagem de navio da Inglaterra para a América era sempre mais curta do que a viagem de volta, com uma diferença de cerca de duas semanas. A princípio, Franklin achou que talvez a rotação da Terra tivesse algo a ver com isso. Depois, imaginou que o efeito poderia ser originado pela Corrente do Golfo. Desde então, nas viagens transatlânticas que fez, ele buscava tomar medidas diárias da temperatura do mar, mapeando, tanto quanto possível, o trajeto dessa corrente de águas quentes. O oceano sempre foi fonte de curiosidade para ele, que se ocupou ao longo da vida com questões como a melhor arquitetura do navio para diminuir a resistência do ar, o melhor desenho do casco para propulsão na água e formas mais eficientes de freamento. O movimento do ar atraiu tanto sua atenção quanto o da água. Ele era considerado um especialista no desenho de chaminés, sistemas de aquecimento e fogões.

Além disso, Franklin aprendeu a nadar sozinho e praticava natação em uma época na qual praticamente ninguém o fazia, tendo nadado inclusive no rio Tâmisa, em Londres. Dedicava-se também ao xadrez, chegando até a alcançar certa reputação como bom jogador. Considerado inventor das lentes bifocais, não havia assunto pelo qual Franklin não se interessasse.

Sua principal contribuição no âmbito científico, no entanto, foi na área de eletricidade. Ele começou seus experimentos por volta dos 40 anos e, dez anos depois, já tinha granjeado uma fama que chegava à Europa. Franklin propôs a existência de correntes elétricas positivas e negativas, especulou que a carga elétrica deveria satisfazer uma lei de conservação semelhante à da massa e cunhou o termo "condutor" para se referir a materiais pelos quais se pode passar uma corrente elétrica (foi uma das primeiras pessoas a observar que a temperatura de um corpo influencia sua capacidade de conduzir eletricidade).

Em reconhecimento por seu trabalho, a Sociedade Real de Londres lhe concedeu a Medalha Copley em 1753 e o admitiu como membro em 1756. A unidade mais em voga hoje em dia para se medir carga elétrica é o coulomb, em homenagem ao francês Charles-Augustin de Coulomb (1736-1806), mas existe também uma unidade chamada franklin.

Franklin recebeu de presente um aparato conhecido como Garrafa de Leiden, capaz de armazenar eletricidade estática (uma espécie de capacitor). Ele e seus amigos realizaram inúmeros experimentos elétricos na Filadélfia, dando choques uns nos outros, criando faíscas e fazendo coisas se moverem usando eletricidade. Em algum momento, Franklin passou a acreditar que os raios observados em tempestades eram fenômenos elétricos.

Em 1751, Franklin publicou um artigo no qual sugeria que uma longa haste metálica poderia extrair faíscas de nuvens carregadas. Em 1752, o experimento foi realizado com sucesso na França. Estava inventado o para-raios. Enquanto isso, Franklin imaginou o famoso experimento no qual se usa uma pipa em lugar de uma haste metálica. Entretanto, sua ideia não era ser atingido diretamente por um raio (ele não era suicida). Em vez disso, bastava empinar a pipa até as nuvens, de modo que cargas elétricas pudessem passar por ela até uma Garrafa de Leiden. Acredita-se que ele realmente realizou esse experimento.

A segunda característica fundamental de Franklin é que ele estava sempre preocupado em melhorar as condições de vida de todos ao seu redor. Sua principal dedicação seria o serviço público, e não a ciência ou a indústria. Ele dizia que, quando sua vida terminasse, preferiria que dissessem "ele viveu de forma útil" do que "ele morreu rico". Por exemplo, depois de inventar o para-raios, ele se empenhou em disseminar seu uso, mas declinou de patentear o invento ou de receber qualquer outra recompensa. Segundo ele, "assim como aproveitamos as vantagens que advêm das invenções dos outros, devemos ser gratos pela oportunidade de servir aos outros com uma invenção nossa, e devemos fazê-lo de forma livre e generosa".[13]

Franklin estava envolvido em todas as iniciativas existentes para melhorar a cidade de Filadélfia, da pavimentação das ruas à iluminação noturna, da criação de um hospital à organização de brigadas de incêndio, da fundação de uma Associação Filosófica ao estabelecimento da Academia da Filadélfia, que mais tarde seria a Universidade da Pensilvânia.

Ao longo da década de 1740, Franklin começou a se preocupar com a defesa da Filadélfia e da Pensilvânia. As Guerras Franco-Indígenas ainda não tinham afetado gravemente a região, mas estavam chegando cada vez mais perto e não havia motivo para acreditar que acabariam tão cedo. O problema é que, como vimos, essa colônia havia sido fundada e era governada por quakers, que se caracterizam por um pacifismo radical. Franklin era escrevente da Assembleia nessa época e acompanhou de perto as discussões a respeito.

Em 1745, por exemplo, o governador de Massachusetts escreveu ao governador da Pensilvânia pedindo homens e dinheiro para ajudá-lo a lutar na Guerra do Rei George. Os deputados negaram qualquer ajuda, comentando que o povo de Massachusetts não tinha "nada a ver" com eles.[14] Ao longo de 1747, Franklin se empenhou, publicando panfletos e organizando reuniões, na organização de uma milícia extraoficial na colônia. Ao final do ano, mais de 10 mil homens estavam organizados em cem companhias, cujos comandantes eram eleitos pelos soldados em vez de nomeados pelo governador. Para financiar a compra de armamentos e a construção de fortificações, ele organizou duas loterias.

Em 1748, ele se aposentou, já dono de considerável fortuna. A partir de então, estava decidido a se dedicar apenas ao serviço público, ou seja, à política. Em 1751, foi eleito membro da Assembleia, e sua preocupação com a segurança, não só da Pensilvânia, mas de todas as colônias inglesas da América, não fez senão crescer. Franklin estava convencido de que a única chance de as colônias conseguirem paz e prosperidade, evitando (ou vencendo) guerras contra índios e franceses, era formar uma união continental.

Em 1754, às vésperas da última das Guerras Franco-Indígenas, ele publicou um cartum no *Pennsylvania Gazette* que ficou famoso e foi amplamente reproduzido. A imagem mostrava o corpo de uma serpente cortada em oito pedaços, acompanhados das iniciais de cada uma das colônias.[15] Embaixo do conjunto, a inscrição "Unam-se ou Morram" ("Join, or Die").

2.4 União fracassada

Em julho de 1754, foi organizado em Albany, Nova York, um congresso de delegados de várias colônias para discutirem planos de defesa contra a ameaça dos franceses e seus aliados índios. Foi em antecipação a essa reunião que Franklin publicou o cartum da serpente. Ele era um dos quatro representantes da Pensilvânia e tinha planos bastante concretos.

Um dos principais objetivos era a negociação de um acordo de colaboração com os índios iroqueses. Essa tarefa não era tão fácil, porque, apesar de haver uma aliança tradicional com esse povo, o desejo dos ingleses por terras fazia com que essa aliança fosse quase de mão única: os índios não podiam esperar muita ajuda inglesa quando atacados por franceses ou outros índios. De fato, um líder índio afirmou logo no começo das conversações que os franceses "eram homens" e "estavam construindo fortificações por toda parte"; em contraste, os ingleses "eram como mulheres".[16]

Entretanto, a questão da união das colônias rapidamente dominou o encontro. Diversos planos foram apresentados. O de Franklin envolvia a criação de um grande conselho, a ser eleito pelas assembleias das colônias. Esse conselho teria poder para criar leis de relacionamento com índios, compra de terras, criação de novas colônias, realização de guerras e criação de impostos associados a todos esses esforços. Além desse corpo de representantes do povo, o rei da Grã-Bretanha deveria indicar um presidente com poder de veto (como era o caso dos governadores).

Já podemos notar nessa época, por meio das ideias de Franklin, o surgimento de questões que mais tarde se tornariam centrais na discussão política em torno da independência. Ele fazia questão de que o "conselho" que propunha fosse um corpo formado por representantes eleitos (ainda que seus eleitores fossem eles mesmos representantes eleitos). Como vimos, era um princípio exposto na Declaração de Direitos inglesa de 1689: somente um corpo político que representa o povo pode obrigar esse povo a pagar impostos. "É um direito indiscutível dos ingleses não serem taxados sem seu consentimento", escreveu Franklin. Ora, essa observação levantava imediatamente certas dúvidas. Os colonos ainda eram ingleses? Estavam as colônias representadas no Parlamento inglês?

Para Franklin, assim como para todas as pessoas da época, a resposta à primeira dessas perguntas era "sim". Na verdade, tal questão sequer passava pela cabeça de alguém. Todos os moradores das colônias inglesas eram ingleses: súditos do rei e sujeitos às leis do Parlamento. De fato, Franklin imaginava que a América representava uma expansão do império inglês e que, no futuro, responderia pela maioria dos súditos desse império.

A resposta para a segunda pergunta era bem mais difícil. A teoria jurídica da época estabelecia que as colônias estavam representadas no Parlamento, ainda que não elegessem seus representantes. Muitos acreditavam que era necessário criar cadeiras para representantes eleitos pelas colônias, mas o oceano Atlântico oferecia um obstáculo considerável a essa solução. Por outro lado, era claro que as leis britânicas que limitavam o comércio americano (como as Leis de Navegação) e favoreciam comerciantes ingleses não tratavam as duas comunidades em pé de igualdade.

Outro ponto que incomodava Franklin era a política britânica de enviar criminosos condenados para as colônias. Em 1718, o Parlamento passou uma lei instituindo a deportação para a América como alternativa ao enforcamento, de acordo com a qual os condenados deviam pagar sua pena trabalhando em plantações de tabaco. Quando as colônias passaram leis proibindo a entrada de condenados, essas leis foram vetadas no Parlamento.[17] Estava claro que as colônias poderiam se autogovernar somente enquanto não tomassem decisões que desagradassem pessoas que viviam a milhares de quilômetros dali.

Essas preocupações podiam estar na cabeça de Franklin, mas não eram prementes em 1754. Naquele momento, tratava-se apenas de organizar uma defesa conjunta para uma guerra iminente.

A ideia de formar uma união das colônias, apesar de parecer óbvia para Franklin e muitos outros participantes do encontro de Albany, encontrava enormes resistências. Historicamente, as colônias sempre haviam sido independentes entre si. Algumas pretendiam avançar para oeste, outras tinham mais interesse em comércio marítimo; algumas negociavam muito com índios, outras compravam e vendiam produtos da metrópole; algumas corriam graves riscos nas Guerras Franco-Indígenas, outras estavam longe das batalhas.

As colônias menores temiam entrar em uma União na qual teriam pouco poder de decisão. Políticos de importância regional temiam ter pouca influência nesse novo nível deliberativo. Ninguém queria ter de pagar novos impostos, especialmente para um governo que estaria longe de sua esfera de influência direta. Na realidade, cada colônia funcionava como um pequeno país, e a cada uma delas a ideia da União soava tão disparatada como se hoje em dia alguém sugerisse que o Mercosul passasse a ter um Legislativo e um Executivo, sediados na Argentina, com poder para ditar leis ao Brasil.

Os delegados reunidos em Albany aprovaram por unanimidade o plano de Franklin, com algumas modificações, que ficou conhecido como o Plano da União de Albany. Esse plano foi então enviado às assembleias das colônias e ao Parlamento britânico, para apreciação e aprovação. Em vez disso, a rejeição foi total.

Todas as assembleias coloniais votaram por deixar o plano de lado. Em Londres, a ideia de uma união das colônias também não era vista com bons olhos: mais de vinte anos antes de 1776, a remota possibilidade de independência já era percebida e temida por vários membros do Parlamento.

Sem a união das colônias, a responsabilidade pela guerra era toda do governo britânico. Mais de 20 mil soldados foram enviados através do Atlântico. A mesma quantidade de milicianos foi organizada pelas colônias e esses homens lutaram sob o comando britânico. Como vimos, a Grã-Bretanha acabou vencendo a guerra, mas ao custo da acumulação de uma enorme dívida.

3. Açúcar, selos e chá

3.1 Taxação sem representação

Logo após a Guerra dos Sete Anos, as colônias estavam crescendo rapidamente. Sua população total duplicou em vinte anos, entre 1750 e 1770, passando de 1 milhão para mais de 2 milhões de pessoas, o que correspondia a um quinto da população de todo o Reino Unido. Entre 1760 e 1776, foram criadas 264 novas vilas só no norte da Nova Inglaterra. Na mesma época, a população da Carolina do Norte multiplicou-se por seis. Entre 1745 e 1775, a população da Filadélfia passou de 13 mil para 40 mil; a de Nova York, de 11 mil para 25 mil.[1] O valor das exportações das colônias era sete vezes maior em 1775 do que no começo do século XVIII.[2]

Enquanto isso, a Grã-Bretanha tinha uma dívida de mais de 122 milhões de libras esterlinas, e seu gasto com a guerra tinha sido de cerca de 40 milhões. O gasto anual com os juros da dívida britânica era de aproximadamente 5 milhões, ao passo que seu orçamento anual em tempos de paz era de 8 milhões.[3] Além disso, Londres havia decidido manter regimentos militares nas colônias, garantindo a paz com franceses e índios. A manutenção dessas forças representava gastos adicionais da ordem de 300 mil libras esterlinas anuais.

Nessa situação, a Grã-Bretanha achava perfeitamente natural que as colônias ajudassem a pagar os custos da guerra que havia garantido sua paz e sua expansão. Em 1760, a chegada ao trono do jovem rei George III, de apenas 22 anos, marcou o início de uma nova era nas relações entre a metrópole e as colônias.

As tentativas de Londres de angariar fundos começaram pelo açúcar. A produção de açúcar e de melaço estava concentrada nas ilhas do Caribe, que se dividiam entre possessões inglesas, francesas e holandesas. Essas ilhas eram conhecidas pelo absurdo nome de Índias Ocidentais (os primeiros navegadores europeus que partiram para o Ocidente tencionavam chegar à Índia). As colônias inglesas na América compravam melaço das Índias Ocidentais francesas para fazer rum. O açúcar produzido pelas Índias Ocidentais inglesas vendia muito menos.

A Lei do Melaço (Molasses Act), de 1733, impunha um imposto de 6 centavos por galão sobre a compra de melaço francês. Se esse imposto fosse realmente levado a sério, quebraria a economia das colônias produtoras de rum. No entanto, ao longo das décadas, o contrabando e as propinas garantiam que seu impacto fosse pequeno.[4]

Em 1764, o Parlamento, sob o primeiro-ministro George Grenville, resolveu mudar a situação e instituiu a Lei do Açúcar (Sugar Act) que, ao mesmo tempo em que baixava o imposto para 3 centavos por galão, também prometia fiscalização mais intensa na cobrança e penas mais severas para as contravenções. Novos fiscais foram enviados, forçando a diminuição do contrabando e das propinas. Essa nova situação incomodou bastante os comerciantes americanos, que passaram a ser mais assediados por inspetores e a ter seus barcos revistados com frequência muito maior. Mesmo barcos pequenos, que atuavam somente nas proximidades da costa, se viram às voltas com mais burocracia, tendo de lidar com várias cauções, taxas, certificados e regulamentos.

A Lei do Açúcar trazia outras novidades.[5] Uma delas era uma lista de itens que a colônia só poderia vender para a metrópole, incluindo madeira e ferro, artigos que estavam entre os mais valiosos do comércio colonial. Também passava a ser muito mais caro importar vinho das ilhas do Caribe do que da Inglaterra.

Outra mudança importante introduzida por essa lei é que pessoas processadas por sua violação poderiam ser julgadas não por uma corte colonial, mas por uma corte do vice-almirantado. A diferença é que cortes coloniais julgavam por meio de um júri composto de colonos, que costumavam ser lenientes com o contrabando praticado por seus conterrâneos. Nas cortes do vice-almirantado, por outro lado, um juiz nomeado pelo rei julgava sozinho. Além disso, o réu era considerado culpado a menos que pudesse provar sua inocência. Mesmo que conseguisse fazer isso, perdia os custos nos quais incorresse durante o processo.

Várias colônias protestaram contra as consequências, principalmente econômicas, da Lei do Açúcar, mas havia ainda outro aspecto a ser considerado. No preâmbulo do texto da lei, o Parlamento admitia explicitamente que pretendia usar aquele imposto não para regular o comércio, como fizera em 1733, mas para aumentar a arrecadação. Isso levantava uma questão que mencionamos anteriormente: o Parlamento tinha autoridade para estabelecer impostos sobre as colônias? Essa pergunta se tornaria o centro da discussão política no ano seguinte, com a publicação da Lei do Selo.

A Lei do Selo (Stamp Act), de janeiro de 1765, impunha uma taxa sobre todos os documentos impressos (testamentos, contratos de todo tipo, jornais, panfletos e até baralhos) das colônias.[6] Em contraste com a Lei do Açúcar, a Lei do Selo não tinha qualquer relação com regulação do comércio. Era claramente a criação de um imposto direto. Quando as colônias foram informadas, a reação foi intensa.

Na House of Burgesses da Virgínia, quem fez os discursos mais poderosos foi Patrick Henry.[7] Seu primeiro discurso foi ouvido do corredor por um jovem Thomas Jefferson, então com 22 anos. Jefferson disse mais tarde que Henry fora o maior orador que ele jamais ouvira.

Henry encaminhou propostas que levaram o nome de Resoluções da Virgínia. Tais resoluções argumentavam que os colonos eram ingleses, com os mesmos direitos dos cidadãos da Inglaterra, e que não poderiam ser submetidos a impostos, a não ser por pessoas escolhidas por eles mesmos para representá-los. Ou seja, os cidadãos da Virgínia só poderiam ser taxados pela

House of Burgesses. Até o fim do ano, as assembleias de oito colônias emitiram resoluções com declarações semelhantes.

Em Massachusetts, um homem chamado Andrew Oliver havia sido nomeado para o cargo de distribuidor de selos. Em 14 de agosto de 1765, um boneco representando Oliver amanheceu enforcado em uma árvore em um parque de Boston. Ao longo do dia, uma multidão se reuniu nas redondezas para ofender e ridicularizar sua figura. O governador ordenou ao xerife que dispersasse o povo. O xerife, diante de uma missão que considerou suicida, pediu demissão. No fim do dia, o povaréu levou o boneco até o portão da casa de Oliver e o decapitou. No começo da noite, queimaram o boneco em uma fogueira. Depois, apedrejaram, invadiram e saquearam a casa.[8] Oliver já havia fugido e logo comunicou que pedia demissão do cargo de distribuidor de selos. Doze dias mais tarde, outra multidão depredou a casa do vice-governador Thomas Hutchinson.

Distribuidores de selos abandonaram o cargo em outras cidades, sob ameaça direta de linchamento ou simplesmente por medo. Em Nova York, um carregamento de selos chegou ao porto em 24 de outubro. Cartazes apareceram pela cidade avisando que "o primeiro homem que distribuir selos, ou fizer uso de papel selado, deve tomar cuidado com sua casa, sua pessoa e seus pertences". Os comerciantes de Nova York, Boston e Filadélfia concordaram em parar de comprar bens ingleses até que a Lei do Selo fosse revogada.

Ainda em outubro de 1765, um encontro de delegados de nove das treze colônias aconteceu em Nova York, no chamado Congresso da Lei do Selo. Publicaram um conjunto de declarações, não muito diferentes das Resoluções da Virgínia, onde constava que "é condição indissociável e essencial à liberdade de um povo, e um direito inequívoco dos cidadãos ingleses, que nenhuma taxa lhes seja imposta sem seu consentimento, declarado pessoalmente ou por meio de seus representantes. [...] os indivíduos dessas colônias não são e, dadas as circunstâncias locais, nem poderiam ser representados na Câmara dos Comuns da Grã-Bretanha". Ao final das discussões, o Congresso endereçou uma petição ao rei para que a Lei do Selo fosse revogada.[9]

Ao final do ano, o Parlamento britânico estava dividido a respeito da questão. Alguns meses antes, em julho, o cargo de primeiro-ministro passara a ser de Lorde Rockingham, que formara um ministério levemente mais favorável aos colonos. Parte dos representantes acreditava que a metrópole deveria garantir o respeito à lei de qualquer maneira, a fim de não abrir um precedente perigoso de resistência. Durante as discussões sobre a Lei do Selo, um dos membros do governo afirmou que "se abrirmos mão da lei, a Grã-Bretanha será conquistada na América e se tornará uma província de suas próprias colônias. A América deve se submeter".[10] Outra parte acreditava que era melhor evitar um confronto direto, sob o risco de despertar desejos de independência que ainda não estavam na ordem do dia. Alguns membros do Parlamento até concordavam que não tinham direito de impor impostos às colônias. Essa era a opinião de William Pitt, que no ano seguinte passaria a ser primeiro-ministro.

Pitt também se opunha à tese da "representação virtual", defendida por muitos políticos ingleses. De acordo com essa tese, cada membro do Parlamento representava não só a população do local onde fora eleito, mas todos os súditos do rei. Com efeito, nenhuma das colônias inglesas pelo mundo possuía a prerrogativa de eleger membros do Parlamento, e mesmo algumas regiões da Inglaterra estavam representadas apenas virtualmente. De acordo com Pitt, "alguns acreditam que as colônias estão representadas virtualmente nesta Casa. Gostaria de saber por quem [...]. A ideia de representação virtual da América nesta Casa é uma das mais risíveis que jamais entrou na cabeça de um homem; não merece sequer uma refutação séria".[11]

A reação enérgica das colônias, principalmente com o boicote a produtos ingleses, reforçada pelo apoio de figuras importantes como Pitt e Benjamin Franklin, surtiu efeito. Em março de 1766, meros cinco meses depois de entrar em vigor, a Lei do Selo foi revogada. Simultaneamente a essa revogação, no entanto, o parlamento fez publicar o Ato de Declaração (Declaratory Act), o qual estabelecia que o Parlamento "teve, tem, e por direito deve ter total poder e autoridade para fazer leis [...] para as colônias da América, em todos e quaisquer casos".[12] Assim, permanecia aberto o caminho para que fossem introduzidas novas taxas.

A imagem que o governo de Londres tinha na colônia era variada. Havia aqueles que achavam que o Parlamento estava agindo de forma ilegal, desrespeitando os direitos dos cidadãos das colônias, e que isso deveria ser repelido de forma incisiva. Havia outros que acreditavam que o problema não passava de um mal-entendido, uma trapalhada e que, uma vez que as colônias apresentassem seus motivos de insatisfação, tudo se resolveria de forma amigável. Por fim, havia os que estavam dispostos a obedecer à metrópole sem questionamento, fosse porque lucravam com isso, fosse por genuína lealdade. Nesses primeiros anos de atrito, poucas pessoas tinham clareza das próprias opiniões e de como as relações entre as colônias da América e a Grã-Bretanha iriam se desenvolver.

Entretanto, é fato que 1765 marca o momento em que os colonos começaram a refletir mais seriamente sobre seus direitos. Nos dias de hoje, expressões como "direito de taxação" e "soberania parlamentar" talvez não produzam fortes reações emocionais. Na época, eram tema de discursos e artigos inflamados, debatidos diariamente. A resistência à Lei do Selo espalhou a ideia de que as pessoas deveriam acompanhar mais de perto a política e talvez participar mais da política. Por exemplo, em 1760, apenas 20% das pessoas aptas a votar no distrito da Filadélfia realmente participaram da eleição; em 1765, esse percentual subiu para 50%.

O corpo político das colônias também foi afetado pela crise. Dezenove membros da Assembleia de Massachusetts que haviam apoiado a Lei do Selo perderam a eleição seguinte. Patrick Henry passou de desconhecido a uma liderança importante do dia para a noite. Richard Henry Lee foi outro político da Virgínia que se tornou proeminente na mesma época, por meio de discursos inflamados contra o Parlamento.

Nos anos seguintes a 1765, os colonos provavelmente esperavam uma relação mais tranquila com a Grã-Bretanha, já que, seguramente, a crise da Lei do Selo teria demonstrado a tolice que era querer decretar impostos e taxas sobre as colônias. Na verdade, deu-se o contrário. Membros importantes da elite política britânica acreditavam que era preciso mostrar aos colonos o seu devido lugar, e o que se observou foi uma disposição de Londres para o confronto, numa escalada de decisões temerárias.

Ainda em 1765, foi promulgada a Lei do Aquartelamento (Quartering Act), de acordo com a qual as tropas inglesas estacionadas na América seriam alojadas em prédios públicos e, se necessário, em tavernas, albergues, estábulos, celeiros e até mesmo em casas de comerciantes. Além disso, as autoridades coloniais deveriam providenciar lenha, velas, cerveja etc., além de arcar com os custos de seu alojamento e alimentação.

Mais uma vez, a lei foi mal recebida nas colônias. Quando 1,5 mil soldados chegaram a Nova York em 1766, a cidade se negou a recebê-los. Por infringir a Lei do Aquartelamento, Londres simplesmente mandou o governador dissolver a Assembleia de Nova York.

Em 1767, entraram em vigor as Tarifas Townshend (introduzidas por Charles Townshend, então ministro das Finanças do governo do primeiro-ministro William Pitt), incidindo sobre vidro, papel, tinta, chumbo e chá. Esses artigos não eram produzidos nas colônias, que só podiam comprá-los da Grã-Bretanha. Townshend pretendia usar o faturamento decorrente dessas tarifas para pagar os salários de governadores e juízes reais nas colônias, evitando que fossem pagos pelas assembleias coloniais (a fim de manter sua lealdade).

Juntamente com as tarifas, foi estabelecida uma Autoridade Alfandegária (Board of Customs) britânica na América, com oficiais subordinados diretamente à Coroa, a ser sediada em Boston.

Além de seus objetivos econômicos, Townshend também tinha um objetivo político: na esteira do Ato de Declaração, estabelecer uma taxação sobre as colônias que abrisse um precedente. A Lei do Selo havia sido repelida ferozmente com base no repúdio aos impostos sem representação. Como as Tarifas Townshend não se apresentavam como um imposto direto, e sim como uma taxação de regulação de comércio, a Coroa acreditava que seriam aceitas e abririam caminho para que eventualmente as colônias pagassem todos os gastos ligados à sua administração.

A imposição dessas tarifas não causou o mesmo impacto da Lei do Selo e, inicialmente, parecia que seriam aceitas sem grandes contestações. Uma opinião expressada por Benjamin Franklin, de que taxas comerciais não eram impostos e deveriam ser aceitas, talvez tenha influenciado essa calmaria inicial. Outro aspecto a ser levado em conta é que a Lei do Selo incidia sobre praticamente todos os habitantes das colônias, enquanto as Tarifas Townshend seriam pesadas apenas para comerciantes e pessoas que importassem artigos diretamente da metrópole.

O clima começou a mudar quando John Dickinson[13] escreveu uma série de doze cartas, chamadas coletivamente de *Cartas de um fazendeiro da Pensilvânia*, que foram publicadas em quase todos os jornais das colônias.[14] Posteriormente, foram reunidas em um panfleto, que se tornou a publicação política mais vendida do continente até 1776. Dickinson não era fazendeiro, mas um importante comerciante, advogado e político, e por acaso era também o principal adversário político de Franklin.

Uma das mensagens contidas nessas cartas, muito bem escritas e fundamentadas juridicamente, era justamente aquela repetida por toda parte naqueles anos: as colônias não estão representadas no Parlamento, e este não tem autoridade para criar impostos ou taxas sobre aquelas (ao contrário de Franklin, Dickinson insistia que não havia qualquer diferença entre impostos e taxas comerciais). O objetivo das tarifas também foi objeto de críticas nas cartas do "fazendeiro". Segundo ele, era absurdo que a Coroa procurasse tirar o pagamento do salário dos governadores e juízes das mãos das assembleias. Ora, já não bastava que esses oficiais fossem muitas vezes enviados da metrópole, gente sem conhecimento prévio da vida nas colônias? Ainda por cima, as pessoas que estariam sob seu jugo não teriam qualquer poder sobre eles? Se fosse assim, argumentava Dickinson, os colonos estariam sendo reduzidos a escravos.

Stephen Hopkins, que mais tarde seria delegado de Rhode Island ao Primeiro Congresso Continental, colocou a situação nos seguintes termos: "Se o povo da América puder ser taxado pelos representantes do povo da Grã-Bretanha [...] quaisquer pesos colocados sobre os americanos estarão sendo tirados dos bretões; fazer isso logo será extremamente popular, e aqueles que pretenderem ser membros do Parlamento deverão obter votos do povo prometendo tirar mais e mais taxas deles, colocando-as sobre os americanos."[15] De fato, e por coincidência, na mesma sessão em que aprovou as Tarifas Townshend, o Parlamento reduziu uma taxa sobre terras na Grã-Bretanha.[16]

3.2 Problemas em Boston

Em Boston, a grande liderança no processo de resistência à Lei do Selo foi exercida por Samuel Adams,[17] que depois foi eleito para a Assembleia da colônia. Diplomado em Harvard, Adams era fascinado por política. Participando de grupos de discussão e escrevendo artigos de jornal, esteve sempre procurando influenciar os rumos de Boston e de Massachusetts. Simpático, era conhecido por todos na cidade, frequentava diversos bares e entabulava conversação com quem encontrasse no mercado. Em uma época majoritariamente rural, era um tipo tão urbano que não sabia nem andar a cavalo.[18]

Samuel Adams se dedicou a criar uma rede de pessoas que pensavam de forma parecida, organizando clubes e jantares. Era um líder nato, não dos que buscam se destacar pela retórica, mas dos que agem nos bastidores, na organização e no convencimento individual das pessoas ao seu redor. Adams provavelmente esteve por trás do movimento popular que vandalizou a casa do distribuidor de selos Andrew Oliver. Uma de suas criações foi a organização de um grupo conhecido como Filhos da Liberdade (Sons of Liberty), uma rede semiclandestina de comerciantes, artesãos, advogados, políticos etc., espalhados por várias colônias, que organizavam manifestações e mantinham uma constante publicação de artigos de jornal defendendo opiniões contrárias a medidas tomadas por Londres.

Adams também agia na política tradicional. Em 1767, ele pretendia que Massachusetts tivesse o mesmo papel na reação às Tarifas Townshend que a Virgínia tivera, dois anos antes, na reação à Lei do Selo. O que fez foi escrever um protesto veemente e submetê-lo à aprovação da Assembleia. A maioria moderada cuidou de recusar sua proposta. Paciente, Adams aguardou algumas semanas, até que os membros vindos de áreas afastadas deixassem Boston e voltassem para casa. Quando viu que o equilíbrio mudava, ele reapresentou a proposta, que acabou aprovada. O resultado foi a chamada "Carta de Massachusetts", enviada a várias outras assembleias coloniais, que apoiaram o texto e endereçaram petições ao rei para que as Tarifas Townshend fossem revogadas.

Mais importante ainda, Londres teve uma reação exagerada, o que provavelmente estava nos cálculos de Adams. O secretário de Estado para Assuntos Americanos ordenou que a Assembleia de Massachusetts fosse dissolvida e orientou outros governadores reais que dissolvessem as assembleias de suas colônias se estas mantivessem seu apoio ao texto. Nenhuma assembleia obedeceu, nenhuma foi dissolvida e ainda por cima um novo embargo comercial com a Inglaterra foi declarado, liderado por comerciantes de Boston.

Alguns acontecimentos de 1768 merecem ser relatados como exemplos do acirramento dos ânimos. Como vimos, uma alfândega havia acabado de ser criada em Boston. Naturalmente, o povo da cidade não via com bons olhos a chegada de oficiais britânicos, chamados de "comissários", encarregados de recolher taxas. A rejeição aos comissários foi encabeçada por um dos mais prósperos comerciantes (e provável contrabandista) da cidade, John Hancock.[19]

Quando os comissários chegaram, o governador Francis Bernard organizou uma recepção oficial. Entretanto, Hancock não permitiu que a Companhia dos Cadetes da cidade, chefiada por ele, participasse da festa. Pouco tempo depois, anunciou que a companhia não participaria do jantar anual oferecido pelo governador se os comissários estivessem presentes. Quando o governador exigiu que os cadetes comparecessem, Hancock pediu demissão do comando e a maioria dos cadetes o seguiu.

Em pouco tempo, os comissários concluíram que não poderiam realizar seu trabalho sem o auxílio de tropas e que a autoridade britânica necessitava ser mais firme. Conseguiram que um grande navio de guerra, o HMS *Romney*, fosse enviado a Boston. Nesse meio-tempo, tentaram aproveitar uma oportunidade de se vingar de Hancock. Em abril, ele expulsara dois funcionários da alfândega de seu navio *Lydia* porque haviam descido ao compartimento de carga sem autorização. Os comissários fizeram com que fosse processado por isso. Depois de uma investigação, o promotor concluiu que Hancock agira dentro da lei. No documento que os comissários escreveram para sua apelação a Londres, fica claro que buscavam somente aplicar alguma punição a Hancock por seu comportamento insultuoso e suas posições políticas. Nesse documento, ele é acusado de ser um dos líderes dos insatisfeitos de Boston (o que ele realmente era).

Em junho, os comissários confiscaram outro navio de Hancock, o *Liberty*, sob a acusação de haver recolhido taxa sobre uma quantidade de vinho menor do que a que realmente carregava, tendo sido supostamente descarregado à noite, em segredo. O navio foi rebocado pelo *Romney*, mas somente depois de uma grande briga envolvendo tripulantes desse navio de guerra e cidadãos que defendiam Hancock. Esses mesmos cidadãos se voltaram depois para as pessoas dos comissários, que tiveram de fugir. Mesmo assim, Hancock foi novamente processado. Dessa vez o caso chegou a julgamento. Seu advogado foi John Adams, primo mais jovem do já citado Samuel Adams. Hancock foi inocentado, mas seu navio já tinha sido confiscado.

Foi logo após o caso do *Liberty* que chegou a ordem de Londres para dissolução da Assembleia, em consequência da "Carta de Massachusetts". Como vimos, um boicote fora declarado. Como retaliação, a Coroa estabeleceu quatro regimentos de soldados (os "casacas vermelhas") em Boston, a fim de proteger oficiais britânicos, principalmente os comissários da alfândega, e fazer valer a leis.

Samuel Adams tratou do assunto com sua intensidade característica. Sua orientação pelos jornais aos homens de Boston não media palavras: "tomemos em armas imediatamente, sejamos livres e prendamos todos os oficiais do rei." Mas essa não era ainda a disposição da maioria; Adams era visto como um radical.

De qualquer maneira, como era de se esperar, as tropas foram mal recebidas. A Assembleia se recusou a pagar seu alojamento. Um prédio abandonado foi escolhido para alojá-los, mas, antes que pudessem entrar, um grande número de famílias pobres invadiu o local (provavelmente por incitação de Adams e companhia) e se recusou a sair. Eventualmente, tiveram de pagar pelo aluguel de casas com dinheiro da Coroa.

A presença dos soldados britânicos nas ruas de Boston alimentava a veia agitadora de Adams. Nos meses seguintes, ele publicou uma enxurrada de artigos em jornais, destinados a aumentar a temperatura política da região, nos quais denunciava a "ocupação" de Boston e chamava atenção para a ilegalidade da presença de tropas em tempos de paz (que, como vimos no capítulo anterior, violava a Declaração de Direitos de 1689) e para os riscos da convivência de um exército armado com a população comum.

Em 5 de março de 1770, segunda-feira, a tensão em Boston chegou a seu limite. Na sexta-feira anterior, uma luta sangrenta acontecera entre dezenas de soldados e de cidadãos. No sábado e no domingo, grupos de soldados e grupos de cidadãos andavam armados pela cidade, procurando encrenca. Vários enfrentamentos aconteceram durante o fim de semana, sem mortes. A segunda-feira passou sem incidentes, até que no começo da noite ouviram-se sinos, chamando as pessoas para a rua. Sinos eram normalmente um sinal de incêndio, e algumas pessoas saíram de suas casas carregando baldes. Até hoje não se sabe quem soou os sinos ou por que motivo, mas é natural especular que fosse alguém que quisesse ver a confusão recomeçar.

Por volta das 8 da noite, sob um frio intenso e andando sobre vários centímetros de neve, centenas de pessoas convergiram para a praça em frente ao prédio da Alfândega, que estava sendo protegido por uma dezena de soldados. A multidão começou a provocar os soldados, gritando, xingando, atirando pedras e bolas de neve. Alguns gritavam "Atirem! Atirem!", mas os soldados permaneceram impávidos, apesar de apavorados. Finalmente, um soldado caiu ao ser atingido por uma pedra. Ele se levantou e disparou contra o povo. Seus colegas fizeram o mesmo. Pessoas tombaram, feridas. A multidão avançou lentamente contra eles. Alguns soldados atiraram de novo, ferindo mais gente.

Nesse momento, o capitão da guarda gritou alto: "Não atirem! Não atirem!" Os soldados, então, abaixaram as armas. Por milagre, não foram linchados pela multidão. Em vez disso, marcharam de volta ao seu quartel. Cinco pessoas morreram e várias ficaram feridas. O episódio ficou conhecido como o Massacre de Boston.[20]

Foi difícil encontrar um advogado para defender os soldados e seu capitão no processo aberto contra eles. O único que aceitou a inglória tarefa foi John Adams, possivelmente movido por uma crença sincera no direito de todo homem a uma defesa honesta e, ao mesmo tempo, pelo desejo de se destacar em caso tão notório.

Contra a opinião pública, utilizando da retórica que mais tarde seria indispensável ao processo de independência, Adams conseguiu convencer o júri de que os militares estavam agindo em legítima defesa. O capitão e mais seis dos oito soldados foram libertados como inocentes (os outros dois soldados, identificados como autores de disparos, tiveram uma pena leve por terem agido sob intensa pressão).

O papel de defensor de militares britânicos em solo americano teve consequências ambivalentes para John Adams. Parte de sua clientela abandonou-o, e ele viu sua renda diminuir. Por outro lado, sua reputação de homem íntegro e competente cresceu ainda mais. Durante o julgamento, ele enfatizou que a origem da tragédia tinha sido a presença daquelas tropas em Boston, dizendo que mais causavam confusão do que promoviam segurança. Esse argumento se alinhava com as posições radicais de seu primo.

Samuel Adams não reprovou o desempenho de John. Calculista, deve ter percebido que aquela exibição de imparcialidade e justiça serviria para diminuir a fama radical de Boston. Depois do julgamento, ele se empenhou em atrair seu primo para seus círculos políticos, tentando fazê-lo posicionar-se publicamente contra as atitudes da Coroa. No início, não teve sucesso. John ainda acreditava, assim como Benjamin Franklin, que a situação com a Inglaterra poderia se resolver de forma pacífica.

Estima-se que as Tarifas Townshend tenham produzido uma arrecadação de cerca de 20 mil libras esterlinas, enquanto a perda de negócios por conta do boicote americano chegou perto de 700 mil libras. Em 1770, o governo britânico, sob um novo primeiro-ministro, Lorde North, decidiu que era melhor revogar essas tarifas. Mas isso foi feito apenas parcialmente: foi mantida apenas a tarifa sobre o chá.

A manutenção dessa tarifa em particular foi decidida a fim de evitar a impressão de que as colônias haviam obtido uma vitória completa e para enfatizar o princípio de que a imposição de tarifas não era ilegal. Como consequência dessa revogação parcial, o boicote americano a produtos britânicos enfraqueceu e acabou terminando, também apenas de forma parcial, no entanto: o boicote sobre as compras de chá continuou em vigor.

Nos primeiros anos depois de 1770, o clima político esfriou. A revogação, ainda que parcial, das Tarifas Townshend deu à maioria dos colonos a sensação de vitória. Samuel Adams era um dos poucos que pretendia manter a discussão política acesa. Além de continuar com seus artigos de jornal, ele fundou os "comitês de correspondência", grupos de pessoas espalhadas por Massachusetts que trocavam cartas regularmente, discutindo ideias, fazendo circular informações e mantendo coesa a oposição a Londres. A iniciativa prosperou e logo foram formados comitês em quase todas as outras colônias (o comitê da Virginia incluía Patrick Henry, Richard Henry Lee e Thomas Jefferson).

Boa parte da correspondência trocada por esses comitês tratava dos direitos dos colonos. Em 1773, o governador Hutchinson achou que deveria, em uma sessão da Assembleia, argumentar que o Parlamento tinha direito de legislar sobre todos os aspectos das colônias e que não poderia haver duas autoridades legislativas sobre a mesma região. Tal coisa implicaria, segundo ele, que Massachusetts funcionasse como um reino isolado, como eram a Inglaterra e a Escócia antes de sua união. O que Hutchinson considerava um absurdo a Assembleia via como natural: segundo eles, o povo de Massachusetts e o povo da Grã-Bretanha deveriam estar unidos apenas pelo rei. Para o governador, aquilo estava a um passo da traição. Entretanto, a discussão não teve maiores consequências.

O que causou a volta das hostilidades foi a bebida normalmente associada à calmaria dos ânimos. Devido ao boicote, a importação de chá pela América entre os anos de 1769 e 1772 foi metade da registrada entre 1764 e 1768 (enquanto o contrabando de chá holandês, mais barato mas de pior qualidade, só crescia). Essa queda nas vendas abalou a situação financeira da Companhia das

Índias Orientais, que trazia chá do Oriente e vendia para a Grã-Bretanha, que o revendia para as colônias. A companhia começou a pressionar o Parlamento para que a tarifa sobre o chá também fosse abolida.

Lorde North não aceitou abolir a tarifa, mas em 1773 seu gabinete propôs uma nova lei, conhecida como Lei do Chá (Tea Act), para que a companhia pudesse vender seu chá diretamente para as colônias, sem precisar passar por intermediários. North imaginava que, como consequência, o preço do chá cairia nas colônias, ajudando a diminuir o contrabando e enfraquecendo o boicote. Ninguém na Grã-Bretanha imaginava que uma lei que efetivamente baixava o preço de um produto largamente consumido pudesse ser mal recebida.

Entretanto, a interpretação que rapidamente se espalhou pelas colônias era que, ao comprarem aquele chá, estariam, na prática, aceitando serem taxados pelo Parlamento. Desse ponto de vista, receber o chá se tornava impensável. Assim que ficaram conhecidos os termos da nova lei, uma grande reunião de cidadãos na Filadélfia declarou que qualquer um que importasse aquele chá seria considerado "um inimigo deste país" (neste caso, "país" significava a Pensilvânia).

Em julho, a Companhia das Índias Orientais enviou centenas de toneladas de chá para as colônias, em sete navios. O primeiro carregamento de chá aportou em Charleston, Carolina do Sul. A população local já estava organizada para impedir que sua carga fosse desembarcada. A lei da época estipulava que todo navio cargueiro deveria recolher as taxas cabíveis no prazo de vinte dias da atracação, sob pena de confisco. Depois de o navio com chá ter ficado no porto por três semanas, o governador de fato confiscou sua carga, que ficou guardada e apodrecendo nas docas por mais um ano, vigiada pelos Filhos da Liberdade locais.

Nova York adotou a mesma estratégia que havia sido eficaz contra a implementação da Lei do Selo: obrigar os agentes responsáveis pela venda do chá a renunciar a seus postos. Inicialmente, o governador insistiu que o chá seria descarregado, armazenado e vendido. Protestos populares cada vez mais intensos fizeram com que ele desistisse e prometesse enviar o chá de volta à

Inglaterra. Também na Filadélfia, destino do terceiro carregamento, os agentes locais encarregados da venda do chá pediram demissão. Quando chegou, o carregamento foi mandado de volta sem sair do navio.

Em Boston, os agentes encarregados do chá eram parentes do governador e se recusaram a pedir demissão. Em 28 de novembro de 1773, o primeiro carregamento de chá chegou, a bordo do navio *Dartmouth*. Reuniões de cidadãos, convocadas por Samuel Adams e seus amigos, e contando com mais de mil pessoas, deliberaram que o chá deveria ser mandado de volta e que um grupo de cidadãos deveria guardar o navio até que ele partisse. Ao longo dos dias seguintes, dois outros navios carregados de chá aportaram ao lado do *Dartmouth*. O governador Thomas Hutchinson proibiu que qualquer um deles partisse sem pagar suas taxas e avisou que o chá seria desembarcado com ajuda de tropas britânicas.

Antes que isso acontecesse, um grupo de mais de cem homens (provavelmente associados aos Filhos da Liberdade), muitos deles fantasiados de índios, invadiu durante a noite os navios e jogou toda a carga de chá no mar. O episódio ficou conhecido como a Festa do Chá de Boston (The Boston Tea Party).[21] Por incrível que pareça, o movimento conseguiu ocultar perfeitamente a identidade dos participantes, ainda que seja difícil duvidar de que Samuel Adams estivesse envolvido. De qualquer maneira, mais de quarenta anos depois, John Adams escreveu que nunca chegara a saber o nome de nenhum deles.

No fim das contas, a Companhia das Índias descobriu que, em Boston, ainda possuía seus agentes, mas não havia mais chá; em Charleston, ainda havia chá, mas não havia agentes; na Filadélfia e em Nova York, não havia nem agentes nem chá.

A Festa do Chá de Boston marcou o ponto de virada nas relações entre a Grã-Bretanha e a América. A partir desse momento, não se tratava mais de artigos de jornal, de discursos, de boicotes. O que ocorrera era um crime, uma violência, cometida durante a noite por homens mascarados, que acarretara um prejuízo imenso à Companhia das Índias. Benjamin Franklin e George Washington lamentaram o acontecimento. Quando John Adams ficou sabendo o que ocorrera, disse que o ato era "tão corajoso, tão desafiador, tão intrépido e inflexível, e deve ter consequências tão importantes e tão duradouras que não posso deixar de considerar que marca uma Era na História".[22]

Lorde North declarou que "não estamos entrando em uma disputa entre taxas internas e externas, entre taxas aplicadas para gerar receita ou para regular o comércio, entre representação e taxação, nem entre legislação e taxação; estamos agora em uma disputa sobre se temos ou não temos autoridade sobre aquele país".[23]

De fato, a reação de Londres foi forte. O porto de Boston foi declarado fechado até que a Companhia das Índias recebesse indenização pelo chá destruído. Thomas Hutchinson foi substituído como governador de Massachusetts pelo general Thomas Gage, comandante em chefe do Exército britânico na América, que receberia o suporte de quatro regimentos de soldados. O governo local foi transferido de Boston para Salem. Cargos que costumavam ser preenchidos por eleição direta passaram a ser nomeados pelo rei ou pelo governador, o que de fato alterava a estrutura política da colônia de Massachusetts. Oficiais reais acusados de qualquer crime passariam a ser julgados em Londres, o que equivalia a praticamente torná-los imunes à lei.

Esse conjunto de medidas ficou conhecido como as Leis Coercitivas (Coercive Acts) ou Leis Intoleráveis (Intolerable Acts). Se a Grã-Bretanha pretendia isolar Boston do resto da América, concentrando sua resposta na cidade que mais desafiava sua autoridade, seu intento falhou terrivelmente. Mesmo aqueles elementos moderados, que procuravam sempre compreender as razões do Parlamento e que haviam repudiado a Festa do Chá como um excesso cometido por radicais, se viam agora obrigados a prestar sua solidariedade a Boston.

Richard Henry Lee descreveu as Leis Intoleráveis como "um sistema pérfido para destruir a liberdade na América". George Washington resumiu o clima de oposição às medidas dizendo que "a causa de Boston [...] agora é e sempre será considerada a causa da América".

O que mais contribuiu para unir os colonos em seu repúdio a Londres foi a tentativa de alterar o sistema político de Massachusetts. Tal precedente não poderia jamais ser admitido. Desde sua implantação, um século antes, as colônias haviam desenvolvido formas de autogoverno que eram consideradas parte de sua identidade. A tentativa de Londres de se intrometer nesse sistema deixou claro ser necessário articular uma resposta organizada.

Em sua avaliação dos eventos ocorridos nos dez anos entre 1765 e 1775, antes da independência propriamente dita, John Adams considerou que eles haviam resultado em "uma mudança radical das opiniões, sentimentos e afeições das pessoas". Continuando, ele cunhou uma expressão que acompanharia os presidentes americanos através dos tempos. Segundo ele, foram esses acontecimentos que haviam transformado "os corações e mentes" do povo.[24]

3.3 Benjamin Franklin (outra vez)

A "resposta organizada" que decorreu das Leis Intoleráveis foi a realização do Primeiro Congresso Continental. Antes de avançarmos para esse tema, convém retornar à figura de Benjamin Franklin, que vimos pela última vez no capítulo anterior, durante o encontro de Albany. Voltamos a ele agora para acompanhar sua luta contra os proprietários das terras da Pensilvânia, a família Penn e suas atividades em Londres.

* * *

Como proprietária da colônia, a família Penn tinha uma influência política única. Quando a Assembleia passava leis que estabeleciam impostos sobre terras para financiar a Guerra dos Sete Anos, as terras da família tinham de ficar isentas, ou as leis eram vetadas pelo governador (nomeado pelos Penn). A rusga de Franklin com Thomas Penn começou aí, pois ele sempre estava no comitê encarregado de responder aos vetos do governador. O status especial da família incomodava Franklin. Segundo ele, as terras do proprietário também necessitavam de proteção contra franceses e índios, e era justo que Penn contribuísse para os custos da guerra.

As disputas entre a Assembleia da colônia e o governador, representante dos proprietários, eram frequentes e sempre vencidas pelo último. Eventualmente, os membros da Assembleia decidiram que sua única opção para diminuir a importância da família Penn era recorrer a um poder ainda maior: o rei. Para levar a cabo essa missão, Franklin partiu para Londres em 1757.

Na época, Londres já contava com uma população de 700 mil pessoas. Franklin se espantou com a poluição das ruas e, principalmente, do ar: "a cidade inteira é uma grande casa esfumaçada e cada rua é uma chaminé" (ele deu conselhos a muitos sobre como melhorar suas chaminés). Não que ele tenha permanecido apenas em Londres. Membro da Royal Society, recebeu títulos honorários em St. Andrews e Oxford; conheceu David Hume; viajou para Holanda e Escócia. Seis meses depois de chegar, escreveu a sua esposa (que ficara na Filadélfia) que "o respeito e a amizade que recebo de pessoas de valor, e as conversas que tenho com homens de gênio, me dão um prazer que não é pequeno".[25]

Com o tempo, Franklin foi formando uma rede de amizades em Londres, com homens de negócio, cientistas e políticos importantes. Um dos primeiros conselhos que recebeu foi que deveria procurar falar diretamente com a família Penn antes de procurar as autoridades reais. As pessoas mais acostumadas com o ambiente da corte percebiam melhor do que Franklin que, ao apelar à autoridade máxima, ele poderia mexer num vespeiro.

Franklin teve uma amostra da situação quando foi convidado a se encontrar com Lorde Granville, presidente do conselho do rei. Ao longo da conversa, Granville informou a Franklin, como se isso fosse fato, que a vontade do rei era soberana nas colônias, independentemente de qualquer Assembleia colonial. Essa era uma opinião absolutamente ignorante, e deve ter causado choque em Franklin perceber que pessoas de autoridade em Londres poderiam tomar decisões sobre as colônias sem terem a menor ideia do que estavam fazendo.

Seu contato com os Penn não foi melhor. Franklin apresentou uma lista de reclamações da Assembleia, cujos pontos principais eram a taxação das terras e o fato de o governador não possuir verdadeira independência para exercer seu cargo. Os Penn encaminharam as questões ao procurador-geral do reino. Ao longo de um ano, Franklin e os Penn tiveram várias reuniões, que só serviram para que a opinião que tinham uns dos outros piorasse cada vez mais. Ao final de um ano, o procurador enviou um parecer, com base no qual os Penn permitiram uma taxação limitada de suas terras. Depois disso, informaram à Assembleia da Pensilvânia que não mais tratariam de qualquer assunto com o sr. Benjamin Franklin.

Ao longo de 1758, Franklin começou a formar a opinião de que talvez fosse melhor tentar transformar a Pensilvânia em uma colônia real, ou seja, transferir sua propriedade dos Penn para a Coroa. De onde exatamente ele tirou essa ideia é difícil dizer. Decerto, seu sentimento em relação aos Penn era de fúria. Entretanto, passar a colônia para o controle real não era garantia de nenhuma vantagem para o povo que lá vivia, como sua conversa com Granville demonstrara. Na verdade, chega a ser engraçado que Franklin buscasse levar sua colônia para o controle real, sendo que menos de vinte anos depois todas as colônias seriam independentes. Será que Franklin tinha motivos secretos? Será que ele imaginava que, com o controle da colônia passando para a Coroa, havia possibilidade de ele ser nomeado governador real? Não há evidências concretas de que ele tivesse planos nesse sentido, mas também não se pode descartar a hipótese.

Não existia qualquer indicação de que o rei ou o Parlamento pretendesse alterar o status da Pensilvânia, retirando poder de seus proprietários. Ainda assim, por alguma razão, era nisso que Franklin acreditava. Ele escreveu para seu parceiro político, Joseph Galloway, dizendo que "é certo que o governo daqui está inclinado a assumir todos os poderes proprietários, e não tenho dúvida de que o fará na primeira oportunidade".[26] Ele não chegou a testar essa ideia, pois a Assembleia da Pensilvânia, que pagava seu salário, o instruiu a deixá-la de lado e se concentrar em conseguir taxar as terras dos proprietários. De fato, em 1760, a Assembleia deliberou que se recolhesse uma nova taxa sobre as terras, acima das limitações aceitas pelos proprietários em 1758; felizmente para Franklin, o conselho do rei permitiu essa taxação.

Com o passar dos anos, o círculo social de Franklin em Londres tornou-se bastante sofisticado. Por exemplo, ele se tornou amigo do dr. John Pringle, membro do Colégio Real de Médicos. Pringle, por sua vez, era íntimo de Lorde Bute, que seria primeiro-ministro em 1762 e 1763. Através dessas conexões, Franklin conseguiu que seu filho, William Franklin, fosse nomeado, em 1762, governador real de Nova Jersey. No mesmo ano, ele voltou para a América.

A celebridade de Franklin não nos deve fazer acreditar que todos na Filadélfia pensavam como ele. Havia também políticos e pessoas importantes que estavam do lado dos proprietários, e até mesmo um partido político conhecido como Partido Proprietário. Duas pessoas em particular devem ser mencionadas. William Allen, o homem mais rico da Pensilvânia, juiz e membro do conselho do governador, e o já mencionado John Dickinson, rico advogado e político, membro da Assembleia, autor das *Cartas de um fazendeiro da Pensilvânia*.

Assim que voltou de Londres, Franklin começou uma campanha para que a Assembleia enviasse uma petição ao rei, solicitando que a Pensilvânia passasse ao controle real. Em 1764, a moção foi aprovada na Assembleia com apenas três votos contrários. Um deles era o de Dickinson. Apesar de concordar com as críticas ao comportamento dos proprietários, Dickinson achava que passar ao controle do rei poderia ser ainda pior. É difícil discordar dele quando sabemos que, naquela época, a Lei do Açúcar já fora promulgada e a Lei do Selo viria logo depois. Não era um bom momento para uma colônia se aproximar politicamente da Coroa. Ainda assim, a Assembleia decidiu enviar Franklin novamente para Londres a fim de lutar pelo controle real.

Como vimos, a grande questão era a tributação. Curiosamente, a visão de Franklin sobre o assunto era bastante diferente das que encontramos antes. Para Patrick Henry, John Dickinson e Samuel Adams, a discussão era jurídica: a taxação sem representação era ilegal e feria os direitos dos colonos. Franklin via o problema de uma perspectiva mais prática. Em 1763, ele escreveu a um amigo em Londres dizendo que os colonos usavam todo o seu dinheiro comprando mercadorias inglesas, de modo que a um aumento de impostos corresponderia uma queda nas vendas. Em outra ocasião, disse ao mesmo amigo confiar na Coroa. "Vocês não imporão a nós cargas maiores do que podemos suportar." A outro amigo, ele se estendeu mais: "Estamos em suas mãos como argila nas mãos do escultor; assim como o escultor não pode desperdiçar sua argila sem se prejudicar, acredito que qualquer coisa que vocês possam fazer que nos seja prejudicial será tão ou mais prejudicial a vocês mesmos."[27] Se Samuel Adams ouvisse considerações submissas como essas, teria um ataque.

Quando, já em Londres, ouviu falar que o governo pretendia implantar uma Lei do Selo, Franklin imaginou que não seria mal recebida, mas não fazia ideia do quanto. Chegou mesmo a indicar um amigo seu para coletor de selos na Pensilvânia. Ficou chocado quando leu as Resoluções da Virgínia, que condenavam a taxação como "ilegal, inconstitucional e injusta".

Em 1766, quando alguns membros do Parlamento começaram a contemplar a possibilidade de revogar a Lei do Selo, convidaram Franklin a falar. Nessa oportunidade, ele lembrou aos deputados a lealdade dos americanos e o quanto a Lei do Selo era equivocada. Além disso, aproveitou para alertar, com clarividência, o equívoco que era enviar tropas britânicas para a América. Segundo ele, elas "não encontrarão uma rebelião; mas podem de fato criar uma".[28]

Infelizmente para si mesmo, Franklin afirmou nessa ocasião acreditar que o problema era a cobrança de impostos, ou taxas "internas", ao passo que os colonos jamais haviam se oposto a pagar taxas comerciais, ou "externas". Na verdade, essa distinção era considerada irrelevante tanto em Londres (onde achavam que os colonos deveriam pagar tudo) como na América (onde achavam que não deveriam pagar nada), e nesse episódio ele perdeu uma boa oportunidade de ficar calado: a medida tomada a seguir pelo ministro das Finanças, Charles Townshend, foi instituir suas famosas tarifas, taxas "externas", que, segundo dissera Franklin, seriam aceitas pelos colonos sem problemas.

Como vimos, a resposta foi um amplo boicote. Os jornais de Londres foram inundados com artigos revoltados com a insolência das colônias e pedidos para envio de tropas. O clima não era animador para alguém que, como Franklin, acreditava ser do interesse de ambas as partes que metrópole e colônia vivessem em paz, formando o grande império sob um único rei com o qual ele sonhava. Em 1767, escreveu o seguinte:

> Vivi uma parte tão grande da minha vida na Grã-Bretanha, e tenho tantas amizades aqui, que a amo e quero sua prosperidade [...] a América pode sofrer atualmente sob o poder arbitrário deste país; ela pode sofrer por um tempo em uma separação; mas esses são males temporários que ela superará. A Escócia e a Irlanda têm circunstâncias diferentes. Confinadas pelo mar, não podem crescer em número, riqueza e força para contrabalançar a Inglaterra. Mas a América, um imenso território, favorecido pela natureza com todas as vantagens de clima, solo, grandes rios e lagos navegáveis etc., deverá se tornar um grande país, populoso e poderoso, e irá, antes do que se pensa, ser capaz de livrar-se de quaisquer grilhões postos sobre ela [...]. Pois as sementes da liberdade foram semeadas universalmente por lá, e nada pode erradicá-las. Mas ainda resta naquele povo tanto respeito, veneração e afeto pela Grã-Bretanha que, se cultivados prudentemente [...] podem ser governados facilmente por eras, sem força ou gasto considerável. Mas não vejo aqui quantidade suficiente da sabedoria necessária para produzir tal conduta, e lamento sua falta.[29]

Franklin apoiou como pôde a ideia do boicote. Apesar de achar toda aquela conversa sobre "direitos" muito abstrata, ele percebeu que, afinal, aquele haveria de ser o ponto central da disputa. Nesse caso, sua posição estava clara: a soberania do rei se estendia a todos os súditos, mas a autoridade do Parlamento terminava nas fronteiras da Grã-Bretanha. Um país não podia ter duas autoridades legislativas, e as colônias já possuíam suas assembleias. Ele comunicou suas ideias a pessoas importantes de Massachusetts, e a colônia o escolheu, em 1770, para ser seu representante em Londres. A Geórgia fizera o mesmo em 1768, assim como Nova Jersey, em 1769. Assim, ele passou a representar quatro colônias.

Em 1772, Franklin recebeu (não se sabe de quem) um maço de cerca de vinte cartas que haviam sido endereçadas, por Thomas Hutchinson e Andrew Oliver, então governador e vice-governador de Massachusetts, a Thomas Whatley, secretário do Tesouro e principal autor da Lei do Selo. Nessas cartas, aquelas autoridades coloniais avaliavam o clima na América durante a reação à Lei do Selo. Pintavam um povo à beira da rebelião.

"É preciso que haja uma diminuição nas chamadas liberdades inglesas", escreveu Hutchinson. Segundo ele, a menos que o Parlamento produzisse algo mais que "apenas atos declaratórios e resoluções, estará tudo acabado". Em outra carta, ele diz: "Duvido que seja possível projetar um sistema de governo no qual uma colônia a 3 mil milhas de distância da metrópole possa aproveitar das mesmas liberdades que essa metrópole". As cartas de Oliver sugeriam que os membros do conselho do governador, escolhidos pela Assembleia, passassem a ser nomeados pela Coroa.

Franklin concluiu que aquelas cartas passavam uma impressão errada da situação nas colônias e que elas haviam contribuído para induzir o Parlamento ao erro. Ele achou que, se elas se tornassem conhecidas, parte da animosidade dos colonos para com o Parlamento talvez pudesse ser dissipada. O que ele fez foi enviar as cartas para a Assembleia de Massachusetts.

Uma vez em Boston, as cartas caíram nas mãos de nosso conhecido Samuel Adams, que cuidou de dar a elas ampla divulgação, acompanhada de seus típicos ataques violentos nos jornais. O conteúdo não era afinal tão explosivo assim, mas o apoio ao governador caiu ainda mais (sem que o respeito pelo Parlamento aumentasse, como esperava Franklin). A Assembleia então enviou uma petição ao rei para que retirasse Hutchinson e Oliver de seus cargos.

Aquelas cartas foram vistas pela população (devidamente orientada nesse sentido por Adams e seus companheiros) como indício de que havia uma conspiração, entre políticos locais e autoridades de Londres, para subjugar os colonos e retirar-lhes seus direitos. A conjunção desse episódio com a Lei do Chá, no ano seguinte, foi o que finalmente levou John Adams a passar para o lado de seu primo Samuel na defesa intransigente da independência americana.

Em janeiro de 1774, uma audiência foi marcada no Cockpit, um anfiteatro no complexo governamental de Whitehall, oficialmente para discutir a petição de remoção de Hutchinson e Oliver. Franklin foi convidado a comparecer, na condição de representante das colônias. Entretanto, foi proibido de oferecer sua visão dos acontecimentos. No mês anterior, ele havia admitido publicamente ser o responsável pela divulgação das famigeradas cartas. Aquela audiência nada mais era que um ato de vingança contra ele.

Aos 68 anos, usando um pesado casaco de veludo e a tradicional peruca branca, Franklin foi obrigado a permanecer de pé por mais de uma hora, ouvindo uma torrente de ofensas, enquanto a plateia ria e aplaudia sua humilhação. Teve de ouvir Alexander Wedderburn, procurador-geral, afirmar que ele "não é um cavalheiro; de fato, não passa de um ladrão" (por haver, supostamente, roubado as cartas). Foi acusado também de ser um agitador político e de tramar pela independência americana.[30] Até mesmo o primeiro-ministro Lorde North estava presente. (Mais tarde, ele se desculpou em privado com Franklin pelo que julgou excessos de seus colegas.)

Durante os vários anos em que morou em Londres, Franklin fora sempre uma voz moderada. Como vimos, buscara acomodação até mesmo na questão da taxação. Suas correspondências para a América recomendavam sempre cautela. Depois desse dia, ele não teve mais dúvida de que as colônias deveriam tomar seus destinos nas próprias mãos.

4. Congressos

4.1 Primeiro Congresso Continental

Vimos anteriormente que, em resposta à Festa do Chá de Boston, a Grã-Bretanha promulgou um conjunto de leis que ficaram conhecidas como Leis Coercitivas ou Leis Intoleráveis. Entre outras resoluções, essas leis fechavam o porto de Boston, mudavam o sistema político de Massachusetts e determinavam que oficiais reais passassem a ser julgados em Londres por seus crimes. Essas medidas tiveram o efeito de unir todas as colônias em apoio a Boston.

Em maio de 1774, um encontro de cidadãos dessa cidade, liderados por Samuel Adams, propôs a implementação de um novo boicote comercial em relação à Grã-Bretanha e enviou correspondência às outras colônias em busca de apoio. Ainda no mesmo mês, a cidade de Providence, em Rhode Island, respondeu sugerindo um congresso com representantes de todas as colônias. A Filadélfia também respondeu, sugerindo acreditar que o povo da Pensilvânia não apoiaria um novo boicote antes que fosse realizado um amplo congresso, que "declare o que consideramos nossos direitos e que faça uma petição acerca deles a Sua Majestade, em termos firmes mas decentes e obedientes".[1] Nova York rejeitou a proposta de boicote. Considerando que o assunto era de interesse de todas as colônias, seu comitê de correspondência sugeriu que um congresso continental "deve ser realizado sem demora e uma resolução unânime, tomada".

Antes mesmo de receber notícias de Boston, a Assembleia da Virgínia já havia declarado que as Leis Intoleráveis eram "uma perigosa tentativa de destruir [...] os direitos da América". George Mason declarou que deveria haver "um congresso de deputados de todas as colônias para elaborar um plano geral e uniforme para a defesa e a preservação de nossos direitos comuns, que deve incluir a suspensão da importação, com algumas exceções específicas, de bens provindos da Grã-Bretanha e da Irlanda, depois de setembro de 1774, e de todas as exportações para a Grã-Bretanha depois de novembro de 1775, até que o Parlamento revogue o fechamento do porto de Boston e todos os atos para taxar o povo da América sem seu consentimento".[2]

Em junho, a Assembleia de Massachusetts escreveu a todas as outras assembleias convidando-as a enviar representantes a um encontro na Filadélfia, que ocorreria no primeiro dia de setembro. Os delegados escolhidos por Massachusetts foram o líder de sua Assembleia, Thomas Cushing, um advogado chamado Robert Paine, outro sujeito chamado James Bowdoin (que declinou do convite) e os primos Samuel e John Adams.

Inicialmente, Samuel Adams se opôs à realização desse congresso. Ele tinha medo de que uma reunião tão grande acabasse sendo dominada por elementos demasiadamente moderados e levasse, depois de muita discussão, a uma simples e inócua petição ao rei, acompanhada de alguma declaração igualmente inócua sobre direitos. Até certo ponto, ele tinha razão. Os líderes políticos moderados e conservadores, que se lembravam da depredação das casas de Oliver e Hutchinson durante a crise da Lei do Selo e haviam ficado horrorizados com a Festa do Chá, de fato achavam que um congresso ajudaria a manter na linha os radicais de Boston. Por outro lado, muitos acreditavam que a realização desse congresso levaria certamente a uma guerra com a Grã-Bretanha. Depois que outras colônias deixaram claro que não aceitariam um boicote que não fosse decidido por um congresso continental, não havia alternativa.

O desenrolar da história na Pensilvânia foi interessante, pois os radicais demonstraram habilidade política no nível de Samuel Adams. Quando a proposta de realização do congresso começou a ser discutida, seus membros mais inflamados se lançaram em discursos fortes, que assustaram os moderados, pedindo um boicote imediato. Em seguida, John Dickinson fez o papel da voz da razão, falando calmamente e sugerindo que seria mais prudente deliberar assunto tão delicado em um congresso, onde estariam várias pessoas de bom senso. Sua proposta acabou sendo aprovada.

O líder da assembleia, o moderado Joseph Galloway, se recusou a permitir uma sessão para discutir o assunto. Isso já havia sido antecipado pela oposição, que desejava exatamente que ele aparecesse para a população como alguém que não estava disposto a lutar pelos direitos dos americanos. Em uma reunião popular ao ar livre, eles prometeram deixar a Assembleia de lado e enviar como representantes ao congresso seus membros mais radicais. Em vista disso, Galloway voltou atrás e realizou a sessão, que elegeu sete representantes, incluindo ele próprio. Os moderados ainda conseguiram manobrar para que Dickinson ficasse de fora.

Cinquenta e cinco delegados convergiram até a Filadélfia para a realização do Primeiro Congresso Continental, programado para começar no dia 5 de setembro de 1774, vindos de todas as colônias, exceto da recente Geórgia. Quase metade eram advogados; todos eram nascidos na América. O mais jovem tinha 25 anos e o mais velho, 67. Nenhum deles era católico; os protestantes se dividiam entre anglicanos, presbiterianos, congregacionalistas, quakers e batistas. Apenas um delegado havia participado do Congresso de Albany, em 1754, e sete outros haviam comparecido ao Congresso da Lei do Selo, em 1765. Apenas George Washington e Samuel Adams eram conhecidos além das fronteiras de suas colônias.

Como mencionamos no capítulo 1, nessa época a Filadélfia era a maior cidade da América, duas vezes maior que Boston, tendo inclusive o maior porto, no rio Delaware, apesar de ficar a mais de 100 quilômetros do mar. Com sua reputação de tolerância religiosa e boas terras, era a principal porta de entrada para as colônias, e imigrantes de diversas origens chegavam ali continuamente. John Adams anotou em seu diário o impressionante projeto da cidade: "Front Street está perto do rio, depois 2nd Street, 3rd, 4th, 5th, 6th, 7th, 8th, 9th. As perpendiculares que as intersectam são igualmente largas, retas e paralelas umas às outras, e têm nomes de árvores de floresta e de frutos, Pear Street, Apple Street, Walnut Street, Chestnut Street, etc."[3] Havia então mais ou menos doze ruas numa direção e o dobro dessa quantidade na outra.

A cidade contava com o primeiro corpo de bombeiros das colônias, a primeira biblioteca pública e a Sociedade Americana de Filosofia (tudo em decorrência das atividades de Benjamin Franklin, como vimos no capítulo 2). Havia produção de todo tipo de manufaturas: botas, espelhos, carruagens, fogões, pianos, móveis de madeira etc. Nada menos que sete jornais eram publicados, mais do que em Londres, e cerca de trinta livrarias estavam espalhadas pela cidade. Em número ainda maior do que as livrarias, havia as tavernas.

Nem mesmo o intenso calor do verão da Pensilvânia, ao qual os habitantes da Nova Inglaterra não estavam acostumados, impediu os congressistas de realizar seus passeios. Visitaram o hospital, o hospício (onde John Adams reconheceu um antigo cliente), as igrejas, o porto, os mercados.

Moradores ilustres tomaram o hábito de convidar congressistas para jantar. Em uma ocasião, um deles deixou registrado que a mesa ofertava "Cremes, geleias, doces, carnes de vários tipos, vinte variedades de tortas, trufas, pudins, queijos, ponche, vinho, porto, licores, cervejas etc.".[4] A bebida certamente corria solta. John Adams ficou impressionado com a cerveja local. Em outra ocasião, escreveu que bebera "muito vinho Madeira", mas permanecera sóbrio, enquanto Richard Henry Lee ficara "muito bêbado". George Washington registrou em seu diário que, entre 5 e 24 de setembro, jantou em quinze casas diferentes.[5]

Uma vez reunidos, os congressistas levaram algum tempo se conhecendo e tentando saber as posições políticas uns dos outros. As tavernas e os jantares forneciam mais do que suficientes ocasiões propícias. Depois de uma semana na Filadélfia, John Adams escreveu que um apoiador da Coroa era visto ali "como o animal mais desprezível da criação. Aranhas, sapos e cobras são seus emblemas mais adequados".[6]

Como era de se esperar, o congresso se dividia em duas amplas facções. A mais moderada, liderada por Galloway, consistia naqueles homens que, apesar da pretensão de defender os direitos dos colonos, ainda tinham esperança de que um arranjo pacífico fosse possível. Esse grupo incluía os delegados das colônias da Pensilvânia, Nova York, Nova Jersey e Delaware, que mantinham intenso comércio com a metrópole

A facção mais radical, liderada por Samuel Adams, contava com algumas pessoas que já estavam decididas a lutar pela independência (como o próprio Adams e talvez George Washington) e outras que começavam a aceitar, ainda de forma relutante, que talvez não houvesse alternativa. Alinhavam-se com essa posição as colônias de Massachusetts, New Hampshire, Connecticut e Virgínia.

Finalmente, sem posição definida estavam as Carolinas do Norte e do Sul. Maryland e a pequenina Rhode Island. Esta última estava em situação curio sa. Sua delegação contava com apenas dois elementos, e eles frequentemente discordavam entre si, anulando o voto dessa colônia em vários casos.

Desde o começo, Samuel Adams pretendeu ficar nas sombras. Consciente de sua fama de radical e de incendiário, sabia que os moderados esperavam que defendesse a independência. Procurou falar pouco nas sessões, dedicando-se mais às articulações de bastidores em que era mestre. Ele encontrou nos delegados da Virgínia, que além de Washington contava também com Patrick Henry e Richard Henry Lee, pessoas que podiam defender publicamente posições mais radicais sem despertar grandes preconceitos.

A estratégia funcionou bem. Um delegado de Maryland concluiu que os bostonianos estavam "entre os mais moderados". Entretanto, nem todos foram enganados: Joseph Galloway percebeu a importância do discreto Samuel, descrito por ele como alguém que "come pouco, bebe pouco, dorme pouco, pensa muito e é decidido e incansável na busca de seus objetivos". Por outro lado, os delegados da Virgínia encantaram a todos com sua oratória. Silas Deane, delegado de Connecticut, afirmou que Patrick Henry era "o mais completo orador" que ele já ouvira. A reputação de Henry Lee não ficava atrás. Os dois foram chamados de "Cícero e Demóstenes" da época. O epíteto não era tão original assim, pois Galloway também já fora chamado de Demóstenes da Filadélfia. Em suma, homens de retórica não faltavam por ali.

Depois que Peyton Randolph, da Virgínia, foi eleito presidente do congresso, o primeiro problema foi decidir o procedimento de votação. As colônias maiores, Massachusetts, Pensilvânia, Virgínia e Nova York, pretendiam que o voto de cada colônia tivesse peso proporcional à sua população. As colônias menores preferiam que todos os votos tivessem o mesmo peso. Como parte de sua estratégia de conceder alguns pontos para ganhar outros mais importantes, Samuel Adams manobrou para que as colônias menores fossem atendidas.

Essa decisão importante marcaria a atuação do congresso pelos anos seguintes. Os congressistas representavam as colônias, não seus cidadãos. Apesar de cada colônia contar com uma delegação de vários representantes, tinha apenas um voto. Toda decisão importante precisava da aprovação de ao menos sete delegações. Essa estrutura contribuiu para tornar a Revolução Americana muito mais conservadora que a maioria das outras revoluções e movimentos de independência.

As sessões do congresso eram secretas, e as atas que seriam publicadas traziam poucas informações sobre o que fora discutido. Não era conveniente deixar Londres, ou mesmo a população americana, saber de todas as divergências que aconteceriam ali. Alguns participantes mantiveram diários e enviaram cartas descrevendo parte das discussões; e o conhecimento que temos hoje acerca das discussões ocorridas é baseado nesses registros. John Adams é fonte de boa parte das informações.

Uma vez que o congresso estava realmente funcionando, a pergunta que se colocava aos congressistas era das mais comuns: o que fazer?

Uma resposta a essa pergunta foi apresentada imediatamente. Era preciso fazer uma declaração de seus direitos. Um comitê, com dois delegados de cada colônia, foi designado para essa tarefa. Os trabalhos se alongaram por vários dias. Parte dos membros do comitê, Galloway entre eles, pretendia que os direitos das colônias só poderiam derivar da legislação da Grã-Bretanha. Outra parte pretendia argumentar que existiam direitos "naturais", que deveriam ser reconhecidos mesmo se não estivessem contemplados nas leis da época. Eventualmente, chegaram ao compromisso de dizer que seus direitos derivavam simultaneamente da natureza e das leis. Repetiram mais uma vez os argumentos contrários à taxação sem representação etc. e deixaram claro que não aceitariam atos do Parlamento que infringissem seus direitos.

John Adams estava nesse comitê e, a princípio, animado por participar de discussões com pessoas tão distintas, tão diferentes da "horda sórdida" que tinha assento na Assembleia de Massachusetts. Entretanto, depois de algumas sessões, a coisa se tornara "muito tediosa". Segundo ele, "não há maior mortificação do que se sentar com meia dúzia de sábios", pessoas que se consideram "oradores, críticos, estadistas" e que adoram exibir seu suposto intelecto. "Acredito", escreveu ele, "que, se fosse proposto resolvermos que três mais dois são cinco, estaríamos entretidos com lógica, retórica, história, política e matemática sobre o assunto por dois dias inteiros."[7]

Mais premente que a questão dos direitos era o problema das atitudes práticas. Não houve dificuldade em decidir por um boicote às importações de produtos da Grã-Bretanha, a começar em dezembro de 1774. Entretanto, Massachusetts, que praticamente não exportava nada para Londres, pretendia estabelecer também um boicote às exportações. A essa medida as colônias sulistas, exportadoras de grandes quantidades de tabaco, arroz e algodão, se opunham fortemente. Ao final, um boicote de todas as exportações foi aprovado, mas para começar somente depois de um ano, em setembro de 1775, depois que as plantações atuais da Virgínia houvessem sido vendidas.

Durante essa disputa norte-sul, apareceu uma proposta inusitada de Galloway: a criação de um parlamento colonial, que dividiria o poder com o Parlamento de Londres. Era uma tentativa de evitar uma guerra que muitos achavam inevitável. Galloway começou enaltecendo o papel da Grã-Bretanha em manter "liberdade, paz e ordem" nas colônias. Segundo ele, havia ali liberdade de expressão e liberdade de imprensa desconhecidas no resto do mundo. Na segunda parte de sua fala, alertou para os riscos de uma guerra contra a maior potência militar da época. Se as colônias só tinham vencido as Guerras Franco-Indígenas com auxílio da Inglaterra, lembrou ele, como fariam para vencer a própria Inglaterra? Buscariam por acaso alianças com as potências católicas, França e Espanha? Finalmente, lembrou a todos que, mesmo se por milagre vencessem a guerra, levariam o país ao caos social de uma revolução, cujas consequências ninguém poderia prever. Segundo ele, a saída para a paz com a metrópole estava na criação de uma nova câmara de representantes. Além da Câmara dos Comuns e da Câmara dos Lordes, em Londres, deveria existir uma Câmara Americana, com um presidente nomeado pela Coroa e membros eleitos pelas assembleias coloniais. Nenhum ato do Parlamento britânico que afetasse a América se tornaria lei sem consentimento dessa terceira instância.

A proposta de Galloway parecia razoável e teve apoio de vários delegados, talvez até mesmo da maioria. Mas o que contava era o voto das colônias, e havia oposição. Os congressistas radicais não tinham mais intenção de se dedicar a discussões constitucionais e se engajar em negociações com Londres que certamente levariam anos. Eles já haviam decidido que o Parlamento não teria mais autoridade sobre a América e nada os faria mudar de ideia ou mesmo voltar a discutir esse ponto. Algumas colônias talvez quisessem a paz, mas não ao preço de criar mais uma instância de poder capaz de decretar novos impostos e taxas. No fim, uma votação para arquivar essa proposta foi aprovada por 6 a 5 (Rhode Island, dividida, não votou).

O último ponto importante se referia às preparações militares. Já existia um grande contingente militar britânico na América e as colônias deveriam começar a reunir e treinar suas milícias. O congresso deveria organizar o fornecimento de armas e munições. Mais uma vez, houve discordância. Muitos delegados argumentaram que a preparação de milícias equivalia a uma declaração de guerra, justamente um dos atos que aquele congresso pretendia evitar. De acordo com eles, as colônias só entrariam em guerra se as hostilidades fossem iniciadas pela Grã-Bretanha. Acabaram decidindo apenas preparar as milícias, mas não armá-las.

No começo de outubro de 1774, ocorreram eleições na Pensilvânia, e o partido de Galloway sofreu derrotas por toda parte. Quando a nova Assembleia se reuniu, elegeu John Dickinson para delegado no congresso. Ele chegou no final, mas foi encarregado de escrever uma petição ao rei. Nesse documento, os congressistas pediam "apenas paz, liberdade e segurança. Não desejamos [...] novos direitos". Pediam ao rei que usasse sua "autoridade real e intercedesse" em seu favor junto ao Parlamento.

No fim de outubro, o Primeiro Congresso Continental terminou, depois de quase dois meses. Os delegados voltaram para casa, tendo decidido que haveria nova reunião em maio de 1775.

Uma das decisões tomadas pelo Congresso Continental foi a formação de comitês coloniais, encarregados de fazer valer o boicote comercial. Sua missão era vigiar para que não houvesse comércio clandestino, tomando inclusive juramentos de fidelidade dos comerciantes locais e publicando listas públicas daqueles que não colaborassem. A irrupção das hostilidades com a Grã-Bretanha acabou fazendo com que o propósito desses comitês mudasse e que eles passassem a ser importantes no esforço de guerra.

4.2 Começo das hostilidades

Ainda durante a realização do congresso, o general Thomas Gage, então governador real de Massachusetts, enviara diversas cartas ao primeiro-ministro Lorde North reportando o clima hostil naquela colônia. Segundo ele, "a fúria popular nunca foi tão grande", e os colonos ameaçavam abertamente "pegar em armas" e atacar "quaisquer tropas que se opuserem a eles". Gage estimava precisar de ao menos mais 20 mil homens para subjugar a Nova Inglaterra.

Governadores de outras colônias, quando consultados, confirmaram que por toda parte os ânimos estavam exaltados. O governador Dunmore afirmou que havia "turbulência" na Virgínia. William Bull descreveu o clima em Charleston, capital da Carolina do Sul, como "violento". Sir James Wright, governador da Geórgia, escreveu que a maioria dos colonos era favorável à independência e que só uma posição "firme" de Londres poderia resolver a crise.[8]

Em novembro, o rei George III disse a North que "o governo da Nova Inglaterra está em estado de rebelião" e que as colônias precisavam "decidir se estão sujeitas a este país ou se são independentes".[9] O procurador-geral informou acreditar que os líderes de movimentos populares em Boston eram culpados de traição. Depois que o rei dissolveu o Parlamento e convocou novas eleições, o novo Parlamento se declarou amplamente favorável a "quaisquer medidas que sejam necessárias para manter a dignidade, a segurança e o bem-estar do Império Britânico".

Notícias sobre as resoluções do congresso chegaram a Londres em dezembro, mas fizeram pouca diferença nos ânimos já hostis. No começo de 1775, a maioria dos ministros estava pronta para declarar guerra. O rei decretou uma proibição da venda de armas e munição para as colônias. Em 27 de janeiro, ordens foram enviadas ao general Gage de usar "qualquer força necessária" para capturar os principais perturbadores da paz em Boston. A carta enviada a Gage foi escrita por Lorde Dartmouth, secretário de Assuntos Americanos, que manifestou sua opinião de que, como a rebelião era comandada por uma "súcia sem plano, sem coesão e sem conduta", o Exército inglês teria facilidade para derrotá-los.[10]

Em fevereiro, Lorde North propôs um "plano de paz", segundo o qual Londres deixaria de taxar as colônias que se dispusessem a contribuir com os custos de sua defesa e da manutenção de seu governo. A quantia exata a ser contribuída seria decidida pelo Parlamento. Benjamin Franklin, ainda residente em Londres, escreveu que a proposta era o equivalente de um "ladrão que apresenta sua pistola e seu chapéu na janela de uma carruagem e não pede nenhuma quantia específica, mas se lhe for dado [...] o que ele julgar suficiente, ele civilizadamente evitará colocar as mãos em seu bolso".[11]

Ainda em fevereiro, William Pitt ofereceu outro plano ao Parlamento, de acordo com o qual, entre outras coisas, este desistiria de taxar as colônias sem autorização das assembleias locais, proibiria criminosos de serem julgados fora da colônia onde o crime fora cometido, suspenderia as Leis Intoleráveis e pediria ao Segundo Congresso Continental, a ser realizado, que instituísse por sua conta uma taxa para ajudar a aliviar o débito nacional. Obviamente, esse plano tão generoso foi recusado.

Em março, uma última tentativa foi feita por Edmund Burke, outro famoso amigo das colônias, que mais tarde ficaria ainda mais famoso por suas reservas em relação à Revolução Francesa. Ele defendeu, em longo discurso, que o Parlamento declarasse abdicar do direito de taxar as colônias. Também foi derrotado.

Enquanto isso, a carta com ordens para o general Gage viajava pelo Atlântico. Ele a recebeu em abril e não hesitou um segundo em seguir suas instruções. A primeira iniciativa de Gage foi ordenar a destruição de um depósito de armas em Concord, a uns 25 quilômetros de Boston. Ele escolheu essa localidade não só pela proximidade, mas porque sabia que John Hancock e Samuel Adams estavam alojados na vila vizinha de Lexington.

Entretanto, as milícias locais de Boston perceberam as movimentações do general e enviaram os cavaleiros Paul Revere e William Dawes para alertarem Lexington de sua chegada. De acordo com o folclore, Revere teria cavalgado pela região gritando "os ingleses estão chegando" ou "os casacas vermelhas estão chegando". Provavelmente nenhuma das duas versões é verdadeira; a missão de Revere requeria que ele fosse discreto.

O major John Pitcairn, comandante das tropas que avançaram para Lexington e Concord, havia escrito, meses antes, uma carta para o primeiro Lorde do Almirantado, em Londres, na qual se referia aos milicianos das colônias dizendo que "esses iludidos são levados a crer que são invencíveis [...]. Quando este exército agir contra eles, rapidamente se convencerão de que são insignificantes contra tropas regulares". Acrescentou ainda que aguardava "ansiosamente ordens de Londres para castigar essas pessoas".[12]

Na madrugada de 20 de abril de 1775, cerca de setenta milicianos receberam a chegada das tropas inglesas, os "casacas vermelhas", em número quatro vezes maior, no parque de Lexington. Os americanos eram na maioria camponeses, alguns artesãos, e para os soldados ingleses deveriam parecer mais um bando de salteadores. Pitcairn avançou para conversar com o capitão miliciano John Parker. "Abaixem as armas, rebeldes malditos!" foi a saudação utilizada.

Concord já estava de sobreaviso, com seus suprimentos militares escondidos. Os milicianos não tinham a menor chance e, na verdade, nenhuma guerra havia ainda sido declarada. Assim, Parker achou melhor mandar que seus homens se dispersassem. Naquele ambiente tenso, um tiro foi ouvido, não se sabe disparado de que lado. O primeiro tiro de uma guerra que duraria oito anos. Os milicianos começaram a correr e os soldados começaram a atirar. Oito colonos morreram e nove ficaram feridos; apenas um soldado se feriu.

Duas horas depois, os militares avançaram em direção a Concord. Lá passaram o dia destruindo o prédio do arsenal, já vazio, e então começaram a marchar de volta a Boston. Nesse meio-tempo, as milícias se organizaram ao longo do caminho. Eram quase mil colonos que, então, não pretendiam abaixar as armas. As forças britânicas tiveram de lutar o caminho todo até Boston. Cerca de cinquenta colonos morreram e outros cinquenta ficaram feridos, enquanto os casacas vermelhas tiveram 65 mortos e mais de duzentos feridos. Samuel Adams, que se refugiara na vila próxima de Woburn, ouviu os tiros ao longe e comentou com os presentes: "Hoje é um belo dia."

No dia seguinte, Lorde Percy, general britânico em Boston, presente às batalhas de Lexington e Concord, escreveu: "Durante todo o tempo os rebeldes nos atacaram de forma espalhada e irregular, mas com perseverança e resolução, e não se atreveram a formar um corpo regular. De fato, sabiam muito bem que não deviam fazê-lo. Quem olha para eles como uma multidão irregular estará muito errado. Há homens dentre eles que sabem muito bem o que estão fazendo." Ele aproveitou também para ressaltar: "Pode ter certeza de que, agora que os rebeldes tiveram tempo para se preparar, estão determinados a ir em frente, e a insurreição aqui não será tão desprezível quanto talvez se imagine em casa. De minha parte, nunca acreditava, confesso, que teriam atacado as tropas do rei, ou que tivessem a perseverança que encontrei neles ontem."[13]

A notícia de que a guerra começara foi divulgada com urgência, por meio de vários mensageiros. Uma das mensagens, conforme ia sendo retransmitida, era acompanhada de recomendações como as seguintes: "Em nome de Deus, envie o homem adiante sem a menor demora"; "Imploro que não perca nem um momento em encaminhar"; "Imploro que ordene ao mensageiro que cavalgue dia e noite"; "Peço, pelo bem de nosso país, por nossas vidas, liberdades e fortunas, que não perca nenhum momento."[14]

Nos dias que se seguiram, os comitês de correspondência de Massachusetts levaram a cabo uma verdadeira campanha de propaganda. Diversos mensageiros saíram em cavalgada, divulgando notícias da batalha. Informava-

-se que os soldados ingleses haviam disparado os primeiros tiros e que haviam matado mulheres e crianças. Isso era realmente verdade, pois os milicianos muitas vezes procuravam se refugiar e atirar de dentro das casas dos moradores, o que levava os soldados a invadir essas casas e, comumente, matar todos que encontrassem.

Diversos jornais, em todas as colônias, ofereceram descrições dos acontecimentos. John Dickinson escreveu que Londres começara uma guerra "da tirania contra a inocência"; Richard Henry Lee acusou o general Gage de lançar um "ataque cruel contra pessoas desarmadas". John Adams visitou os locais de batalha, onde ainda havia corpos de cavalos apodrecendo.[15]

O Comitê de Segurança de Massachusetts, que fora um dos criados pelo Congresso Continental para garantir a realização do boicote, decidiu enviar sua versão dos acontecimentos para os jornais de Londres. Um navio foi despachado imediatamente, desprovido de qualquer carga para chegar o quanto antes. Quando as travessias do Atlântico muitas vezes levavam seis semanas, esse navio chegou em quatro. Vários jornais de Londres tomaram o partido dos colonos, deplorando os atos de seus soldados.

Ao longo dos dias seguintes, milhares de milicianos afluíram para Boston, cercando a cidade a fim de manter sitiado o exército de Gage. A disparidade era grande: mais de 15 mil milicianos contra 4 mil soldados. Entretanto, as condições das milícias eram precárias. Havia pouca pólvora, poucas tendas, muitas doenças e nenhuma disciplina.

Na verdade, eram quatro milícias diferentes, vindas de Massachusetts, New Hampshire, Rhode Island e Connecticut. Seus comandantes eram, respectivamente, os generais Artemas Ward, John Stark, Nathanael Greene e Joseph Spencer. Como estavam em Massachusetts, o general Ward era o comandante-geral.

Em 13 de junho de 1775, os milicianos ocuparam, sem luta, a região conhecida como Bunker Hill, que dá acesso ao porto de Boston. Diante da possibilidade de perder contato naval com a Inglaterra, Gage incumbiu o general William Howe, recém-chegado com reforços, de retomar o local. Outro general, Sir Henry Clinton, sugeriu que cortassem o contato entre os ocupantes de Bunker Hill e o resto da milícia e bombardeassem a região, forçando-os a se entregar. Howe discordou, demonstrando a arrogância ignorante que não é incomum em líderes militares que acabaram de chegar ao palco de batalha. Segundo ele, um ataque frontal teria sucesso fácil. Um terceiro general, John Burgoyne, concordou, argumentando que aquela "súcia sem treinamento" nunca seria páreo para tropas profissionais.

Em 17 de junho, Howe de fato tomou Bunker Hill, mas só quando os americanos ficaram sem munição e bateram em retirada. Antes disso, quase metade dos 2,4 mil soldados britânicos presentes ao ataque havia morrido. Lutando contra um inimigo entrincheirado no alto de um morro, estavam em desvantagem. Pitcairn fora um dos mortos. Clinton concluiu que "mais uma vitória como esta e estamos arruinados".[16]

Em consequência da batalha em Bunker Hill, o general Thomas Gage foi chamado de volta a Londres, e o posto de comandante em chefe das forças armadas britânicas na América passou para o general William Howe.

Enquanto isso, os delegados começavam suas viagens para se encontrar mais uma vez na Filadélfia, onde seria realizado o Segundo Congresso Continental. George Washington saiu de sua enorme propriedade, Mount Vernon, dizendo, de forma um tanto dramática, que "as planícies um dia felizes e pacíficas da América deverão ou ser encharcadas de sangue, ou habitadas por escravos". A bem da verdade, as plantações de sua terra natal, Virgínia, já eram habitadas por dezenas de milhares de escravos (ele próprio, àquela altura um dos homens mais ricos da região, possuía uns duzentos deles), mas em sua grandiloquência ele se referia a escravos brancos. Seja como for, Washington seguiu viagem sabendo que se encaminhava para a guerra.

4.3 Segundo Congresso Continental

O Segundo Congresso Continental começou na data prevista, 10 de maio de 1775. Dos 65 delegados presentes, nada menos que cinquenta haviam estado no congresso anterior. Joseph Galloway, sabendo que suas posições conciliadoras não teriam a menor chance, preferiu não comparecer. Um novato de peso era John Hancock, de Boston. Dessa vez, a colônia da Geórgia achou melhor enviar um delegado. Peyton Randolph foi eleito presidente outra vez.

Benjamin Franklin, de volta à casa aos 69 anos, tomou o lugar de Galloway na delegação da Pensilvânia. Entretanto, não estava em posição muito confortável. Havia morado por muito tempo em Londres, onde um dia cometera o erro de sugerir que a cobrança de certas taxas não causaria nenhum problema nas colônias. Além disso, fora por anos parceiro político do agora desprezado Galloway. Ainda por cima, seu filho era governador real de Nova Jersey. Alguns membros do congresso chegavam a suspeitar que ele fosse um espião inglês.

Na ausência de Galloway, quem acabou por assumir a liderança da facção moderada foi, ironicamente, seu arquiadversário John Dickinson. Essa facção era composta basicamente das colônias "do meio" (Nova York, Delaware, Nova Jersey e Pensilvânia), com economia fortemente baseada em comércio com outros países. Seus delegados ainda tinham esperanças de alcançar algum tipo de acordo com a Grã-Bretanha, desde que tivessem reconhecidos aqueles direitos que a essa altura eram considerados essenciais.

De fato, cortar laços com a metrópole traria dificuldades para moradores de todas as colônias, desde os pescadores da Nova Inglaterra, que perderiam a proteção da Marinha Real, até os plantadores de algodão da Virgínia, que compravam escravos e vendiam seus produtos para Londres. Se fosse possível, o ideal seria evitar os problemas trazidos por Londres sem perder as vantagens decorrentes de pertencer ao Império Britânico.

Outra razão bastante compreensível para buscar a conciliação era o fato de a América não possuir um exército profissional, muito menos uma força militar naval. Manter um exército espalhado por todo um continente seria difícil. Insurreições de índios e de escravos poderiam acontecer. A chance de derrotarem a grande potência da época parecia remota, e muitos achavam que persistir na guerra era loucura.

Todas essas considerações eram vistas como secundárias pelas colônias mais ao norte e mais ao sul. Assim como ocorrera no primeiro encontro, o segundo teve como principais líderes radicais os delegados de Massachusetts e da Virgínia, com uma diferença importante: John Adams lentamente tomou o lugar de destaque que no ano anterior coubera a seu primo Samuel. Ao contrário do primo, ele não tinha vocação para delicadas costuras políticas e articulações de bastidores. Por outro lado, enquanto Samuel tinha reputação de ser pouco confiável, John era respeitado como um homem honesto, brilhante e trabalhador. Outra característica que faltava a John Adams era a retórica inflamada de, por exemplo, Patrick Henry, mas seus discursos eram mais cuidadosos e, a longo prazo, resultavam em mais convencimento (de fato, conforme o congresso foi deixando de ser um local de retórica e foi se tornando um centro de planejamento, Henry se sentiu fora de seu ambiente e voltou à Virgínia).

Uma das primeiras decisões do congresso foi elaborar mais uma petição ao rei, na qual declaravam o desejo das colônias de se reconciliarem com a Grã-Bretanha. Uma "iniciativa de paz", chamou-a Dickinson. Uma "iniciativa de imbecilidade", considerou Adams. Uma "iniciativa fútil", de acordo com Franklin. No fim, a petição foi enviada e ficou conhecida como a Petição do Ramo de Oliveira (Olive Branch Petition). Pelo menos poderiam dizer que deram todas as chances à paz. Quando a recebeu, o rei se recusou até mesmo a ler seu conteúdo.

Eventualmente, as preparações de guerra passaram a ser a principal preocupação. Uma pergunta importante foi feita por John Rutledge, delegado da Carolina do Sul: estavam fazendo aquela guerra para alcançar a independência ou para chegar a uma reconciliação? John Adams sabia que propostas prematuras de independência seriam contraprodutivas, terminando em divergências que só enfraqueceriam a posição americana. Assim, ele defendeu que a guerra não era para a independência, mas que a América não poderia mais aceitar a autoridade do Parlamento em assunto algum: a única autoridade que reconheceriam dali por diante era a do rei. Dickinson, por outro lado, defendeu que deveriam buscar uma reconciliação de tal modo que o estado das relações entre a metrópole e a colônia voltasse a ser como era antes de 1763. Ou seja, nada de taxas.

Entretanto, o tema do motivo exato da guerra precisou ser deixado de lado. Se não por causa das divergências naturais, porque havia muitas outras coisas a serem discutidas. "Uma tal vastidão de assuntos, civis, políticos, comerciais e militares nos pressionam e se acumulam sobre nós tão rapidamente que não sabemos o que fazer primeiro", escreveu John Adams em uma carta a sua esposa, Abigail.

Em relação às preparações, o mais importante era instituir um exército que fosse realmente americano, não restrito à Nova Inglaterra, como era o contingente estacionado em torno de Boston. O primeiro movimento de Adams foi sugerir que o posto de comandante-geral fosse oferecido a George Washington. O assunto foi debatido durante um dia inteiro. Alguns achavam que remover o homem até então encarregado das tropas, Artemas Ward, fosse desagradar seus comandados. Entretanto, apesar de sua limitada experiência, Washington possuía a reputação de um herói de guerra. Benjamin Rush escreveu a um amigo que ele exibia "tanta dignidade marcial em seu porte que seria possível distingui-lo, como general e soldado, no meio de 10 mil pessoas. Não há rei na Europa que não fique parecendo um *valet de chambre* perto dele".[17] Além disso, sua indicação cimentava a aliança norte-sul. No dia 23 de junho de 1775, o general Washington partiu da Filadélfia em direção a Boston.

Outra decisão tomada foi elaborar um documento que fosse uma declaração oficial de guerra. John Dickinson foi encarregado da tarefa, junto com o recém-chegado Thomas Jefferson, um dos últimos a integrar o congresso. Na verdade, ele só foi enviado para a Filadélfia em substituição a Peyton Randolph, que decidiu retornar à Virgínia para presidir a House of Burgesses. Um novo presidente fora eleito para o congresso: John Hancock.

Já contando com a fama de bom escritor (devida a um panfleto intitulado "Uma visão sumária dos direitos da América britânica", que ele publicara pouco tempo antes do Primeiro Congresso Continental), Jefferson produziu a primeira versão do texto, na qual acusava Londres de tentar "erigir um despotismo ilimitado" sobre a América. Esse tipo de linguagem não seria aceito por Dickinson, que então produziu uma nova versão. Mesmo essa versão, um pouco mais amena, conhecida como a *Declaração das causas e da necessidade de pegar em armas*, era bastante forte. Apesar de dizer que "não criamos exércitos com a ambição de nos separar da Grã-Bretanha", o documento também dizia que "nossa causa é justa; nossa união é perfeita", que os colonos não desistiriam enquanto seus pedidos não fossem aceitos e que preferiam "morrer livres do que viver escravos" (essas últimas afirmações eram de Jefferson, mas foram mantidas na versão de Dickinson).

Os meses seguintes foram passados na condução do esforço de guerra. Decisões sobre aquisição ou fabricação de balas, armas, pólvora, uniformes para soldados, nomeação de oficiais, construção de fortificações etc. As sessões do congresso duravam cerca de seis horas por dia. Antes e depois dessas sessões, inúmeros comitês funcionavam. Silas Deane registrou assim seu cotidiano: "Acordo às 6h, escrevo cartas até as 7h, me visto e tomo café às 8h, fico no Comitê de Pedidos até as 10h, então permaneço no congresso até as 15h30 ou 16h; janto às 17h e então participo [de outros comitês] até as 21h. Ceio e vou para a cama às 23h."[18]

Em novembro de 1775, o congresso ficou sabendo que o rei declarara a América em "estado de rebelião" e que todos os colonos que apoiassem tal rebelião eram "traidores" (naquela época, ser acusado de traidor não era um insulto meramente retórico; a pena para o crime de traição era a morte por enforcamento). Logo depois, receberam a notícia de que a Petição do Ramo de Oliveira fora recusada com desprezo. No mesmo mês, Lorde Dunmore, governador real da Virgínia, prometeu liberdade aos escravos que se unissem a suas tropas e ajudassem a suprimir a rebelião. A notícia foi recebida com horror pelos donos de terra. A posição dos que buscavam reconciliação enfraquecia rapidamente.

Em dezembro, o Parlamento britânico passou a Lei da Proibição Americana (Prohibitory Act), que encerrava todo o comércio com as colônias. A partir de então, navios americanos e sua carga podiam ser confiscados pela Marinha Real. John Hancock comentou ironicamente que "a política britânica não se parece com uma reconciliação". Um delegado de Rhode Island notou que o rei prestava um "imenso serviço" ao garantir que as decisões do congresso passassem a ser mais "claras e decididas".

Havia ainda alguns "amigos das colônias" no Parlamento. Edmund Burke ainda estava lá, fazendo seus longos discursos em favor da paz e defendendo que os direitos dos colonos fossem reconhecidos. Recentemente, se juntara a ele o jovem Charles Fox, de apenas 26 anos, considerado por alguns o melhor debatedor que aquele Parlamento já conheceu. Em um de seus discursos, Fox afirmou que o Parlamento impusera sobre as colônias "leis cruéis e tirânicas". Burke e Fox buscavam convencer os colegas de que tentar subjugar as colônias pela força só iria garantir que elas buscassem sua independência. De nada adiantava, ninguém estava ouvindo.

O ímpeto pela independência crescia. Mas recebeu um impulso e tanto em 10 de janeiro de 1776, quando foi publicado um panfleto de 77 páginas chamado simplesmente *Senso comum* (*Common Sense*). Discutiremos um pouco sobre esse texto e a vida de seu autor mais adiante. Por enquanto, basta dizer que ele representa o ponto máximo de um sentimento que viera crescendo e se espalhando nos últimos anos: o de que a América deveria governar a si mesma, como uma república, através de representantes eleitos, e se livrar de sua conexão com a Grã-Bretanha.

Conforme foi ficando claro que a guerra seria longa, os congressistas tiveram de encarar o fato de que era impossível vencê-la sem ajuda externa. Quando John Adams retornou de suas férias com a família, em 8 de fevereiro, ele trazia uma lista nada modesta de providências a tomar, que incluíam: a criação de uma moeda americana; a criação de uma taxa para financiar o esforço de guerra; a realização de acordos comerciais com países europeus; a preparação de uma declaração de independência e de uma constituição nacionais; e a realização de alianças militares com França e Espanha.[19]

Silas Deane foi enviado à França para negociar apoio secreto. Sua missão incluía encontrar-se com algumas pessoas importantes, recomendadas por Franklin, que pudessem colocá-lo em contato com o ministro de Relações Exteriores daquele país. Ele deveria procurar obter fornecimento de armas e munições, e também tentar saber se a França reconheceria a independência da América caso isso acontecesse. Entretanto, não era o caso ainda de a nascente democracia protestante americana estabelecer uma aliança estreita com a monarquia católica da França, antiga inimiga.

No fim de fevereiro, o congresso recebeu a notícia da Lei da Proibição. John Adams comentou que essa lei poderia muito bem se chamar "Lei da

Independência", pois era o que iria causar. Três semanas depois, o congresso decidiu abrir os portos americanos ao comércio com todas as nações. Isso desafiava regulações comerciais estabelecidas pelas Leis de Navegação no século anterior, como vimos no capítulo 2. Mais uma vez, nas palavras de Adams: "Se isto não for independência... é o quê?"

Outra resposta do congresso à Lei da Proibição foi legalizar a atividade de corsários. A prática do "corso" era comum naqueles tempos: homens de negócios investiam em navios armados e marinheiros se inscreviam como voluntários para ir ao mar e tentar capturar navios inimigos (no caso, navios britânicos), dividindo depois os lucros adquiridos com a venda da carga capturada. O congresso havia até então se recusado a permitir a prática, com medo de que Londres retaliasse, bloqueando todo o seu comércio. Agora que tal medida já havia sido tomada, as inibições do congresso à atividade dos corsários desaparecera.

4.4 Independência

Àquela altura, a possibilidade da independência começava a ser considerada pelas assembleias coloniais. No fim de 1775, o congresso autorizara New Hampshire a alterar sua estrutura política, formando um governo que fosse "agradável à província" e determinado através de uma "representação livre e total das pessoas". Em fevereiro de 1776, a Carolina do Sul decidiu escrever sua própria Constituição, enquanto a Assembleia da Carolina do Norte instruiu seus congressistas a "concordar com delegados das outras colônias na declaração da independência e na formação de alianças estrangeiras". Em maio, Rhode Island decidiu que seus oficiais não precisavam mais jurar lealdade ao rei. No mesmo mês, a Assembleia da Virgínia instruiu seus delegados que recomendassem ao congresso uma Declaração de Independência. Essa mesma Assembleia decidiu escrever uma Declaração de Direitos e uma Constituição para o que em breve, esperavam eles, seria uma colônia independente.

Nessa época, Adams escreveu um livro chamado *Pensamentos sobre governo*, em parte como resposta a algumas propostas de *Senso comum* com as quais ele não concordava. Nessa obra, ele argumenta que o governo republicano é mais adequado do que a monarquia para "promover a felicidade da sociedade". Tal governo deveria ser formado por um ramo Legislativo, um Executivo e um Judiciário (a ideia de três poderes já aparecera em *O espírito das leis*, publicado em 1748 por Montesquieu). O Legislativo deveria ter duas câmaras. A Câmara Baixa seria eleita pelo povo e deveria refletir o mais fielmente possível a composição da sociedade. Esses deputados elegeriam a Câmara Alta, que não deveria ter mais do que trinta membros. As duas câmaras juntas elegeriam o Executivo, que teria poder de veto sobre as leis aprovadas pelo Legislativo. Juízes seriam nomeados pelo Executivo, devendo ser aprovados pela Câmara Alta e tendo mandatos vitalícios.

Em maio de 1776, o congresso ficou sabendo que o governo britânico havia contratado mercenários alemães, os famosos hessianos, para lutar na guerra. A notícia foi recebida com fúria e vista como prova de que Londres pretendia não só subjugar a rebelião, como aniquilar os americanos. Conseguir auxílio francês parecia agora não só importante mas indispensável. E esse auxílio só viria se a independência fosse declarada.

A instrução da Virgínia para que sua delegação propusesse uma Declaração de Independência chegou até a Filadélfia no final de maio de 1776. No dia 7 de junho, Richard Henry Lee ficou de pé em frente ao congresso para apresentar uma moção de três partes. A primeira parte pedia que fosse criada uma Declaração de Independência, dizendo "que estas colônias unidas são, e por direito devem ser, estados livres e independentes; que estão desobrigadas de qualquer vassalagem para com a Coroa britânica, e que todo vínculo político entre elas e a Grã-Bretanha está, e deve estar, totalmente dissolvido".[20] A segunda parte pedia que o congresso tomasse "medidas efetivas para formar alianças estrangeiras". A terceira parte pedia que fosse preparado um "plano de confederação", ou seja, uma Constituição nacional.

Os dias seguintes foram dedicados à discussão dessas propostas. Naturalmente, John Dickinson assumiu a liderança no movimento de resistência.

Seu primeiro argumento era que muitas colônias não haviam autorizado seus representantes a votar pela independência. Em segundo lugar, ele afirmou que procurar auxílio militar da França talvez fosse uma jogada perigosa: "Teremos de pagar algum preço." Além disso, havia ainda o já conhecido argumento de que a reconciliação era do interesse econômico das colônias, já que o Império Britânico controlava os mares e possuía inúmeras rotas de comércio.

Um último argumento de Dickinson merece ser analisado separadamente. Segundo ele, a independência levaria a um governo republicano, e governos republicanos tinham um histórico ruim, tendo sempre conduzido à tirania os países que os adotaram. É preciso ter em mente que o exemplo mais nítido de república para os americanos do século XVIII era o breve regime liderado por Oliver Cromwell na Inglaterra depois da morte de Charles I, que de fato havia evoluído rapidamente para o despotismo.

À parte esse exemplo, repúblicas democráticas só haviam dado certo durante pouco tempo e em territórios pequenos (a Roma Antiga, algumas cidades da Grécia Antiga, algumas cidades da Suíça). O próprio Montesquieu, suprassumo da filosofia política da época, acreditava que seria muito difícil construir uma democracia em um grande território. Segundo ele, democracias só poderiam funcionar "num pequeno Estado, onde se pode dar uma educação geral e educar como uma família todo um povo".[21]

Ou seja, de acordo com essa linha de pensamento, era loucura dar poder ao povo em um país grande, com uma população de milhões de analfabetos ignorantes. A democracia exigia cidadãos ilustrados, que soubessem usar com sabedoria sua capacidade de influenciar assuntos públicos. Na união da monarquia com a aristocracia, as responsabilidades pesavam apenas sobre alguns homens, que podiam ser educados para isso.

Não eram poucos os habitantes da América, mesmo ali no congresso, que pensavam dessa maneira. Para eles, proclamar uma república democrática era um salto no escuro, uma aposta, uma temeridade. Como notou Gordon Wood, "Se a república precisa de ordem, a ordem tem de vir de baixo para cima, do próprio povo, de seu consentimento e sua virtude, ou seja, da disposição popular em abrir mão de desejos pessoais em prol do bem público. A retórica revolucionária estava prenhe de exortações ao povo, rogando que agissem virtuosamente".[22] Aliás, também durante a Revolução Francesa, o conceito de "virtude" teria papel importante.[23]

De qualquer maneira, havia ainda outros que se opunham à independência, e com outros motivos. Robert Livingston, de Nova York, argumentou que as colônias "do meio" (Nova York, Delaware, Nova Jersey e Pensilvânia) não haviam fornecido instruções nesse sentido, permanecendo o risco de que elas não aceitassem fazer parte da União pretendida. Outros achavam que a França e a Espanha iam preferir se aliar a Londres do que a eles. Alguns se diziam favoráveis à independência, mas não naquele momento.

Coube a John Adams fazer o contraponto. Segundo ele, a declaração da independência iria tão somente confirmar algo que já era realidade. As colônias não se consideravam sujeitas à autoridade do Parlamento britânico havia algum tempo e sua lealdade ao rei terminara quando este lhes declarara guerra. Além disso, a aliança com a França (que se tornara premente depois da derrota calamitosa no Canadá e em vista do iminente ataque britânico a Nova York, como veremos no próximo capítulo) levaria algum tempo para ser definida, de modo que era preciso começar o quanto antes.

Assim, ficou decidido que o tema da independência só seria retomado em julho. Enquanto isso, um comitê seria encarregado de escrever uma Declaração de Independência, para o caso de ser necessária. Em 11 de junho, foram nomeados Thomas Jefferson, Robert Livingston, Roger Sherman, Benjamin Franklin e John Adams para esse comitê. Dessa vez, John Dickinson ficou de fora.

O Segundo Congresso Continental também criou outros dois comitês para cuidar dos demais aspectos da moção de Lee. Um deles, composto por Adams, Franklin, Dickinson, Robert Morris (Pensilvânia) e Benjamin Harrison (Virgínia), prepararia tratados a serem apresentados às potências europeias. Outro, composto de um delegado de cada colônia, iria cuidar do rascunho do "plano da confederação".

Acompanhamos no capítulo 1 um pouco do trabalho de Jefferson em escrever a Declaração de Independência. Também vimos como, antes de aprovarem seu conteúdo, os congressistas proferiram e ouviram vários discursos, incluindo dois particularmente longos de Dickinson e Adams. Finalmente, a independência foi declarada pelo congresso no dia 2 de julho de 1776.

John Dickinson e Robert Morris, incapazes de votar a favor mas preferindo não prejudicar uma desejada unanimidade, se ausentaram da votação nesse dia.

No dia anterior, a delegação de Delaware contava com apenas dois membros, que divergiam a respeito do voto. Enviaram então um cavaleiro em busca do terceiro delegado, Cesar Rodney, que estava ausente até então, não se sabe bem fazendo o quê. Talvez estivesse doente. O fato é que Rodney cavalgou a noite toda, por quase 100 quilômetros (mudando de cavalo várias vezes), a fim de dar seu voto favorável à independência, e entrou no salão do congresso ainda usando botas e esporas.

Durante os dias 2, 3 e 4 de julho de 1776, algumas alterações foram feitas no texto. A principal mudança foi a retirada de trechos que condenavam o comércio de escravos. Depois de ler o texto original de Jefferson, ainda no contexto do comitê, John Adams anotou em seu diário: "Fiquei contente com seu tom superior e com os voos de oratória que continha, especialmente aquele sobre a escravidão dos negros ao qual, apesar de saber que seus colegas sulistas nunca deixariam passar no Congresso, eu certamente jamais me oporia. Havia outras expressões que eu não teria incluído, se tivesse escrito, particularmente a que chamava o rei de tirano [...] achei a expressão muito apaixonada, e muito semelhante a xingamento, para um documento tão grave e solene; mas como Franklin e Sherman ainda iriam inspecioná-lo, achei que não me serviria retirá-la."[24]

A versão final da declaração começa com uma introdução, onde se afirma: "Quando, no curso de eventos humanos, se faz necessário a um povo dissolver os laços políticos que os conectam a outro, e assumir, entre os poderes da terra, posição igual e separada a que lhe dão direito as leis da natureza e de Deus, um respeito digno às opiniões dos homens requer que declarem as causas que os levam a essa separação."

A parte que ficou conhecida como "Preâmbulo" contém as linhas mais famosas: "Consideramos que estas verdades são autoevidentes: que todos os homens são criados iguais, dotados por seu Criador de certos direitos inalienáveis, dentre os quais à vida, à liberdade e à busca da felicidade." E também: "Que a fim de assegurar esses direitos, governos são instituídos entre os homens, derivando seus justos poderes do consentimento dos governados; que, sempre que qualquer forma de governo se torne destrutiva de tais fins, é direito do povo alterá-la ou aboli-la e instituir novo governo, baseando-o em princípios tais e organizando seus poderes de forma tal que lhes pareça mais eficiente para produzir sua segurança e felicidade."

Já o trecho conhecido como "Indiciamento" contém as diversas acusações levantadas para justificar o rompimento, pelas colônias, de sua lealdade para com o rei. Ali se lê: "A história do presente rei da Grã-Bretanha é uma história de repetidas injúrias e usurpações, todas tendo como objetivo direto o estabelecimento de uma tirania absoluta sobre estes estados." Notamos que as colônias já passam a ser tratadas como "estados". A isso se segue uma lista de ofensas supostamente cometidas pelo rei.

O último parágrafo consiste no seguinte: "Nós, portanto, representantes dos Estados Unidos da América, reunidos em Congresso Geral, apelando para o Juiz Supremo do mundo pela retidão das nossas intenções, em nome e por autoridade do bom povo destas colônias, publicamos e declaramos solenemente que estas colônias unidas são, e por direito devem ser, estados livres e independentes; que estão desobrigados de qualquer vassalagem para com a Coroa britânica, e que todo vínculo político entre elas e a Grã-Bretanha está, e deve estar, totalmente dissolvido; e que, como estados livres e independentes, têm inteiro poder para declarar a guerra, selar a paz, contrair alianças, estabelecer comércio e praticar todos os atos e ações a que têm direito os estados independentes. E, em apoio a esta declaração, com plena confiança na proteção da Divina Providência, empenhamos mutuamente nossas vidas, nossas fortunas e nossa sagrada honra." Como vemos, a moção original de Lee pela independência, do dia 7 de junho, foi incorporada ao texto.

Segundo escreveu mais tarde o próprio Jefferson, "um recurso ao tribunal do mundo foi considerado adequado à nossa justificação. Este foi o objetivo da Declaração de Independência. Não descobrir novos princípios ou novos argumentos nunca antes pensados, não meramente dizer coisas nunca antes ditas; mas situar diante da humanidade o bom senso da questão, em termos tão simples e firmes que obtivessem parecer favorável".[25]

Todos os congressistas presentes assinaram a declaração. Os ausentes colocaram suas assinaturas posteriormente. O primeiro a assinar foi o presidente, John Hancock, uma assinatura grande e rebuscada que acabou se tornando famosa. Segundo uma brincadeira que se tornou folclore, sua assinatura podia ser lida pelo rei, desde Londres. De acordo com outra história lendária, Hancock teria comentado que a partir daquele momento, tendo tomado ação tão drástica, os congressistas precisavam "ficar unidos" (*hang together*), ao que Benjamin Franklin teria respondido, em trocadilho, que se não ficassem unidos era provável que fossem "enforcados em separado" (*hang separately*).

A Declaração de Independência logo recebeu ampla divulgação. No dia 6 de julho, foi publicada no *Philadelphia Evening Post*. Ao longo dos dias, foi sendo publicada em outros jornais pelo continente. No dia 8 de julho, a Filadélfia assistiu a diversas celebrações, com fogueiras e paradas militares. Cerca de um mês depois, todos os cidadãos das ex-colônias já estavam informados a respeito. Em jornais da Inglaterra, ela foi publicada em agosto.

George Washington ordenou que a declaração fosse lida em voz alta para as tropas de seu Exército Continental. Várias outras cidades organizaram celebrações, com sinos de igreja tocando, fogueiras etc. Massachusetts instruiu os clérigos a ler a declaração para suas congregações depois das missas. Alguns locais organizaram funerais, enforcamentos e queimas de efígies e imagens do rei. Em Nova York, uma estátua de George III foi derrubada, derretida e usada para fazer balas. Os casacas vermelhas teriam "majestade derretida atirada contra eles", escreveu um soldado.

Curiosamente, a Declaração de Independência ficou praticamente esquecida por quase duas décadas depois de 1776. Somente na década de 1790, quando Jefferson e Adams estavam em lados opostos na política, é que ela voltou a ser lida e divulgada. Desde então, tornou-se um texto quase sagrado para a democracia americana.[26] Quando futuras gerações enfrentaram outras lutas contra a injustiça, no contexto da libertação dos escravos, das reivindicações das mulheres ou dos trabalhadores, sempre havia alguém para lembrar a famosa passagem sobre "direitos inalienáveis". Na década de 1850, Abraham Lincoln costumava citar a declaração em seus discursos a favor da abolição da escravatura.

Em uma coincidência espantosa, Thomas Jefferson morreu no dia 4 de julho de 1826, exatamente no dia do aniversário de cinquenta anos da independência. Para tornar a história ainda mais inacreditável, John Adams morreu no mesmo dia. Eles eram dois dos últimos três homens vivos a terem assinado aquela declaração.

4.5 Confederação

A moção apresentada por Richard Henry Lee em 7 de junho chamava não só por uma Declaração de Independência, mas pela criação de alianças estrangeiras e um plano de confederação. Em seu entusiasmo revolucionário, o Segundo Congresso Continental pretendia resolver tudo isso em questão de algumas semanas entre julho e agosto. Na verdade, o tema da confederação ainda produziria muitas discussões e levaria anos para ser articulado adequadamente, como veremos no capítulo 6.

Cada estado possuía um representante no comitê da constituição. O da Pensilvânia era, mais uma vez, John Dickinson; foi ele quem escreveu o primeiro rascunho. A fim de evitar que muito poder fosse dado aos estados, ele sugeriu que áreas vitais, como taxação, diplomacia, guerra e paz, fronteiras, moeda e comércio permanecessem sob controle de um poder central. Entretanto, a maioria do povo dos nascentes Estados Unidos da América tinha em mente uma coleção de estados bastante independentes uns dos outros. Para muitos, um governo central seria necessário somente até a vitória militar sobre a Grã-Bretanha.

Dickinson entregou seu rascunho em 12 de julho. O congresso passou um mês a discuti-lo, até que o ataque britânico a Nova York os obrigou a deixar o assunto de lado. A discussão foi retomada na primavera de 1777. Alguns temas geraram muita polêmica. Um deles era se os estados seriam representados, no governo central, com um voto para cada, ou com votos que fossem proporcionais à sua população ou à sua riqueza.

Com um voto para cada, estaria sendo criada uma confederação de iguais; votos proporcionais deixariam os Estados Unidos com mais cara de um país em si mesmo, como considerou John Adams: "A confederação deve fazer-nos um único indivíduo; deve nos tornar, como diferentes pedaços de metal, uma única massa comum. Não deveremos manter nossa individualidade separada."[27]

Até então, o congresso se baseara em um voto para cada colônia, e os estados menores pretendiam que esse critério continuasse. Tanto Adams como Jefferson, oriundos de estados populosos, pretendiam que os votos fossem proporcionais à população. No fim, foram derrotados, e os Artigos da Confederação, como se chamou essa primeira Constituição nacional, atribuíram um voto a cada estado.

Outro ponto importante era o quanto cada estado deveria contribuir para o Tesouro Nacional, que financiaria o esforço de guerra. O rascunho de Dickinson sugeria que a contribuição deveria ser proporcional à população, descontados os índios. Os estados do sul queriam que fossem descontados também os escravos. Um congressista da Carolina do Sul inclusive declarou ao congresso que "seria o fim da confederação" se os escravos fossem contados. Entretanto, o que os sulistas realmente preferiam era que a taxação fosse baseada no valor das terras, e assim foi feito.

Ao final, os Artigos da Confederação ficaram da seguinte forma: 1) estabelecia o nome da confederação: "Estados Unidos da América"; 2) assegurava a soberania de cada estado; 3) os estados formavam uma aliança de amizade, para seu mútuo bem-estar e segurança; 4) estabelecia liberdade de trânsito de pessoas entre estados (criminosos capturados em outro estado deveriam ser extraditados); 5) alocava um voto para cada estado no congresso da confederação; 6) política externa, relações comerciais estrangeiras e declarações de guerra ficavam a cargo do governo central; não poderia haver Exército estadual; não poderia haver títulos de nobreza; 7) no Exército nacional, coronéis e oficiais menores seriam nomeados pelas legislaturas estaduais; 8) os estados contribuiriam para o Tesouro Nacional em proporção ao valor de suas terras; 9) estabelecia várias atribuições do congresso; 10) estabelecia funções do "comitê dos estados", desmanchado logo depois; 11) o Canadá deveria ser admitido na confederação, se assim o desejasse; 12) a confederação assumiria dívidas de guerra anteriormente feitas pelo congresso; 13) os artigos só poderiam ser alterados com autorização do congresso e ratificação por todos os estados.

Alguns anos mais tarde, o marquês de Condorcet, importante líder republicano durante a Revolução Francesa, escreveu: "A primeira Constituição federativa, intitulada Artigos da Confederação, é tal que qualquer sociedade de homens sensatos e virtuosos poderia se honrar de tê-la concebido."[28]

Enquanto o congresso discutia os termos da confederação, cada estado estava escrevendo sua própria Constituição. De fato, uma vez que a confederação que acabava de ser criada era uma coleção de estados quase independentes, com um governo central bastante fraco, as constituições estaduais eram consideradas de grande importância. No fim de 1776, Nova Jersey, Delaware, Pensilvânia, Maryland, Carolina do Norte, Rhode Island e Connecticut já possuíam as suas. O próprio Thomas Jefferson deixou a Filadélfia e voltou para a Virgínia, preferindo participar da elaboração da Constituição daquele estado do que das discussões nacionais.

Jefferson chegou atrasado, já que a Virgínia fora o primeiro estado a estabelecer sua constituição, adotada em 29 de junho. A primeira versão fora escrita por George Mason e ficou conhecida como a Declaração de Direitos da Virgínia. Jefferson tivera acesso a esse documento enquanto escrevia a Declaração de Independência e fora influenciado por ele. O primeiro artigo começava de uma forma que já nos é familiar: "[...] todos os homens são por natureza igualmente livres e possuem certos direitos inerentes [...]" Outros artigos estabeleciam o tribunal do júri, a liberdade religiosa, a liberdade de expressão, a ausência de exércitos em tempos de paz etc.

Mesmo não tendo participado da escrita do texto da Constituição estadual, Jefferson logo se dedicou a uma pequena reforma do governo. Uma de suas primeiras atividades foi tentar acabar com a Lei da Primogenitura, de acordo com a qual o filho homem mais velho herdava todos os bens dos pais se estes não fizessem testamento. Jefferson via essa lei como um resquício feudal, incompatível com os princípios republicanos.

Em outubro de 1776, a Assembleia da Virgínia nomeou um comitê de três representantes para revisar as leis do estado: Jefferson, seu velho amigo Edmund Pendleton e George Wythe. Ao final de seu trabalho, eles propuseram nada menos de 126 alterações, que a Assembleia levou muito tempo para analisar. Somente a partir de 1785 elas começaram a entrar em vigor, quando Jefferson estava atuando como diplomata em Paris. Entre elas, havia propostas para abolir gradualmente a escravidão, para reduzir os crimes capitais a apenas dois (assassinato e traição), para criar uma rede de escolas públicas e para estabelecer a liberdade de culto (e a revogação de obrigatoriedade do pagamento de taxas para a Igreja Episcopal). Apenas a última foi aprovada sem alterações.[29]

Apesar de possuir uma delegação razoavelmente conservadora no congresso, a Pensilvânia, sob a liderança de Franklin, acabaria criando a Constituição mais democrática de todas. Segundo o novo texto, qualquer homem livre, acima de 21 anos, que tivesse residido no estado no último ano e pago todos os impostos devidos teria direito a voto, independentemente de suas posses (até então, apenas proprietários de terras podiam votar). Além disso, não existia Senado nem a figura do governador; o Poder Executivo consistia em um conselho de doze membros. Em 1780, a Pensilvânia seria o primeiro estado a começar a abolir a escravidão, decretando que todo filho de escravo nascido dali em diante seria libertado quando fizesse 28 anos.

A reformulação dos governos estaduais foi a verdadeira revolução política levada a cabo em 1776 e nos anos seguintes. A própria ideia de textos constitucionais escritos, que estivessem acima do Poder Legislativo ordinário, era uma relativa novidade, já que nunca existira na Inglaterra. Como vimos, o que se chamava "Constituição" inglesa era de fato um conjunto de textos que mais ou menos estabelecia os costumes e as instituições vigentes.

Os estados buscaram diminuir a importância dos governadores, transferindo a maior parte do poder para o Legislativo, visto como o verdadeiro representante do povo. Os governadores não poderiam mais ceder terras vetar leis e nem perdoar crimes; passavam a ser eleitos anualmente e estavam sujeitos a impeachment. A fim de aumentar a representação, os distritos eleitorais foram alterados e as eleições se tornaram mais frequentes. Indivíduos que lucrassem com contratos do governo ficavam proibidos de serem eleitos para sua respectiva assembleia.

Em 1777, o Congresso passou uma resolução para que fosse criada uma bandeira nacional, com "treze listras, alternando branco e vermelho" e que os estados fossem "representados por estrelas, brancas sobre um fundo azul". A resolução não especificava se as faixas deveriam ser verticais ou horizontais, nem se seriam seis brancas e sete vermelhas ou vice-versa. O número de pontas das estrelas e sua disposição na bandeira também não eram mencionados. De acordo com o folclore, uma moça chamada Betsy Ross teria feito a primeira bandeira, mas não há evidências concretas disso.

Em 1782, foi criado o chamado Grande Selo dos Estados Unidos. Na frente, ele mostra uma águia americana suportando um escudo no peito. O escudo lembra a bandeira, com trezes listras verticais alternando vermelho e branco, encimadas por uma faixa azul. Na garra esquerda, a águia segura treze flechas; na garra direita, um ramo de oliveira com treze folhas e treze olivas. O número treze se refere aos estados originais, enquanto as flechas e o ramo de oliveira sugerem disposição tanto para a guerra quanto para a paz. A águia está olhando para a direita, indicando predisposição para a paz. Acima da águia encontra-se o lema *E pluribus unum* ("Dentre muitos, um"). Acima do lema, há uma coleção de treze estrelas. O verso do selo tem a imagem de uma pirâmide, em cuja ponta está o Olho da Providência e em cuja base está o ano de 1776 em numerais romanos. Dois lemas aparecem no verso: *Annuit cœptis* e *Novus ordo seclorum*. O primeiro significa que a Providência "aprova nossos feitos"; o segundo significa "uma nova ordem das eras".

Foi somente em 1781 que os Artigos da Confederação foram ratificados por todos os estados, criando, na prática, os Estados Unidos da América. Curiosamente, nos primeiros anos, o país funcionou praticamente sem governo federal. Na esfera federal, não havia Poder Executivo nem Poder Judiciário. Havia apenas o congresso, cujo poder estava restrito ao esforço de guerra e que mesmo nesse âmbito dependia financeiramente dos estados. Somente em 1787 a estrutura política seria novamente remodelada, com a realização de uma convenção constituinte que criaria a primeira Constituição Federal.

4.6 Thomas Paine

Thomas Paine era inglês e se mudou para a Filadélfia em 1774, por sugestão de Benjamin Franklin, que conhecera em Londres.[30] Ele pretendia ganhar a vida como escritor e publicava um artigo a cada quinze dias sobre guerra, escravidão, história, ciência e o que mais passasse por sua cabeça. Durante o ano de 1775, ele se dedicou, incentivado por Franklin, a escrever um conjunto de três textos sobre a independência da América, que mais tarde juntou em um único volume, intitulado *Senso comum*.[31]

Panfletos eram livretos, baratos ao extremo, vendidos por toda parte e que serviam para disseminar rapidamente as discussões da época. Muitos dos textos mais importantes do período da independência americana apareceram como panfletos. Segundo o escritor George Orwell, no panfleto existia "completa liberdade de expressão, incluindo, se o autor quiser, a liberdade de ser ofensivo, abusivo e sedicioso; ou, por outro lado, de ser mais detalhista, sério e 'erudito' do que é possível em um jornal".[32] Além disso, era um formato versátil, já que podia consistir de "mapas ou estatísticas ou citações; pode ter a forma de uma história, uma fábula, uma carta, um ensaio, um diálogo, ou uma peça de 'reportagem'. Tudo que é preciso é que seja atual, polêmico e curto".[33] A maioria dos panfletos tinha entre dez e quinze páginas, mas alguns chegavam a ter oitenta.[34]

De acordo com Bernard Baylin, os panfletos "eram sempre essencialmente polêmicos, dirigidos a alvos imediatos e em movimento: problemas que apareciam de repente, argumentos inovadores, figuras controversas em ascensão. A melhor escrita que apareceu nessa forma tem, consequentemente, uma combinação rara de espontaneidade e solidez, estilo e detalhe, casualidade e cuidado".[35] A Lei do Selo, as Tarifas Townshend, a Festa do Chá de Boston, todos os eventos marcantes das décadas de 1760 e 1770 haviam sido acompanhados de enxurradas de panfletos. Esses documentos, assim como as cartas e diários da época, são testemunhos importantes da percepção pública contemporânea. E ninguém influenciou mais essa percepção que Thomas Paine.

Até então, o ensaio mais popular no continente americano havia sido o conjunto das *Cartas de um fazendeiro da Pensilvânia*, de John Dickinson. Publicado anonimamente, em pouco tempo o *Senso comum* vendeu cem vezes mais, sem contar as republicações que apareceram em jornais. Estima-se que nos primeiros seis meses cerca de 250 mil pessoas leram ou ouviram seu conteúdo. O general Washington mandou que o texto fosse lido em voz alta para suas tropas enquanto sitiavam Boston.

A maioria dos textos políticos da época fazia amplo uso de citações em latim e linguagem jurídica. O próprio John Adams, usando o pseudônimo Novanglus, publicou durante 1775 vários artigos de difícil compreensão. Em contraste, o texto de Paine se caracterizava pela linguagem coloquial e pela clareza das ideias. Enquanto outros escritores almejavam influenciar as pessoas mais cultas da sociedade, Paine fazia questão de levar sua mensagem a todos os moradores das colônias. Como ele mesmo escreveu, "é meu desejo fazer com que mesmo os que mal podem ler me entendam [...] e evitarei, portanto, todo ornamento literário e colocarei tudo em linguagem tão simples quanto o alfabeto".[36]

Paine começa seu texto argumentando que o governo existe apenas para cuidar da segurança e do bem-estar do povo e que, assim, é apenas uma questão de "senso comum" que o povo deva participar das decisões do governo. Segundo ele, a política inglesa sofrera ao longo da história a influência de duas "tiranias": a monarquia e a aristocracia.

Até então, praticamente nenhum escritor criticara a instituição da monarquia, mesmo depois de começada a guerra. O curso normal dos textos políticos era sugerir que o rei, por mais benevolente que fosse, nada podia fazer frente a um Parlamento corrupto, ganancioso etc. Mesmo as críticas mais pungentes feitas até então à Grã-Bretanha haviam se concentrado no Parlamento e nos ministros, nunca na pessoa do rei e muito menos havia sido feita qualquer crítica à monarquia como sistema. Paine parte em uma direção completamente nova quando diz que a monarquia tendia a levar ao poder pessoas idiotas e incompetentes. "Na Inglaterra", disse ele, "um rei não tem mais o que fazer do que declarar guerras e nomear sinecuras."[37]

Seu texto tinha também um apelo religioso. Segundo ele, a monarquia era "a melhor invenção que o demônio jamais criou para a promoção da idolatria". Falando para um povo protestante, ele comparava esse sistema ao "papismo", sugerindo uma analogia entre o protestantismo e a democracia.

Podemos notar seu intenso desejo por mudanças quando Paine escreve que a independência era necessária e que "o sol nunca brilhou sobre uma causa de maior valor [...]. Não é a preocupação de um dia, de um ano ou de uma era; a posteridade está virtualmente envolvida na contenda e será mais ou menos afetada até o fim dos tempos pelos acontecimentos de hoje".[38] Assim, uma guerra de poucos meses, causada por algumas taxas e o fechamento de um porto, se transformava em uma causa sagrada. Mais do que isso, a independência era apenas o começo das transformações. "Uma nova era de política começa, uma nova maneira de pensar surge", escreveu ele, além de declarar que "É o nascimento de um novo mundo"; "[...] a causa da América é em grande medida a causa de toda a humanidade".

Segundo Paine, "o governo, mesmo em seu melhor estado, não passa de um mal necessário; no seu pior estado, um mal intolerável".[39] Ele propunha um governo fraco e restrito, com autoridade suficiente apenas para garantir liberdade e segurança. Paine sugeria até algumas ideias concretas sobre o governo democrático. Segundo ele, cada colônia deveria ser dividida em distritos e cada distrito elegeria um número de delegados para um Congresso Nacional. Cada colônia deveria enviar trinta delegados, formando um congresso de 390 membros. Esse congresso elegeria um presidente a cada ano, em rodízio, de forma que o presidente sempre fosse de uma colônia diferente. O estabelecimento de uma nova lei deveria requerer três quintos de aprovação.

O impacto de *Senso comum* sobre a população das colônias é incalculável. Se levarmos em conta o critério de número de leitores por número de habitantes, ele permanece até hoje como a publicação mais bem-sucedida da história dos

Estados Unidos (exceto pela Bíblia). Anos mais tarde, John Adams escreveu que "se não fosse pela pena do autor de *Senso comum*, a espada de Washington teria sido erguida em vão", ou seja, não teria sido possível declarar a independência. Foi Thomas Paine quem produziu o declínio da lealdade à realeza e o crescimento do apoio popular à causa da independência.

Entre 1776 e 1783, Paine publicou uma série de treze panfletos chamados *A crise americana*, conhecidos somente como *A crise*.[40] A primeira sentença do primeiro volume ficou famosa: "Estes são tempos que testam as almas dos homens." Mais uma vez, Washington mandou que o texto fosse lido em voz alta para levantar o moral de suas tropas.

O segundo volume, escrito como uma carta para o almirante britânico Lorde Richard Howe, não é desprovido de humor. Nele, Paine escreve: "O que tem o senhor a ver com nossa independência? Não pedimos sua permissão para declará-la; não pedimos seu dinheiro para apoiá-la; podemos passar melhor sem suas esquadras e exércitos do que com eles; vocês podem em breve ter muito o que fazer protegendo a si mesmos sem se preocupar conosco. Estamos dispostos a ficar em paz com vocês, a comprar de vocês e vender para vocês, e, como jovens iniciantes no mundo, a trabalhar para ganhar nossa própria vida; desse modo, por que vocês desperdiçam seu dinheiro, quando sabemos que não têm de sobra, e não desejamos que venham a entrar em dívidas?"[41]

Até mesmo em matéria militar Paine pretendeu aconselhar o general britânico. Escreveu ele: "Por que meios, posso lhe perguntar, o senhor espera conquistar a América? Se não pôde fazê-lo no verão, quando nosso exército era menor que o seu, nem no inverno, quando não tínhamos nenhum exército, como vai fazer? [...] Como num jogo de damas, podemos sair de uma casa para deixá-lo entrar, para podermos depois tomar duas ou três em troca; e, como sempre podemos manter um canto duplo para nós, sempre podemos evitar a derrota [...] nós jogamos pelo empate, enquanto o senhor perde."[42]

Ele ainda acrescenta: "Não tenho outra ideia de como conquistar um país a não ser subjugando os exércitos que o defendem. Você fez isso, ou pode fazê-lo? [...] Se você dominasse esta cidade [Filadélfia], não saberia o que fazer com ela além de pilhá-la [...]. Em outras guerras nas quais vocês se envolveram, tinham apenas exércitos para enfrentar. Em outras guerras, países seguiam o destino de suas capitais [...] aqui é diferente; se dominarem uma cidade aqui, vocês serão obrigados a se fechar nela, e não terão o que fazer com ela, a não ser gastar o dinheiro de seu país [...]. Se forem guarnecer os lugares sobre os quais marcham [...] seu exército ficaria como um fio de água que corre para o nada. Quando se estendessem de Nova York até a Virgínia, estariam reduzidos a uma fileira de gotas incapazes de se manter juntas; enquanto nós, recuando de estado em estado, [...] adquiriríamos força na mesma proporção em que vocês perderiam, e no final seríamos capazes de superá-los."[43]

O argumento de Paine pode ser resumido assim: como poderia a Inglaterra, um país pequeno, dominar pela força, sem apoio nativo, um país muito maior e ainda manter esse domínio desde milhares de quilômetros de distância? Ele via claramente o absurdo da ideia.

Em 1787, depois de a independência americana já estar garantida, Thomas Paine foi para a França. Foi bem-recebido pelos marqueses de Condorcet e Lafayette, ambos entusiastas da Revolução Americana, e também pôde aproveitar a companhia de Thomas Jefferson, que então já era embaixador americano. Entretanto, em pouco tempo viajou para a Inglaterra, onde passou a morar.

Em 1789, os Estados Gerais da França se tornaram a Assembleia Nacional, em meio à convulsão social da Revolução Francesa. Pouco depois, foi criada a Assembleia Constituinte, que publicou uma Declaração dos Direitos do Homem e do Cidadão, escrita por Lafayette com óbvia inspiração de Jefferson. Essa declaração estabelecia, entre outras coisas, os princípios de igualdade perante a lei, liberdade de consciência e de culto, e soberania popular.

A princípio, pareceu a Paine que os mesmos princípios da Revolução Americana estavam em ação mais uma vez na França e talvez fosse possível estabelecer uma república naquele país. O marquês de Lafayette convidou Paine a se mudar para Paris e ele escreveu a George Washington expressando seu prazer em poder participar de "duas revoluções". Lafayette, inclusive, deu a Paine a chave da Bastilha, para que ele a entregasse a Washington como lembrança da estima dos cidadãos franceses pelos americanos.[44]

Entretanto, havia diferenças fundamentais entre os Estados Unidos e a França. Nunca havia existido uma monarquia nas colônias britânicas da América. Os colonos viveram durante décadas acostumados a formas de governo local que eram razoavelmente democráticas. Em 1776, eles simplesmente cortaram seus laços com uma monarquia que estava em outro continente. Durante a Revolução Francesa, em marcado contraste, seria preciso matar o rei, abolir a monarquia e refundar uma sociedade inteira.

Em Londres, os acontecimentos que varriam o país do outro lado do canal da Mancha produziram reações variadas. Havia alguns entusiasmados, Paine entre eles, mas a maioria preferiu adotar uma postura cautelosa. Edmund Burke, que mencionamos anteriormente como defensor dos direitos dos colonos americanos, se tornou uma referência do pensamento conservador em relação à Revolução Francesa. Em 1790, Burke publicou o livro *Reflexões sobre a revolução na França*, no qual lamentava os excessos ocorridos em Paris e elogiava o sistema político inglês.

De acordo com Burke, as instituições políticas tradicionais haviam resistido ao teste do tempo, e o respeito às tradições era o ingrediente mais importante de uma sociedade civilizada. "A própria ideia de criar um governo novo é o bastante para me encher de horror e desgosto", escreveu ele. Burke concordava com a teoria de que a sociedade é estabelecida por um "contrato social", mas acrescentou que esse contrato envolve "não apenas os que estão vivos, mas os que estão mortos e os que ainda vão nascer". Ou seja, nenhuma geração em particular poderia se arrogar o direito de transformar a sociedade inteira de uma hora para outra. Seu livro vendeu 20 mil exemplares no primeiro ano, sendo rapidamente traduzido para o francês, o italiano e o alemão.[45]

Inúmeras obras foram escritas em resposta a Burke. Entre elas, a primeira parte de *Os direitos do homem* (*The Rights of Man*), publicado em 1791 pelo próprio Thomas Paine, dedicado a George Washington, no qual defendia a Revolução Francesa e expunha suas ideias sobre os direitos naturais, a igualdade e a soberania popular. O livro foi outro enorme sucesso, vendendo centenas de milhares de cópias. O embate entre Burke e Paine representa bem as tensões entre tendências políticas de direita e de esquerda, conservadoras e progressistas, elitistas e populistas, que marcariam o debate político nos séculos seguintes.

Ainda em 1791, Paine visitou Paris e ajudou Condorcet a fundar a Sociedade Republicana, distanciando-se de Lafayette, que ainda pretendia estabelecer uma monarquia constitucional. De volta à Inglaterra, terminou a segunda parte de *Os direitos do homem*, que dedicou a Lafayette. O livro foi publicado em 1792 e teve um sucesso ainda maior que a primeira parte. Paine escreveu: "Não acredito que a monarquia e a aristocracia continuem nem por mais sete anos em nenhum dos países esclarecidos da Europa."

Nesse livro, ele argumenta que a monarquia e a aristocracia levariam necessariamente "ao excesso e à desigualdade na taxação", jogando "a grande massa da comunidade [...] na pobreza e no descontentamento". Segundo ele, por "falta de uma Constituição na Inglaterra que restrinja o impulso selvagem do poder, muitas das leis são irracionais e tirânicas". Ao governo inglês, ele sugeria a criação de pensões para os idosos, financiamento público para a educação, pagamento das despesas com funerais de pessoas pobres, centros de recrutamento para desempregados e um programa de renda mínima, entre outras iniciativas.

Entretanto, a Inglaterra não estava nem um pouco interessada em seguir os passos da França, e Paine foi acusado de sedição. Em 1792, ele fugiu para Paris, onde sua reputação de defensor da república permitiu que fosse eleito para a Assembleia Nacional. Entretanto, ele não estava a par dos detalhes da vida política francesa e teve dificuldade em se adaptar. Não falava francês, e, àquela altura, seu antigo mentor, Lafayette, caíra em desgraça e estava preso na Áustria. Paine acabou por se identificar com a facção girondina da Assembleia Nacional por diversos motivos. A maioria dos membros daquele grupo falava inglês, todos admiravam a Revolução Americana, defendiam a propriedade privada e o livre mercado e, assim como Paine, eram contra a execução do rei, defendida pelos jacobinos mais exaltados.

* * *

Seguir os passos de Thomas Paine até 1792 representou um pequeno desvio no curso deste livro. Acompanhar com cuidado os desdobramentos da Revolução Francesa nos levaria para ainda mais longe. Não é possível fazer isso, por mais que seja uma história fascinante. Optamos por um compromisso, mencionando mais alguns eventos que afetaram diretamente a vida de Tom Paine, porém de forma bastante resumida. Viemos com Paine até aqui, sigamos com ele um pouco mais.

* * *

Em janeiro de 1793, Luís XVI foi decapitado. Os jacobinos cresceram em poder e influência ao longo dos meses seguintes, enquanto os girondinos eram acusados de não serem suficientemente republicanos. Em junho, os jacobinos conseguiram prender a liderança girondina, o que motivou Paine a comentar com um amigo, um jacobino importante chamado Danton, que a revolução começara a "devorar seus próprios filhos".

Em Paris, Paine escreveu a primeira parte de mais um livro, *A idade da razão* (*The Age of Reason*), um forte ataque à religião organizada, no qual ele declarou: "não acredito no credo de nenhuma igreja que conheço. Minha mente é minha igreja." Por outro lado, escreveu também: "Eu acredito em um Deus, e não mais; e espero por felicidade além desta vida." Paine não era ateu, mas defendia vigorosamente a separação entre religião e política, o que, como veremos mais tarde, foi incorporada à Constituição americana.

A partir do fim de 1793, a situação política conhecida como *Terror* se estabeleceu na França. Durante cerca de oito meses, mais de 40 mil pessoas foram executadas. O Terror terminaria em julho de 1794, com a queda dos jacobinos e a morte de seus líderes Maximilien Robespierre e Louis Antoine de Saint-Just. Curiosamente, a denominação "Terror" não foi dada posteriormente, mas anunciada pelos próprios jacobinos; Robespierre escreveu: "Se a base do governo popular em tempo de paz é a virtude, a base do governo popular durante a revolução é tanto a virtude como o terror; virtude, sem a qual o terror é funesto; terror, sem o qual a virtude é impotente. O terror não é nada mais que justiça rápida, severa e inflexível; é, portanto, uma emanação da virtude; é menos um princípio em si mesmo que uma consequência do princípio geral da democracia."[46]

Simpatizante dos girondinos, portanto automaticamente suspeito de atividades contrarrevolucionárias, Paine foi preso no final de 1793. Durante sua estadia na prisão, ele escreveu a segunda parte de *A idade da razão*. O livro foi mais um sucesso, vendendo também milhares e milhares de cópias, apesar de ter sido banido na Inglaterra. Ainda na prisão, viu pela última vez Danton, que acabaria guilhotinado.

Paine foi libertado dez meses depois de preso, por intervenção do recém--empossado embaixador americano James Monroe, em cuja residência morou por dois anos.

Sempre ansioso por espalhar a república e a democracia pela Europa, em 1797 Paine chegou a sugerir ao general Napoleão Bonaparte que invadisse a Inglaterra. O general confessou a Paine que dormia com uma cópia de *Os direitos do homem* sob o travesseiro, mas não estava em posição de realizar tal façanha.

Em 9 de novembro de 1799, dia chamado de 18 Brumário no calendário revolucionário, um golpe de Estado levou Bonaparte ao poder. Àquela altura, Thomas Paine perdeu toda a sua fé na segunda revolução de que participara. Mais tarde, Napoleão se intitularia imperador da França e poria fim ao experimento da primeira república francesa. Em 1802, Paine voltou aos Estados Unidos, a convite do então presidente Thomas Jefferson. Ele morreu em 1809.

Suas ideias não eram exatamente originais, e talvez suas teorias não fossem muito profundas. Mas, em termos de popularidade e influência, poucos escritores foram tão importantes para a causa da república e da democracia quanto Thomas Paine.

Todavia, Paine foi radical demais para seu tempo. Naquela época, a palavra "democracia" não tinha a conotação positiva que tem hoje. Era quase sinônimo de "anarquia" ou "anomia". Era o risco do domínio da plebe rude. Mesmo alguns líderes da independência americana não estavam livres desse tipo de ideias. George Washington se referiu ao povo como *a multidão no pasto* ("*the grazing multitude*"), enquanto John Adams usou a expressão *o rebanho da humanidade* ("*the common herd of mankind*").

A bem da verdade, John Adams nunca simpatizou com Paine. Em seu diário, ele menciona a publicação e o impacto de *Senso comum*. Apesar de dizer que "de seus argumentos em favor da independência, eu gostei muito", Adams ressalva que aquilo "fora discutido no congresso centenas de vezes". Além disso, escreveu que "um terço do livro estava cheio de argumentos de Velho Testamento sobre a ilegalidade da monarquia, e outro terço planejava uma forma de governo [...]. Seus argumentos derivados do Velho Testamento são ridículos [...] sua forma de governo eu considero que decorre de simples ignorância".[47] Como vimos, Adams publicou um livro chamado *Pensamentos sobre governo* como resposta a Paine.

Vale notar, como exemplo de divergência profunda, que Paine acreditava que *todos* os cidadãos deveriam poder votar nas eleições, noção que John Adams, e mesmo Thomas Jefferson, consideravam absurda. Era amplamente aceito na época que apenas donos de terras deveriam ter esse direito. A propriedade de terras era vista como a fonte da independência de um homem e tida como evidência de seu vínculo com sua comunidade. Homens jovens, mulheres, escravos — a eles o voto deveria ser proibido.

Radical na América, conservador na França. A trajetória particular de Paine e suas diferenças com figuras importantes fizeram com que seu nome adquirisse uma estatura histórica muito menor que a de seus contemporâneos. Enquanto 20 mil pessoas foram ao funeral de Benjamin Franklin, por exemplo, apenas um punhado esteve no de Thomas Paine.[48]

5. Guerra

5.1 Uma derrota sangrenta e uma vitória sem baixas (1775 e 1776)

No capítulo anterior, mencionamos rapidamente a primeira batalha da guerra americana de independência, travada nas vilas de Lexington e Concord, e também o sítio realizado pelos milicianos, liderados por Artemas Ward, em torno de Boston, durante o qual ocorreu a Batalha de Bunker Hill. Neste capítulo, vamos acompanhar com um pouco mais de detalhe o desenrolar da Guerra da Independência.

* * *

Pouco antes de Bunker Hill, em maio de 1775, forças militares das colônias de Connecticut (lideradas por Ethan Allen) e Massachusetts (lideradas por Benedict Arnold) haviam atacado e tomado o Forte Ticonderoga, em Nova York. Dias depois, capturaram outro forte em Crown Point e pilharam o Forte Saint-Jean. Essas incursões proporcionaram aos milicianos mais de setenta canhões e bastante munição. Inebriado com o sucesso, Arnold propôs ao Congresso Continental uma invasão ao Canadá.

O Congresso Continental recusou a proposta de Arnold num primeiro momento. Em junho, decidiu pela criação de um Exército Continental, unificando todas as milícias sob o comando do general George Washington. Os generais Artemas Ward, Charles Lee, Horatio Gates, Israel Putnam e Philip Schuyler também foram nomeados comandantes, abaixo apenas de Washington. O novo comandante-geral partiu para Boston no dia 23 de junho, apenas um dia depois de as notícias sobre Bunker Hill terem chegado à Filadélfia.

Washington chegou a Boston em 2 de julho e montou seu quartel-general na mansão confiscada de um comerciante que se mantivera leal à Coroa. As tropas que ele encontrou eram uma massa desorganizada de agricultores, ferreiros, alfaiates, carpinteiros, sapateiros — gente sem nenhum treinamento e com parcos recursos. Faltavam armas e munições. Essa situação precisaria ser muito melhorada para que houvesse alguma chance na guerra que começava.

Em particular, era de suma importância treinar aqueles homens para que se tornassem soldados. O treinamento mais urgente, contudo, não consistia de manobras táticas sofisticadas, mas de instruções mais elementares, como aprender a obedecer ordens, permanecer em seus postos, não conversar com o inimigo, não se embebedar, não desperdiçar pólvora, manter a higiene, armazenar apropriadamente a comida etc.

Os homens da Nova Inglaterra haviam se oferecido como voluntários, na condição de poderem escolher seus oficiais. Esses oficiais normalmente não tinham experiência militar alguma e deviam sua eleição justamente ao fato de que estavam dispostos a deixar que os homens se comportassem da forma que quisessem. Ninguém batia continência. Todos bebiam juntos. Os homens estavam habituados a deixar o acampamento para visitar suas famílias ou trabalhar em suas terras. Às vezes, pediam permissão, mas mais comumente apenas partiam e voltavam quando achassem que era o caso. Conservador sulista, Washington ficou horrorizado com o igualitarismo da Nova Inglaterra. Durante toda a duração da guerra, ele se lamentou da incompatibilidade que percebia entre individualismo igualitário e disciplina militar.

A higiene também não era um problema pequeno. Os soldados que tinham uniformes (não eram todos) não costumavam lavá-los. Não costumavam sequer tomar banhos. Grandes buracos eram cavados para servir como latrinas, mas isso não era de grande serventia: ninguém costumava se dar o trabalho de fechá-las depois de cheias, e os homens nem sempre se preocupavam em utilizá-las, fazendo suas necessidades onde quer que estivessem. O cheiro pelos acampamentos era nauseante.

Washington procurou remodelar o Exército, principalmente no aspecto disciplinar. Soldados começaram a ser punidos, oficiais começaram a ser expulsos. Depois de poucos meses, ele havia dispensado dois coronéis, um major e vários oficiais menores,[1] e pedido ao Congresso Continental a nomeação de oficiais de fora da Nova Inglaterra, que fossem escolhidos com base apenas em mérito militar. Ele também procurou limitar o contato entre soldados e civis, e buscou melhorar a impressão dada por seus homens, proibindo-os de xingar e de se embebedar, além de melhorar seus uniformes.

Outro problema que ocupou a cabeça de Washington foi o recrutamento. Os homens de Connecticut e Rhode Island haviam se alistado para servir apenas até o dia 10 de dezembro. Os de Massachusetts e New Hampshire, até o final do ano. Era preciso garantir que o Exército continuaria existindo em 1776. Washington apelou à honra dos homens, ao seu amor à pátria, e prometeu mais mantimentos e cobertores para o inverno, mas aqueles não eram soldados profissionais e estavam ansiosos por retornar à vida que conheciam. Outros homens acabaram por ser alistados, principalmente depois que o congresso permitiu alistamentos de seis meses. Washington queria que os homens se alistassem até o final da guerra, mas o Congresso Continental não permitiu isso por dois motivos. Muitos achavam, como Samuel Adams, que um Exército permanente era um "perigo para as liberdades do povo" (ou seja, uma tentação para seus governantes). Outros, como John Adams, achavam que um alistamento de longo prazo atrairia apenas os elementos mais "maldosos, desocupados e inúteis" da sociedade.[2]

* * *

No final de julho, o Congresso Continental acabou mudando de ideia a respeito da invasão ao Canadá e deu o comando da operação ao general Schuyler, um ótimo administrador, mas de saúde frágil e receoso demais para liderar. Ele levou dois meses preparando a invasão. Ao final, foi seu subordinado, Richard Montgomery, quem deu a ordem final, quando Schuyler estava viajando. Enquanto isso, Washington decidiu que Benedict Arnold, promovido a coronel, lideraria uma segunda força invasora. As duas forças, totalizando pouco mais de 2,2 mil soldados, partiram entre o fim de agosto e o começo de setembro.

Avançando lentamente, Montgomery primeiro sitiou o Forte de Saint Johns e, depois de 55 dias de sítio, conseguiu capturá-lo. Em seguida, com o rigoroso inverno canadense já começando, avançou e tomou Montreal. As poucas forças britânicas presentes na região entregaram Montreal sem resistência, a fim de se concentrarem na defesa da capital, Quebec.

A expedição de Arnold encontrou muito mais dificuldade.[3] Viajando por território inóspito, levando canoas nas costas, seu progresso foi muito lento. Enfrentaram chuvas fortes e neve. Quando as canoas não viravam nos rios, partiam-se nas cachoeiras. Em pouco tempo, estavam quase sem comida e com os trajes arruinados. Até um furacão passou por eles. Alguns homens suplementavam sua magra dieta com sopa feita de sapatos. Em 25 de outubro, 450 homens desertaram de uma só vez. Depois de perder boa parte das canoas e toda a pouca comida ainda disponível ao tentar navegar o rio Chaudière, o restante do contingente quase morreu de fome, mas chegou a uma vila de colonização francesa, onde foi possível comprar comida. Em 9 de novembro, a tropa avistou Quebec.

Montgomery chegou para se encontrar com Arnold, unindo suas tropas, em 2 de dezembro. Depois de algum planejamento, e adiamentos devido ao mau tempo, as forças americanas avançaram contra Quebec em 31 de dezembro, às 4 horas da manhã. Pouco mais de três horas depois, o confronto já havia terminado. Não havia a menor chance de aqueles homens exaustos tomarem uma cidade fortificada em um inverno com temperaturas abaixo de zero. Mais de sessenta americanos morreram e mais de quatrocentos foram feitos prisioneiros.

Arnold, ferido na perna esquerda, ainda manteve Quebec sitiada e pediu reforços ao Congresso Continental. Em março de 1776, promovido a general, ele foi enviado a Montreal e substituído no comando pelo general Wooster, substituído no mês seguinte pelo general John Thomas, que chegou com reforços. As forças americanas totalizaram então cerca de 2 mil homens, embora muitos estivessem severamente debilitados pelo inverno e pela incidência de varíola. Os britânicos também receberam reforços e decidiram fazer uma ofensiva com cerca de novecentos homens. A resposta dos americanos foi um pânico generalizado e uma retirada desembestada, na qual deixaram para trás homens feridos e armamentos.

Em maio, o próprio Thomas morreu de varíola, e o comando passou para o general Sullivan, que foi enviado para a região com ainda mais reforços. As forças americanas chegaram então a quase 6 mil homens. No começo de junho, Sullivan ordenou mais um ataque contra as forças britânicas, que haviam se adiantado para a vila de Trois Rivières. Mais uma vez, foi um massacre; mais uma vez, os americanos foram forçados a uma retirada humilhante. Passaram por Montreal e foram se instalar em Isle aux Noix, onde foram vítimas de varíola, disenteria e malária, e morreram feito moscas. A invasão americana ao Canadá foi um fiasco de ponta a ponta, e terminou de forma trágica, com centenas de mortos, centenas de prisioneiros e milhares de feridos.

* * *

Enquanto isso, em Boston, eram os ingleses que sofriam as agruras do inverno. Sitiados pelas forças de Washington, sofriam com a falta de madeira para se aquecer e cozinhar. É famoso o papel que o inverno intenso teve em dificultar invasões da Rússia, por Napoleão e pelos nazistas. O inverno do norte dos Estados Unidos não se compara ao russo, mas é bem pior que o inglês e teve sua importância no desenrolar da Guerra da Independência. Navios com provisões chegavam da Inglaterra, mas sua carga costumava se estragar durante a viagem. A neve caía durante semanas sem parar e doenças começaram a aparecer. Por sua vez, os americanos, estacionados em torno da cidade, contavam com suprimentos praticamente ilimitados, fornecidos pelo restante do país.

A fim de poder realizar um ataque eficiente, Washington nomeou o coronel Henry Knox como comandante do regimento de artilharia. Com apenas 27 anos, mais parecendo um urso, com seus 140 kg, Knox era conhecido por sua extrema eficiência. Sua missão, que ficou conhecida como a Expedição Knox, era levar para Boston as armas que haviam sido capturadas no Forte Ticonderoga. Knox partiu em novembro e, ao longo dos três meses seguintes, carregou com sucesso 60 toneladas de armamento através de rios correntes e congelados, neve, florestas e pântanos, usando barcos e trenós, em um dos "mais estupendos feitos de logística" de toda a guerra.[4] Moradores das vilas espalhadas pelo caminho assistiam pasmos à passagem daquela procissão. O famoso Forte Knox, atual instalação militar americana, foi batizado em homenagem a ele.

Enquanto Knox levava a cabo sua missão, Washington lutava para conter sua disposição para o ataque. Ele contava com aproximadamente o triplo do efetivo britânico e desejava usar essa vantagem para obter uma vitória o quanto antes. Ao longo do mês de janeiro, ele se debateu com três possibilidades: atacar Boston diretamente pelo norte, atacar Bunker Hill para tentar retomá-lo ou tomar uma região ao sul de Boston, desprotegida, chamada Dorchester Heights.

Os americanos esperavam que os ingleses ocupassem Dorchester Heights, que daria ótimo pasto para cavalos e gado, mas eles nunca o fizeram. Em agosto de 1775, Londres trocara o general Thomas Gage pelo general William Howe como comandante das forças armadas britânicas na América. A primeira decisão de Howe foi abandonar Boston, onde a resistência era muito intensa, e tentar tomar Nova York. Entretanto, não havia condições de fazer isso no inverno e ele teve de esperar até a primavera de 1776. Nesse contexto, não achara necessário se mover em direção a Dorchester Heights.

Nos primeiros dias de março, Washington ordenou um bombardeio a Boston, usando a artilharia transportada por Knox. Esse bombardeio pretendia apenas mascarar a operação de transporte e instalação de fortificações em

Dorchester Heights. A operação foi um sucesso. Até mesmo Abigail Adams, esposa de John Adams, que estava na vila de Braintree, a mais de 15 quilômetros de distância, notou o barulho incessante que literalmente fez tremer sua casa.[5] O resultado foi que, na manhã de 4 de março, os ingleses acordaram com a artilharia americana apontada diretamente para eles.

Howe ainda pretendia lutar, mas seus subordinados convenceram-no do contrário. No dia 7, ele ofereceu a Washington um acordo nos seguintes termos: todas as forças armadas britânicas seriam retiradas de Boston e a cidade seria deixada intacta, com a condição de poderem partir sem serem atacados. Apesar de a oportunidade de poder subjugar boa parte do Exército britânico ser tentadora, Washington não podia arriscar a destruição da cidade. Em 17 de março, os britânicos partiram, junto com mais de mil cidadãos que haviam permanecido leais à Coroa e que agora, descobrindo que estavam do lado perdedor, se viam na situação de deixar tudo para trás. Os soldados americanos, com o general Artemas Ward na frente, entraram novamente na cidade. Haviam reconquistado Boston sem que nenhum americano morresse.

Todos os jornais das colônias estamparam manchetes louvando a grande vitória conquistada em Boston. O Congresso Continental mandou fazer uma medalha de ouro dedicada a Washington e Harvard lhe ofereceu um título honorário.[6]

5.2 Disputa por Nova York (1776)

Em janeiro de 1776, Washington já havia enviado Charles Lee a Nova York para supervisionar a preparação de uma defesa adequada. Entre outras providências, dois fortes foram criados nas margens do rio Hudson, no extremo norte de Manhattan: o Forte Lee e o Forte Washington. Sua missão era impedir ou, mais realisticamente, pelo menos dificultar a navegação britânica do Hudson.

Washington chegou em pessoa com a maior parte das tropas, exaustas pela marcha desde Boston, em abril, e logo montou seu quartel-general em uma elegante mansão na Broadway. Nova York tinha na época cerca de 20 mil habitantes (cerca de um terço deles já havia partido, com medo das batalhas iminentes) e já era considerada um bem-apresentado centro comercial em eterna atividade, com ruas sempre movimentadas.

Enquanto os soldados, em sua maioria da Nova Inglaterra, se deslumbravam com a "imponência" da cidade, os nova-iorquinos se impressionavam com a "simplicidade" deles. A cidade também tinha atrativos de outros tipos. Washington precisou decretar toque de recolher para evitar que suas tropas frequentassem os inúmeros bares e prostíbulos. "Toda gratificação brutal pode ser tão facilmente realizada neste lugar, que a tropa se degradará em um mês aqui mais do que em doze meses em Cambridge [cidade vizinha a Boston]", escreveu um oficial.[7]

Em 28 de junho, depois de uma longa espera durante a qual todos tinham os olhos no horizonte, a Marinha inglesa, comandada pelo almirante Lorde Richard Howe, irmão do general William Howe, começou a ser avistada. Em 2 de julho, havia mais de 130 embarcações ancoradas em Staten Island. Um soldado declarou que os mastros "pareciam uma floresta" e que ele achou que "toda Londres estava navegando". No começo de agosto, havia mais de quatrocentos navios britânicos, carregando mais de 30 mil soldados, nas imediações. Mas William Howe não atacou de imediato. Em vez disso, ficou quase dois meses esperando reforços e fazendo o reconhecimento da região.

Enquanto isso, Washington chegava à conclusão de que não tinha chance de impedir a tomada da cidade. Nova York era extremamente vulnerável à ação da Marinha, e a superioridade britânica nesse quesito era tremenda. Howe poderia não só escolher em que ponto atacar, como também atacar em vários pontos ao mesmo tempo, mudando inclusive suas tropas de lugar rapidamente através dos rios. Se conquistasse Nova York e estabelecesse contato com as forças britânicas no Canadá, Howe poderia isolar a Nova Inglaterra do restante do país.

Em 9 de julho, a Declaração de Independência foi lida no parque da cidade, na presença de Washington. Logo depois, uma multidão derrubou uma estátua equestre do rei George III, feita de chumbo. O material foi usado para fazer balas. A partir daquele momento, os soldados não estavam mais lutando apenas para defender suas liberdades e seus direitos como cidadãos ingleses, tal qual haviam feito em Lexington, Concord e Bunker Hill. Estavam agora em guerra contra outro país, para assegurar sua independência.

Em 12 de julho, dois navios de guerra britânicos, o HMS *Rose* e o HMS *Phoenix*, partiram de Staten Island e passaram por Manhattan. Os canhões americanos começaram a atirar, e a artilharia das embarcações respondeu. Em pouco tempo, entraram no Hudson, passaram por mais tiros de canhão vindos do Forte Washington e ancoraram mais ao norte, praticamente ilesos. As únicas baixas foram contabilizadas entre os próprios soldados americanos, mortos por canhões que explodiram ao serem manejados de forma inadequada. A defesa do rio estava fora de questão.

No dia seguinte, o almirante Howe enviou às forças americanas um emissário que levava uma carta endereçada simplesmente ao "Sr. George Washington". O comandante americano recusou-se a recebê-la, argumentando que não aceitava que ignorassem o tratamento por "general" que lhe era devido. Dias depois, o emissário voltou, agora com a carta endereçada ao "Sr. George Washington etc. etc.". Mais uma vez, a carta foi recusada. Na terceira tentativa, Lorde Howe enviou um representante, o coronel James Paterson. No curso da conversa, Washington deixou claro que, se o almirante estava lá para conceder perdão, os americanos não pretendiam pedir tal coisa. "Quem não cometeu nenhuma falta não precisa de perdão. Estamos apenas defendendo nossos direitos indisputáveis." Segundo Henry Knox, presente à reunião, o oficial inglês ficou espantado, como se tivesse visto um fantasma.[8]

Quando finalmente decidiu tomar uma atitude concreta, Howe levou cerca de 20 mil homens para Long Island, no dia 23 de agosto, nas proximidades de Brooklyn Heights, região protegida por cerca de 7 mil soldados americanos. Estes eram liderados inicialmente por Nathanael Greene; depois que este adoeceu, o comando passou a John Sullivan, sobrevivente do fiasco canadense; finalmente, Sullivan acabou sendo substituído por Israel Putnam.

Na manhã de 27 de agosto, liderados pelo general Henry Clinton, os britânicos realizaram uma movimentação silenciosa, cercando as forças americanas. Atacando a partir de três direções diferentes, conquistaram a região perdendo quatrocentos homens contra mais de mil baixas americanas, entre mortos e capturados. Ao longo da noite e da manhã seguinte, cobertos por espessa névoa, os americanos cruzaram em silêncio o rio Leste e se retiraram para Manhattan, abandonando a defesa do Brooklyn.

Parecia que a esperança de enfrentar militarmente a Grã-Bretanha tinha sido realmente vã. O general britânico Lorde Hugh Percy sentenciou: "Arrisco afirmar que nunca mais nos enfrentarão em campo. Tudo parece acabado para eles."[9]

Depois da vitória, o almirante Richard Howe convidou o Congresso Continental a uma discussão de paz. Ele possuía autorização do governo britânico para realizar negociações e realmente preferiria, se pudesse escolher, chegar a um acordo que evitasse mais conflitos. Infelizmente, isso não seria possível. John Adams, Edward Rutledge e Benjamin Franklin foram até lá para encontrá-lo, mas deixaram claro que não poderiam realizar qualquer negociação antes que a independência americana fosse reconhecida, o que ele naturalmente não podia fazer. Toda a negociação deveria partir do princípio de que as colônias ainda faziam parte do Império Britânico. Lorde Howe ainda perguntou: "Não haverá alguma maneira de voltar atrás nesse passo da independência?"[10]

Quanto a Washington, o fracasso no Brooklyn teve um impacto importante sobre ele. Até então, sua intenção era melhorar o Exército para torná-lo tão bom quanto qualquer força armada europeia, capaz de vencer a guerra por meio das grandes batalhas tradicionais. A partir daquele momento, Washington compreendeu que isso jamais seria possível. Os soldados americanos não tinham — e era impossível dar-lhes em tempo hábil, se é que havia alguém capacitado para ensiná-los — treinamento para isso. Eram incompetentes tanto na ofensiva como na defensiva. Os oficiais eram confusos e hesitantes; os soldados, inábeis e medrosos.

Washington informou ao Congresso Continental que a única linha de defesa possível era evitar grandes confrontos e tentar alongar a guerra o máximo possível, impondo lentamente a Londres a perda de tempo, vidas, armamentos e dinheiro, até que a metrópole desistisse de lutar.

Assim, ele chegou à conclusão de que era necessário abandonar Nova York enquanto ainda podiam. Se o general Howe decidisse cercá-lo, avançando com o Exército por um lado e a Marinha por outro, seria o fim do Exército Continental. Por outro lado, partindo para o interior do continente, ele poderia diminuir a vantagem que o inimigo tirava de sua poderosa Marinha e forçá-lo a manter longas linhas de suprimento. Muitos oficiais e congressistas se opuseram a esse plano, achando que uma retirada dessa magnitude acabaria com o moral das tropas e daria uma vitória fácil aos britânicos. Entretanto, a opinião de Washington acabou prevalecendo, exceto em um ponto: ele gostaria de ter destruído Nova York na retirada, para impedir os britânicos de utilizá-la durante o inverno, mas o Congresso Continental o proibiu. (Um enorme incêndio ocorreu na cidade mesmo assim, provavelmente por obra de algum grupo de rebeldes.)

Curiosamente, parece que o raciocínio de Howe não era muito diferente do de Washington. Ele acreditava que uma vitória completa sobre as forças continentais não seria possível e que, em vez disso, era melhor infligir algumas perdas aqui e ali, até que aqueles colonos que se opunham à guerra pudessem virar a opinião pública a seu favor. Ou seja, os dois lados pretendiam prolongar a guerra até que o outro desistisse.

No processo de abandono de Nova York, Washington dividiu seu exército. Cerca de 3,5 mil homens ficaram na cidade e a outra parte marchou para o norte. Essa foi a última grande chance de a Grã-Bretanha vencer a guerra. Se Howe houvesse avançado de modo a se colocar entre as duas partes do exército inimigo, poderia ter aniquilado uma delas. Em 15 de setembro, seus navios bombardearam as posições americanas na região de Kip's Bay. Um soldado declarou depois que achou que fosse morrer só com o barulho dos canhões. A brigada que estava estacionada ali dispunha de poucas defesas e, mais uma vez, houve uma debandada geral, do tipo "cada um por si", com os oficiais tentando correr mais que seus homens.

Os britânicos então desembarcaram sem resistência. Se houvessem sido rápidos em selar a passagens das tropas americanas que ainda estavam na cidade, estas teriam ficado presas. Em vez disso, cuidaram de trazer à terra firme suas peças de artilharia e organizar acampamento, um processo que levou horas. Enquanto isso, os americanos avançaram em segurança em direção ao Harlem.

As forças britânicas perseguiram as americanas em direção ao norte, até a região de White Plains. Lá os americanos se entrincheiraram em uma posição favorável, morro acima, e esperaram. Quando os britânicos atacaram, parecia que a situação de Bunker Hill iria se repetir. Entretanto, dessa vez os casacas vermelhas estavam em número muito maior e lentamente foram ganhando terreno pelas laterais, buscando cercar os americanos, até que estes bateram em retirada. Em vez de persegui-los, Howe ordenou que seu exército voltasse para Manhattan.

Washington então dividiu novamente suas forças. Ele pessoalmente levaria uma pequena porção para Nova Jersey. Charles Lee comandaria outra parte, montando guarda no norte contra uma possível invasão da Nova Inglaterra. Nathanael Greene (que tomara como secretário ninguém menos que Thomas Paine) ficou encarregado de liderar tropas que estavam estacionadas no Forte Lee e no Forte Washington. Por que razão o Conselho de Guerra decidiu manter a ocupação desses fortes, uma vez que já haviam decidido abandonar Nova York, permanece um mistério. O restante da tropa, sob o comando do general William Heath, deveria preparar defesas ao longo do Hudson, ao norte de Manhattan.

Do outro lado, Howe queria atacar Rhode Island, que teria sido um alvo fácil. O general Clinton era contra, argumentando que conquistar Rhode Island não traria nenhum benefício concreto. Em vez disso, faria muito mais sentido atacar a Filadélfia e tentar capturar o Congresso Continental, ou ao menos obrigá-lo a fugir. Como sempre, Howe preferiu ser cauteloso: tomar Forte Washington e depois esperar o inverno passar para decidir a guerra em 1777.

O ataque britânico foi decidido quando um soldado americano chamado William Demont desertou e passou ao inimigo informações importantes sobre os fortes e suas defesas (desertores não eram nem um pouco incomuns; a visão do estado lastimável do Exército americano era desanimadora). Foram 13 mil soldados britânicos contra cerca de um quarto desse número nas forças americanas. Em 16 de novembro, atacando diretamente a partir de três direções diferentes, Howe capturou Forte Washington quando os americanos se renderam depois de cinco horas de batalha. Foram cerca de 150 baixas americanas contra cerca de 450 britânicas (as forças que atacam um forte estão naturalmente mais propensas sofrer baixas). Quase 3 mil americanos foram capturados.

Inexplicavelmente, Washington ainda esperou outros três dias para mandar evacuar o Forte Lee; nesse meio-tempo, as forças britânicas avançaram para mais uma captura. Tendo errado ao tentar defender o Forte Washington, os americanos também erraram ao não tentar defender o Forte Lee. Apesar de muito mais numerosas, as forças de ataque precisavam escalar paredes de rocha quase verticais em uma noite de chuva — e não teria sido impossível detê-las. Em vez disso, Washington ordenou a evacuação, deixando de bandeja para o inimigo trinta canhões, milhares de balas de canhão, 2,8 mil mosquetes, muita munição, trezentas tendas, entre outros bens indispensáveis a um exército.[11]

Charles Cornwallis, um dos comandantes do ataque ao Forte Lee, ficou com a missão de liderar um contingente de 10 mil britânicos na perseguição às forças de Washington em Nova Jersey. Logo no dia seguinte à tomada do forte, a caçada começou. Entretanto, mover essa multidão, junto com sua alimentação e armamentos, não era fácil.

Durante o caminho, boa parte da população de Nova Jersey preferiu ajudar os perseguidores em vez de os perseguidos, fazendo juramentos de lealdade à Coroa e negando comida aos rebeldes americanos. Não que a aparência destes inspirasse muita confiança, já que vinham passando fome havia algum tempo e se dividiam entre os que vestiam farrapos e os que andavam nus.

Thomas Paine estava entre esses homens e foi nessa época que ele começou a escrever a série de panfletos intitulada *A crise americana*, cuja frase inicial, "Estes são tempos que testam as almas dos homens", reflete o clima no Exército no final de 1776. A frase seguinte, "O soldado do verão e o patriota do dia ensolarado irão, nesta crise, se furtar ao serviço de seu país", refletia ao mesmo tempo as agruras do inverno e o alto número de desertores.

Quando chegou a Newark com seus homens, Washington escreveu ao general Lee pedindo reforços. Poucos dias depois, partiu para Brunswick, no sul, com Cornwallis em seus calcanhares. Quando chegou, descobriu que Lee não estava a caminho. Prosseguiu então para cruzar o rio Delaware, na vizinhança de Trenton, e entrar na Pensilvânia. Seguindo ordens de Howe, Cornwallis não seguiu adiante (o que, de qualquer maneira, seria muito difícil, já que Washington não deixara barcos para trás), ficando estacionado em Brunswick.

Os reforços de Lee se uniram às forças de Washington em 20 de dezembro. O próprio Lee não estava presente, tendo sido capturado ao se separar de seus homens em uma taverna durante a jornada.

5.3 Trenton e Princeton (1777)

No fim de 1776, as perspectivas da independência americana eram sombrias. O alistamento terminou para boa parte das forças americanas; os homens foram para casa, cansados de passar pelas privações e pelos perigos das atividades militares. As forças britânicas haviam expulsado as americanas de Nova York e estavam às portas da Pensilvânia. O Congresso Continental abandonou a Filadélfia e partiu para Baltimore.

Silas Deane e Arthur Lee (irmão de Richard Henry) foram enviados a Paris em outubro, onde se encontraram com Benjamin Franklin a fim de negociar apoio. Esses emissários esperavam obter o reconhecimento da independência e um acordo de comércio que incluísse o envio de navios e munição para a América. Não conseguiram nenhuma das duas coisas. Ainda era cedo para a França adotar medidas que a colocassem em choque direto com a Grã-Bretanha. Conseguiram um bom empréstimo, alguma ajuda secreta em termos de armas e munições, e a compra vantajosa de um estoque de tabaco.

Antes de fugir, e em larga medida em decorrência dos esforços de John Adams como presidente de seu Comitê de Guerra, o Congresso Continental superara seus medos em relação a exércitos permanentes e decidira que, a partir de então, o alistamento seria feito por três anos ou até o final do conflito. Os alistados receberiam 20 dólares, roupas e a promessa de 100 acres de terra em caso de vitória.[12] Em compensação, aumentavam as punições e o número de razões pelas quais um soldado poderia ser punido. Além disso, o general Washington passava a ter poder total sobre operações relativas à guerra, incluindo promover e demover oficiais, prender cidadãos leais à Coroa e confiscar bens de civis.

O general Howe se juntou às suas tropas em Brunswick em dezembro, mas decidiu postergar a invasão da Pensilvânia para o ano seguinte. Nesse meio-tempo, distribuiu seus homens em nada menos de dezessete acampamentos espalhados por Nova Jersey. Essa decisão chamou atenção de Washington, que começou a contemplar a possibilidade de um ataque.

Discutindo com seu Conselho de Guerra, Washington traçou o seguinte plano. Na noite de Natal, ele próprio cruzaria o rio Delaware, 15 quilômetros acima de Trenton, com 2,4 mil homens. Enquanto isso, um grupo de oitocentos milicianos da Pensilvânia, liderados pelo general James Ewing, cruzaria o rio diretamente na altura de Trenton, para tomar a única rota de escape do inimigo. Uma terceira força, de 1,8 mil homens, liderados pelo coronel John Cadwalader, faria o cruzamento 18 quilômetros abaixo de Trenton, nas proximidades de Burlington, para criar uma distração que impedisse os britânicos estacionados naquela região de prestarem ajuda a Trenton. O elemento-surpresa era essencial para o ataque, pois seria quase impossível bater em retirada, cruzando mais uma vez o rio, sob fogo inimigo.

Infelizmente, na manhã do ataque começou a chover, depois a cair granizo, depois a nevar e, por fim, um vento forte como um furacão se abateu sobre a região. As forças de Ewing e Cadwalader não conseguiram atravessar, e as de Washington desembarcaram três horas depois do previsto. (Uma famosa pintura a óleo, *Washington Crossing the Delaware*, foi pintada por Emanuel G. Leutze em 1851 para comemorar essa travessia.) Depois, marcharam na chuva, tiritando sob as vestimentas já mencionadas (dois homens morreram de frio).[13] Sua sorte foi que o comandante encarregado da tropa em Trenton imaginou ser impossível que um ataque fosse feito em circunstâncias tão desfavoráveis e relaxou a guarda nessa manhã. Quando os americanos atacaram, foi a vez de os britânicos entrarem em pânico. Tomados de surpresa, não conseguiram organizar uma resistência efetiva. Em menos de uma hora, a batalha estava terminada. Quase mil soldados hessianos foram capturados.

A vitória, celebrada por toda parte, deu vida nova ao esforço de guerra e ajudou a melhorar não só o moral das tropas e a taxa de alistamento como a reputação de Washington, que andava periclitante.

Na sequência, Washington decidiu estacionar quase 7 mil homens em Trenton e fortificar a cidade, esperando o ataque britânico que certamente viria. De fato, em 2 de janeiro de 1777, 8 mil homens do Exército britânico partiram de Princeton em direção a Trenton, liderados por Cornwallis. Ao longo do caminho, pequenos grupos de americanos armados com rifles atacavam a distância, provocando baixas e retardando o seu avanço. Cornwallis chegou a Trenton no final do dia.

O primeiro ataque foi rechaçado pela artilharia e pelos rifles americanos. O segundo e o terceiro também. Cornwallis deixou de ordenar ataques só quando a noite caiu. Em pouco mais de uma hora, mais de 350 soldados britânicos haviam sido mortos.

Ao longo da noite, os americanos decidiram tentar uma manobra extremamente audaciosa. Não só abandonaram Trenton, onde estavam cercados por uma força muito maior, como marcharam em silêncio, dando a volta no exército inimigo, em direção a Princeton, que fora deixada desguarnecida. A luta em Princeton durou algumas horas, e cerca de 450 britânicos foram mortos.

Depois de mais uma vitória, Washington retirou seu exército para Morristown, onde aguardariam o inverno passar. Cornwallis voltou com suas tropas para Brunswick. O primeiro semestre de 1777 não viu mais batalhas na região. Em junho, Howe retirou todas as suas tropas de Nova Jersey e concentrou-as em Nova York.

5.4 Saratoga (1777)

Quando Thomas Gage fora trocado por William Howe no posto de comandante das forças militares britânicas, Lorde Dartmouth também perdera o posto de secretário de Assuntos Americanos. Considerado muito apaziguador, foi sucedido por Lorde George Germain, veterano de guerra e linha-dura. O primeiro-ministro Lorde North acreditava que ele era um homem capaz de "colocar os colonos de joelhos". Em março de 1777, Germain nomeou o general John Burgoyne como comandante do Exército britânico no Canadá.

Burgoyne chegou a Quebec na última semana de abril. Seu plano era tomar de volta o Forte Ticonderoga e marchar em direção a Nova York. Como todas as atenções americanas estavam com Washington e as forças de Howe eram vistas como a principal ameaça, Ticonderoga encontrava-se praticamente sem defesas. As forças britânicas chegaram ao forte no começo de julho, e em poucos dias os americanos bateram em retirada, deixando para trás muita artilharia e grande quantidade de munição e suprimentos.

Burgoyne em seguida marchou em direção a Albany, onde estava o comandante americano para a região norte, Schuyler, com apenas setecentos soldados e cerca de 1,5 mil milicianos. Quando ficou sabendo da perda de Ticonderoga, Schuyler começou a escrever cartas pedindo reforços. Washington enviou mais de 2 mil homens, e logo aqueles que haviam abandonado Ticonderoga chegaram a Albany. A força americana ali cresceu em poucas semanas para mais de 6 mil.

O que fizeram foi bater mais uma vez em retirada, visitando, em sequência, Forte George, Forte Edward, Moses Kill e Saratoga. Enquanto isso, destruíam pontes, derrubavam árvores, represavam rios e tudo mais que poderiam fazer para criar dificuldades para as forças de Burgoyne. Em vez de enviar tropas avançadas de infantaria, Burgoyne preferia se mover em bloco, carregando sua artilharia pesada (mais de cinquenta canhões) através da floresta, usando centenas de cavalos a passo de tartaruga.

Em agosto, o Congresso Continental finalmente decidiu remover Schuyler do comando (motivado pela perda de Ticonderoga, debitada na conta dele) e substituí-lo por Horatio Gates. Militar britânico aposentado, Gates provavelmente era de fato o mais talentoso oficial das forças americanas. A notícia fez um bem enorme ao Exército, já que Schuyler era universalmente desprezado. Com Gates no comando, o número de voluntários aumentou rapidamente.

As duas forças finalmente se encontraram em 19 de setembro, em uma região conhecida como Freeman's Farm, às margens do rio Hudson, a meio caminho entre Saratoga e Albany. Os americanos estavam à espera, em forte posição defensiva. No começo da tarde, Burgoyne ordenou um ataque pelo flanco esquerdo. Gates manobrou seus homens para aquele lado, cuja defesa era liderada por Benedict Arnold. A batalha foi feroz. O primeiro dia terminou com seiscentos britânicos mortos e metade desse número no lado americano.

No dia seguinte, Burgoyne preferiu não lutar. Ele recebera uma mensagem do general Clinton, que prometia navegar pelo Hudson e atacar os fortes Montgomery e Clinton, atraindo a atenção dos americanos. Burgoyne parece ter acreditado que Clinton levaria reforços até Saratoga. Os dias se passaram enquanto Burgoyne esperava Clinton e Gates esperava Burgoyne atacar. Em 5 de outubro, alguns oficiais sugeriram a Burgoyne que se retirassem. Ele se recusou, enquanto esperava por Clinton, que nunca apareceu (ele de fato subiu o Hudson e capturou os fortes que prometera atacar, mas depois disso retornou a Manhattan).

Finalmente, em 7 de outubro, Burgoyne ordenou novo avanço. Nova batalha sangrenta se seguiu, na qual Benedict Arnold se destacou por demonstrar uma coragem que beirava a insanidade. Após a batalha em Freeman's Farm, Arnold tivera uma altercação séria com Gates, que o removera de seu posto de comando. Ele decidiu participar da luta mesmo assim e seus homens o seguiram cegamente.[14] Durante a batalha, levou um tiro na perna esquerda, a mesma que fora alvejada em Quebec.

A vitória foi americana mais uma vez. Dias depois, Burgoyne se rendeu e seus quase 6 mil homens depuseram suas armas. O general foi autorizado a voltar a Londres, mas os soldados foram mantidos na América até o final da guerra.

A Batalha de Saratoga foi uma das mais importantes vitórias americanas. Tanto que o governo britânico, em vista do que reconheceu ser um "desastre", decidiu fazer uma oferta de paz. Entre outras concessões importantes, Londres estava disposta a revogar o Ato de Declaração, a Lei do Chá e as Leis Intoleráveis; o Parlamento também se comprometeria a não manter forças armadas nas colônias em tempos de paz e a admitir não ter autoridade para taxá-las; por outro lado, pretendia continuar regulando seu comércio. Essas eram essencialmente as reivindicações apresentadas pelo Primeiro Congresso Continental em 1774. Entretanto, seu tempo havia passado. O Parlamento britânico autorizou o envio de negociadores para levar a cabo um acordo, mas as coisas aconteceram bastante devagar. Três meses se passaram entre a chegada de notícias sobre a derrota em Saratoga e essa autorização, e então mais três meses até os enviados chegarem à América.

Enquanto isso, a França agiu mais rápido. Novos contatos foram feitos com os enviados americanos (Franklin, Deane e Lee). Em fevereiro de 1778, finalmente foi assinada uma aliança oficial em Versalhes, que duraria pelo menos até que a Grã-Bretanha reconhecesse a independência americana. Além de acordos comerciais e militares de ajuda mútua, a aliança previa que nenhuma das partes assinaria uma paz em separado com os britânicos. Além disso, a França abria mão de quaisquer pretensões em relação a Canadá e Luisiana.

As notícias da disposição para a paz de Londres e da disposição para a guerra de Paris chegaram quase simultaneamente ao Congresso Continental, então baseado na cidade de York, após ter de abandonar novamente a Filadélfia, como veremos a seguir. A aliança com a França foi ratificada antes mesmo da chegada dos negociadores britânicos, que viajaram para nada. O que ouviram, quando chegaram, foi que o Congresso Continental só realizaria acordos com a Grã-Bretanha depois que esta reconhecesse a independência dos Estados Unidos. Como não tinham autoridade para fazer isso, voltaram para casa.

5.5 Filadélfia e Monmouth (1777 e 1778)

Em 23 de julho de 1777, depois de inexplicavelmente ter ficado quase sete meses inativo, o general Howe enfim embarcou 16 mil soldados em uma frota de 267 navios e zarpou de Nova York. Washington fizera marchar seu Exército até as proximidades de Manhattan, a fim de vigiar o inimigo, e assistiu àquilo perplexo. Sua primeira reação foi voltar a Nova Jersey. Quando ficou sabendo, uma semana depois, que a frota britânica fora avistada nas vizinhanças do rio Delaware, não teve mais dúvidas: Howe planejava atacar a Filadélfia.

Washington então marchou seu exército para o sul, passando pela Filadélfia. Quando viu os soldados pessoalmente, maltrapilhos e marchando fora do passo, John Adams não pôde evitar comentar que eles "ainda não têm exatamente um ar de *soldados*". Um quartel-general foi montado em uma cidade próxima chamada Wilmington, onde chegaram em 25 de agosto, praticamente ao mesmo tempo que os britânicos desembarcaram em Head of Elk, na ponta da baía de Chesapeake. O sempre tranquilo Howe ainda esperou três semanas se passarem antes de atacar. Enquanto isso, Washington fortificou suas posições no rio Brandywine.

Quando atacou, a superioridade estratégica de Howe sobre Washington ficou evidente mais uma vez. Separando suas forças em duas, ele ordenou um ataque frontal como distração, enquanto mais de 8 mil homens davam a volta pela esquerda, buscando cercar o inimigo. No dia 11 de setembro, o plano funcionou perfeitamente, já que Washington ordenou que a maior parte de seus homens seguisse em direção ao centro, pretendendo defender o falso ataque. Howe deu a volta e atacou pela esquerda, com artilharia que foi ouvida na Filadélfia, a 35 quilômetros.

A batalha que se seguiu foi tão intensa quanto a de Saratoga. Um miliciano afirmou depois que "bombas e balas passavam por mim como granizo, derrubando meus camaradas de todos os lados, arrancando galhos das árvores como um furação".[15] Depois de quase duas horas, os britânicos levavam a melhor e os americanos começaram a debandar. Washington foi pessoalmente organizar a retirada, enquanto Nathanael Greene comandou uma força de contra-ataque cujo objetivo era impedir o massacre dos soldados em retirada.

Ao final, com mais de mil baixas, os americanos perderam a Batalha de Brandywine (as baixas britânicas foram a metade das americanas).[16] No dia seguinte, os dois generais planejavam recomeçar o combate, mas uma chuva torrencial caiu sobre a região, impedindo as manobras. "Gostaria de poder descrever a chuva", disse um soldado, "caiu tão forte que em minutos estávamos encharcados e afundando em lama até as canelas."[17]

A chuva arruinou a munição de Washington, que precisou se retirar da região. Howe aproveitou para marchar até a Filadélfia sem encontrar oposição. Alertados, os membros do Congresso Continental partiram em fuga. Em 26 de setembro, unidades do Exército britânico lideradas por Cornwallis, acompanhado de ninguém menos que Joseph Galloway, entraram vitoriosas na cidade.

Quando soube disso, Washington imaginou que pudesse lançar outro ataque-surpresa ao estilo Trenton. Tendo sido forçado a várias retiradas, e se roendo de inveja do sucesso de Horatio Gates em Saratoga, Washington estava disposto a abandonar, pelo menos por hora, sua estratégia de guerra defensiva. Entretanto, ele infelizmente optou por um ataque complicado em quatro frentes simultâneas, que dependia de um nível de sincronização simplesmente impossível. Ainda por cima, um nevoeiro espesso cobriu a região naquela noite. Duas das linhas de ataque nem sequer encontraram o alvo. Uma terceira chegou atrasada e logo foi derrotada.

Apenas um dos ataques teve sucesso, obrigando parte das forças britânicas a recuar. Mas, ao longo da batalha, a vantagem foi perdida. Na confusão, tropas americanas chegaram a atirar umas nas outras. Washington sofrera mais uma derrota, batendo em retirada depois de perder cerca de 1,2 mil homens, contra menos de quinhentas baixas britânicas. A conquista britânica da Filadélfia estava confirmada.

Washington buscou abrigo do inverno em uma vila próxima chamada Valley Forge, onde a falta de comida (os soldados comiam uma mistura de farinha com água, cozida na fogueira) e de roupas quentes (muitos estavam descalços e até nus, apesar dos inúmeros pedidos ao Congresso Continental para envio de roupas) e o excesso de doenças começaram a reduzir o contingente. O marquês de Lafayette, que partira da França a fim de participar da guerra, mencionou que os alojamentos improvisados, construídos às pressas pelos próprios soldados, eram "ligeiramente melhores que masmorras" e que muitas pernas e pés tiveram de ser amputados.

Dos 11 mil homens que entraram em Valley Forge em dezembro de 1777, apenas 4 mil ainda estavam em condições de lutar em fevereiro de 1778. Nada menos de 2,5 mil morreram ao longo do inverno (os cavalos mortos foram mais de setecentos) e cerca de mil desertaram.[18] (Washington e os oficiais mais graduados não chegavam a ter luxo, mas foram recebidos por moradores locais em suas casas e comiam refeições com carne, vegetais e vinho.)

Existiam várias razões para tão dramática falta de suprimentos. O Exército era uma instituição bastante desorganizada, com responsabilidades distribuídas de forma pouco clara e com conflitos entre cadeias de comando. A eficiência do Congresso Continental em levar a cabo suas decisões deixava a desejar. Ataques britânicos ou de moradores leais à Coroa destruíam provisões durante o transporte. Washington evitava confiscar gado dos civis para não indispô-los com o esforço de guerra. Comerciantes exigiam preços acima do mercado para vender ao Exército. Alguns chegavam a vender produtos estragados e até mesmo barris cheios de areia em lugar de farinha.[19] Com o tempo, os esforços de Washington junto ao Congresso Continental e aos governadores de estados fizeram com que os suprimentos começassem a chegar em quantidade adequada.

As tropas ainda estavam em Valley Forge em maio de 1778, quando receberam a notícia da aliança com a França. Washington ordenou um dia inteiro de comemoração.

No começo de 1778, o apoio popular à guerra estava em declínio na Grã-Bretanha. Os jornais e a oposição questionavam as decisões do governo, como lançar duas campanhas independentes, lideradas por Burgoyne e Howe, em vez de organizar um esforço coordenado. A sensação em Londres, especialmente depois de Saratoga, era de que as coisas não estavam andando bem. Em abril, Lorde Germain decidiu retirar Howe do posto de comandante-geral, apesar de sua conquista em Nova York e na Filadélfia e de não ter nenhum envolvimento com a campanha de Saratoga. Em seu lugar, foi colocado o general Sir Henry Clinton.

Em um esforço para aumentar seu contingente militar, soldados passaram a ser alistados no Exército britânico por cinco anos ou até o final da guerra.

Ao mesmo tempo, as exigências físicas para alistamento foram diminuídas e o soldo foi aumentado. A produção de navios de guerra foi acelerada, principalmente na expectativa de que a França entraria na guerra a qualquer momento.

Membros do gabinete de Lorde North defendiam que o governo desistisse de subjugar a Nova Inglaterra e passasse a se concentrar em manter as colônias do sul. Afinal, a Nova Inglaterra poderia ser um parceiro comercial viável em tempos de paz, enquanto era crucial que as plantações do sul — arroz, algodão, tabaco etc. — permanecessem sob o controle britânico. Essa posição acabaria prevalecendo. Um dos motivos foi a crença generalizada, em Londres, de que multidões de cidadãos leais à Coroa estavam esperando no sul para se unir às tropas e ajudar na luta contra os rebeldes.

Em maio, Clinton tomou o lugar de Howe na Filadélfia, com ordens de abandonar a cidade. Milhares de cidadãos leais à Coroa foram enviados para Nova York de navio, enquanto os soldados foram marchando. Assim que eles saíram, Washington reocupou a Filadélfia, que deixou sob o comando do convalescente Benedict Arnold. Em seguida, saiu no encalço dos britânicos com o Exército Continental.

Na última semana de junho, Washington resolveu atacar. Uma força de pouco mais de 5 mil homens, comandada pelo general Charles Lee (que fora libertado em uma troca de prisioneiros), alcançou a retaguarda dos britânicos. Inicialmente, as forças americanas estavam em superioridade numérica, mas, uma vez que o ataque começou, boa parte do Exército britânico voltou para reforçar a retaguarda, e logo aquela superioridade foi perdida. Como sempre até então, o Exército americano agia de forma desorganizada. Tropas avançavam e recuavam por iniciativa própria, sem comando unificado. Vendo-se na defensiva, Lee ordenou um recuo. Ao saber disso, Washington ficou furioso. Galopando em direção à batalha, ele passou uma descompostura pública no general Lee e tomou o comando de suas mãos. Passeando a cavalo por entre as tropas, ele as reorganizou em posição de defesa, interrompendo o recuo. Logo depois do comandante, chegaram reforços.[20]

Para a sorte de Washington, suas forças acabaram ocupando uma posição bastante vantajosa, em um terreno inclinado na região de Monmouth.

Lá puderam esperar que os britânicos atacassem. Quando estes o fizeram, foram repetidamente rechaçados. Clinton acabou ordenando um recuo e, por algum tempo, as duas forças trocaram fogos de artilharia. O conflito acabou com a chegada da noite. Na Batalha de Monmouth, em 28 de junho de 1778, morreram 360 americanos e quinhentos britânicos.

Nos dias que se seguiram, Lee solicitou corte marcial para julgar seu comportamento, que ele próprio acreditava ter sido adequado, esperando, naturalmente, ser considerado inocente de qualquer má conduta. Entretanto, alguém tinha de pagar pelos erros cometidos e, nesse caso, não havia como ser outra pessoa. Ele foi considerado culpado de desobedecer ordens, comandar um recuo "desnecessário, desorganizado e vergonhoso" e desrespeitar seu comandante. Foi suspenso por um ano. Quando, mais tarde, escreveu artigos de jornal criticando Washington, foi exonerado.

5.6 Negociações (1779 e 1780)

O inverno entre 1778 e 1779 foi bem mais ameno que o anterior. Washington espalhou o Exército por uma área maior, o que facilitou a aquisição de suprimentos. Além disso, a França enviou enorme quantidade de uniformes (além de milhares de armas), de modo que, para felicidade geral, a visão de homens nus passou a ser rara.

A França mandou também uma grande frota naval, comandada pelo conde d'Estaing. Chegaram poucos dias depois que Clinton alcançara Nova York. Se tivessem aparecido antes, poderiam ter terminado a guerra naquele momento. Ainda tentaram atacar Newport, mas uma forte tempestade os impediu. Partiram então para o Caribe, sem que tivessem exercido qualquer diferença na guerra. O fiasco acabou com as ilusões americanas de que a ajuda militar francesa fosse pôr fim rápido aos conflitos.

Na passagem de 1778 para 1779, um emissário francês chamado Conrad-Alexandre Gérard chegou à Filadélfia para conversar com os congressistas. Entre outras coisas, queria saber em que termos eles aceitariam a paz com a Grã-Bretanha. O assunto não era simples. Os estados da Nova Inglaterra tinham interesse na conquista do Canadá, enquanto os estados do sul estavam mais preocupados com a região a oeste dos Apalaches. Depois de muita discussão, o Congresso Continental deliberou que fazia questão da região a oeste, mas abria mão do Canadá e até mesmo da Flórida, cobiçada pela Espanha.

Os estados da Nova Inglaterra também faziam questão de que os Estados Unidos tivessem direito a pescar nas águas em torno de Newfoundland. O problema era que a França também tinha interesse nessas águas. O tradicional apoio da Virgínia às causas do norte permitiu que a Nova Inglaterra lutasse pelos direitos de pesca durante meses. Quando uma frota de navios britânicos atacou a costa da Virgínia, seus representantes mudaram de ideia e passaram a achar que era preciso terminar a guerra o quanto antes. Sem seu apoio, Gérard conseguiu, pelo menos naquele momento, garantir aqueles direitos para a França.

Outra decisão que precisava ser tomada era a nomeação de emissários. Da trinca Franklin-Deane-Lee, responsável por negociações em Paris até então, apenas Franklin permaneceu. Para o posto de negociador com a Grã-Bretanha, a Nova Inglaterra ofereceu John Adams, enquanto Nova York queria John Jay. Gérard preferia Jay, uma vez que Adams tinha fama de ser pouco maleável. Adams acabou ficando com o posto, enquanto Jay foi nomeado ministro para a Espanha.

Enquanto não havia nenhuma negociação a ser feita com a Grã-Bretanha, Adams morou em Paris, onde Franklin o introduziu às altas esferas. A convivência entre os dois não se deu sem atritos. Se Franklin fora respeitado enquanto morara em Londres, em Paris ele era adorado. As mulheres queriam sua companhia e, aos 70 anos, ele flertava com todas as que encontrava pela frente. Os cientistas queriam seu conselho, os políticos queriam influenciá-lo. Todos o conheciam e estavam aos seus pés. Entretanto, na visão de Adams, o velho Franklin era pouco incisivo. "Ele pode ser um filósofo, pelo que sei, mas não é estadista o suficiente", achava Adams, além de "muito velho, muito enfermo, muito indolente e dissoluto".

Por outro lado, Franklin achava que Adams podia pôr a perder todo o esforço diplomático que, a seu ver, dependia de um trabalho paciente de cultivo de amizades e convencimentos. Franklin se via obrigado a pedir seguidos empréstimos ao governo francês. O problema em consegui-los era que o Congresso Continental não tinha poder de criar impostos. Afinal, a França estaria emprestando a quem? Quem iria pagar a conta depois? Como vimos, naquela época os Estados Unidos ainda eram uma coleção de estados praticamente independentes (a dificuldade de Franklin era parecida com a de Washington, já que o Congresso Continental também não podia obrigar os estados a enviar homens ou pagar por munição). De fato, alguns estados chegaram a enviar emissários próprios a Paris, que também pretendiam conseguir empréstimos.

Adams parecia realmente agir com pouco tato. É fato que o conde de Vergennes, ministro francês do Exterior na época e principal responsável pelas negociações com os Estados Unidos, logo desenvolveu aversão a ele, a quem considerava excessivamente patriota e inflexível. Adams, por sua vez, escreveu algumas cartas a Vergennes, exigindo maior apoio da França para o esforço de guerra, e irritando o ministro. Este, por sua vez, comunicou tal irritação a Franklin, que a transmitiu ao Congresso Continental, dizendo: "O sr. Adams causou grave ofensa à corte." Foi um alívio, tanto para Vergennes como para Franklin, quando Adams partiu para a Holanda, onde passaria mais de dois anos entretido em negociações de empréstimos. Por outro lado, mais tarde, Franklin escreveria sobre Adams: "[...] ele quer o bem de seu país, é sempre honesto, normalmente é sábio."[21]

É dessa época que vem uma das frases mais conhecidas de Adams. A visão dos jardins e dos salões de Paris, e do contraste entre aquela nobreza, que se dedicava à poesia, à dança e às fofocas, e a dura realidade da guerra que se travava na América, o levaram a escrever: "Eu preciso estudar política e guerra para que meus filhos tenham liberdade de estudar matemática e filosofia. Meus filhos precisarão estudar matemática e filosofia, geografia, história natural, arquitetura naval, navegação, comércio e agricultura para dar a seus filhos o direito de estudar pintura, poesia, música, arquitetura, estatuária, tapeçaria e porcelana."[22]

Nos primeiros dias de 1779, na mesma época da visita de Gérard, Washington foi chamado a passar um mês na Filadélfia, em conversa com o Congresso Continental.

Ele convenceu os congressistas de que uma nova invasão ao Canadá não era boa ideia e aproveitou para pedir a Gérard que a frota francesa voltasse a Nova York. Mas o que mais marcou o general foi o quanto o congresso havia mudado. John Adams e Benjamin Franklin não estavam mais por lá; muitos congressistas veteranos, como Jefferson, haviam desistido do serviço público; outros haviam se retirado para se dedicar ao âmbito estadual; muitos precisaram voltar a se dedicar às suas fazendas, escritórios ou manufaturas. Dos 56 congressistas que haviam se reunido em 1774, restavam apenas seis em 1779. "Onde estão nossos homens de habilidades?", perguntou-se Washington. (Meses depois, Jefferson foi eleito governador da Virgínia.)

Outra coisa que Washington descobriu foi o estado lamentável das finanças da nova nação. Sem poder para instituir impostos, o Congresso Continental se financiara ao longo da guerra a partir da emissão de papel-moeda e a inflação estava fora de controle. A desvalorização monetária mais rápida da história da América (pior que a chamada "Crise de 1929") aconteceu em 1779. O que se comprava com 8 dólares em janeiro custava 42 em dezembro. Os estados podiam instituir impostos, mas evitavam fazê-lo com medo da insatisfação popular crescente. Afinal, os problemas com o Parlamento britânico haviam começado, em 1763, justamente por causa de propostas de taxação.

Nesse contexto de vacas magras, o general ficou indignado com o comportamento que percebia em homens de negócio e comerciantes, que buscavam lucrar com a subida geral de preços, insensíveis às dificuldades do Exército. Um ex-congressista afirmou que homens sem escrúpulos estavam "ficando ricos sugando o sangue" do povo e que eram "a maior causa de nossas presentes calamidades". A corrupção, a incompetência e as dívidas eram ameaça maior ao sucesso da independência que o próprio Exército britânico.

Para piorar a situação, o inverno de 1779-1780, que as tropas passaram novamente em Morristown, foi terrível, com temperaturas singularmente baixas e muita neve. Mais uma vez, os soldados estavam reduzidos a comer os próprios sapatos e a congelar de frio.

5.7 A guerra no sul (1779 a 1781)

Nos últimos dias de 1778, a Grã-Bretanha lançou sua ofensiva no sul. Um grande contingente navegou a partir de Nova York, sob o comando do tenente-coronel Archibald Campbell, em direção à Geórgia. Esse estado estava fracamente protegido e sua capital, Savannah, foi tomada sem dificuldade. Em 29 de dezembro, os britânicos ofereceram liberdade aos escravos que se juntassem a eles, e milhares o fizeram.

Washington não aceitou enviar tropas para o sul, em parte porque acreditava que aquelas manobras eram apenas diversionismo dos britânicos, em parte por achar que uma marcha tão longa (os inimigos haviam viajado pelo mar) levaria meses e fatalmente enfraqueceria suas tropas. O Congresso Continental percebeu a importância da região e pediu a Gérard que a frota de d'Estaing fosse para Savannah.

D'Estaing passara o inverno e a primavera de 1779 lutando no Caribe, mas voltou à América no começo de setembro e foi de fato para o sul. Quando viu as forças que chegavam à sua porta, o comandante da ocupação de Savannah, Augustine Prevost, começou a construir fortificações. Em vez de atacar imediatamente, d'Estaing preferiu demandar que os britânicos se entregassem. Estes começaram um longo período de negociações, durante as quais chamaram reforços e adiantaram as obras de defesa. Depois de uma semana, d'Estaing decidiu organizar um sítio da cidade. Mais dez dias foram necessários para transferir 37 canhões de seus navios para a terra.

Depois de vários dias de bombardeio, os americanos atacaram em 9 de outubro. Foram rechaçados. Atacaram e foram rechaçados novamente diversas vezes. Ao fim e ao cabo, foram mais de cem mortos e mais de setecentos feridos do lado americano, face a cerca de oitenta mortos do lado britânico. Em 17 de outubro, desistiram. Washington classificou o resultado do Cerco de Savannah de "desastre".

No começo de 1780, Clinton organizou a transferência de boa parte de seus navios de guerra e soldados para o sul. A viagem, de mais de quarenta dias durante o inverno rigoroso, se mostrou inesquecível para os soldados. Quando não estava chovendo, estava caindo granizo; quando não caía granizo, caía neve. Ondas gigantes jogavam os navios de um lado para outro.[23] Os homens ficaram maravilhados com o calor que encontraram quando chegaram à terra firme na Carolina do Sul. Somente dez dias depois de desembarcarem é que puderam começar a andar. A marcha, por entre pântanos infestados de crocodilos, foi lenta. Em 10 de março, a tropa avistou Charleston.

Na mesma época, o Congresso Continental ordenou que recrutas da Virgínia e da Carolina do Norte, mais de 3 mil homens, marchassem para Charleston. A cidade, cuja defesa estava sob o comando do general Lincoln, contava com fortificações muito bem construídas, pois a chegada dos britânicos era aguardada havia muito tempo. Entretanto, as forças americanas eram cerca de um terço das atacantes: 11 mil casacas vermelhas contra cerca de 4 mil americanos. As obras de sítio britânicas terminaram em 5 de abril e o bombardeamento de Charleston começou. Lincoln deveria ter abandonado a cidade, mas seu conselho de guerra, que incluía muitos civis importantes, preferiu ficar, lutar e perder. Em 12 de maio, depois de a cidade ter sido devastada pelas bombas, os americanos enfim se renderam (mais de 6 mil foram feitos prisioneiros).[24]

Na esteira da calamidade em Charleston, o Congresso Continental nomeou Horatio Gates como comandante das forças armadas no sul. Sua missão era impedir que a Carolina do Norte e a Virgínia fossem invadidas. O governador da Virgínia, Thomas Jefferson, enviou 2,5 mil milicianos para ajudá-lo. Em vez de adotar a estratégia defensiva de Washington, e talvez buscando reviver a glória de Saratoga, Gates decidiu partir para cima das forças britânicas, mesmo com um contingente reduzido.

Em 15 de agosto, os 3 mil americanos liderados por Gates encontraram uma força de 2 mil britânicos liderados por Cornwallis na pequena vila de Camden, na Carolina do Sul. Gates começou cometendo um erro crasso ao arranjar suas tropas de modo que os soldados do Exército Continental enfrentassem civis leais à Coroa que lutavam do lado britânico, enquanto seus milicianos enfrentariam os soldados regulares de casaca vermelha. O resultado foi que os milicianos debandaram assim que viram as baionetas se aproximando. O próprio Gates participou da correria, galopando para longe do campo de batalha e deixando os soldados sem liderança.[25] A Batalha de Camden foi mais um desastre, com pelo menos seiscentas baixas americanas.

Em julho, uma força de 6,5 mil soldados franceses finalmente chegou para ajudar na luta americana, liderada pelo conde de Rochambeau. Washington procurou convencê-lo a atacar Nova York ou Charleston, mas ele era mais um comandante cuja estratégia preferencial era aguardar reforços.

Logo depois de suas conversas com Rochambeau, Washington recebeu uma triste notícia: Benedict Arnold havia desertado e se unido ao inimigo. De gênio terrível e de uma coragem incomparável, Arnold fora promovido a comandante militar da Filadélfia em junho de 1778, depois de se destacar em Saratoga. Entretanto, guardava enorme ressentimento em relação ao Congresso Continental, que por cinco vezes promovera, em seu detrimento, oficiais mais novos que ele. Dois anos depois, decidiu que a traição bem remunerada valia mais a pena. Benjamin Franklin escreveu que "Judas vendeu apenas um homem; Arnold vendeu 3 milhões". No campo de batalha de Saratoga, há um memorial dedicado a Arnold; a inscrição diz "Em memória do mais brilhante soldado do Exército Continental", mas não menciona seu nome.

Durante o verão de 1780, a luta na Carolina do Sul se deu entre as forças de Cornwallis e milicianos que usavam táticas de guerrilha, atacando linhas de suprimento, confiscando propriedades e provocando pequenas baixas por meio de ataques-relâmpago. Eventualmente, Cornwallis decidiu que a melhor defesa era o ataque, e que era necessário invadir a Carolina do Norte.

Ele começou por ocupar, sem luta, a desprotegida cidade de Charlotte, no fim de setembro. Esperava que sua presença animasse os cidadãos leais à Coroa a se alistarem para lutar a seu lado. Inicialmente, isso de fato aconteceu. O major Ferguson, encarregado da tarefa de recrutamento na região, arrebanhou uma força de 1,2 mil homens. Entretanto, os americanos também começaram a se unir e a formar milícias locais. Em 6 de outubro, os milicianos avançaram em direção à tropa de Ferguson, na região de King's Mountain, a cerca de 30 quilômetros de Charlotte. Ferguson tomou uma posição defensiva no topo do monte e esperou o ataque da força inimiga, cujo tamanho era mais ou menos o dobro da sua. A batalha, na qual curiosamente quase todos os envolvidos eram americanos de nascença, foi rápida e os rebeldes venceram, fazendo mais de setecentos prisioneiros. Quando a notícia dessa derrota se espalhou, o fluxo de homens locais para as forças britânicas secou. Cornwallis teve de abandonar Charlotte e voltar para a Carolina do Sul.

Depois da derrota em Camden, Washington nomeara o general Nathanael Greene como novo comandante no sul (demovido do comando, Horatio Gates voltou para casa). Enquanto viajava para assumir seu posto, Greene visitou o Congresso Continental e os governadores de Maryland e Virgínia a fim de pedir reforços e suprimentos. Quando chegou à Carolina do Sul, já no fim de novembro, encontrou uma visão desalentadora, mas que já nos é familiar: os soldados estavam todos famintos, mal alojados, descalços e praticamente nus. (Segundo Greene, muitos tinham trapos ou cobertores amarrados na cintura, "à moda dos índios".)[26] Boa parte de seu empenho inicial foi em conseguir suprir necessidades básicas. A primeira decisão estratégica de Greene foi dividir suas forças, mandando metade dos homens para um extremo do estado, sob a liderança de Daniel Morgan, e ficando com a outra metade no outro extremo.

Enquanto isso, os Artigos da Confederação foram finalmente ratificados por Maryland, o último estado a fazê-lo (a partir desse momento, o Congresso Continental passou a se chamar Congresso da Confederação). Desde que foram escritos, os artigos não haviam ainda alcançado força de lei, porque precisavam ser ratificados por todos os estados. Maryland se recusava a ratificar enquanto a Virgínia não abrisse mão dos direitos que pretendia ter sobre as terras a oeste dos Apalaches. Ataques britânicos à costa da Virgínia fizeram com que esse estado se visse forçado a ceder para obter ajuda militar dos outros. Maryland, por sua vez, teve de assinar quando a França disse que só faria novo empréstimo se os artigos entrassem em vigor. Esse foi mais um passo, pequeno, mas importante, no processo de centralização do poder nos Estados Unidos.

Na segunda metade de 1781, uma conferência de paz foi sugerida por nações neutras (Rússia e Áustria). A França estava inclinada a aceitar termos de paz.

Seu governo ficara com a impressão de que o Exército americano se tornara menos combativo depois de formarem sua aliança. Isso era parcialmente verdade. A entrada da França na guerra tornara Washington ao mesmo tempo mais esperançoso e mais cauteloso; ele passara a atuar tendo sempre em mente o possível envio de reforços franceses, que não chegavam nunca, a fim de levar a cabo um "último esforço" que continuava sendo permanentemente adiado.

A proposta de paz não previa o reconhecimento da independência americana e foi prontamente rejeitada por John Adams. O governo francês também preferiu esperar para ver o resultado das ações militares de 1781. Por outro lado, a Grã-Bretanha também estava esperançosa de seu esforço de guerra, tendo conquistado a Geórgia e parte da Carolina do Sul, além de Nova York. Tudo indicava que aquele ano seria a última chance de os americanos assegurarem sua independência.

Nos primeiros dias de 1781, o próprio Benedict Arnold, agora general do Exército britânico, liderou uma invasão da Virgínia. Suas forças tomaram Richmond sem dificuldade, forçando o governador Jefferson, que fora avisado da invasão iminente mas não convocara sua milícia nem tomara outras precauções adequadas, a abandonar a cidade às pressas. Depois de causar a destruição que podia, e antes de o estado poder retaliar, Arnold se mudou com seus homens para Portsmouth.

Em 18 de janeiro, Cornwallis ficou sabendo a localização dos americanos liderados por Morgan e partiu atrás deles. Marchou mais uma vez com seus homens atrás do inimigo, como fizera em 1776, quando caçara Washington por Nova Jersey. A fim de poder andar mais rapidamente, tomou uma decisão temerária: mandou que as tropas se livrassem de suas tendas e de várias carroças (carregadas de uniformes, vinho, comida, louças etc.), que foram incendiadas.[27]

Por sua vez, Morgan levou suas tropas em direção às de Greene, reunindo as duas partes do exército que haviam sido separadas. Em seguida, Greene liderou todos os homens em direção à Virgínia, com Cornwallis em seu encalço. As duas forças percorreram dezenas de quilômetros, mas não chegaram a se enfrentar. Ao final, os rebeldes abandonaram as Carolinas.

Entretanto, pouco tempo depois, Greene decidiu voltar. Assim como Washington recruzara o Delaware para atacar Trenton logo depois de um recuo, ele também achou que poderia ter sucesso com essa estratégia. Com o tempo, suas forças haviam crescido, conforme mais e mais milicianos chegavam para lutar. Com cerca de 5 mil homens, ele tinha o dobro do contingente de Cornwallis. Escolhendo uma região que achou propícia para uma formação defensiva, ele tomou posição e esperou que o inimigo fosse ao seu encontro. As forças se encontraram em 15 de março. A luta foi ferrenha, palmo a palmo no meio da floresta. Apesar de terem sido os americanos a abandonar o local e perder sua artilharia, as baixas britânicas chegaram a mais de quinhentas. Em Londres, Charles Fox disse ao Parlamento que mais uma vitória daquelas os arruinaria.

Enquanto isso, Washington se empenhava em conseguir apoio francês para a campanha no sul. Ele teve sucesso e em março toda a frota francesa disponível navegou para a Virgínia, levando mais de mil soldados. Entretanto, os ingleses ficaram sabendo e enviaram uma frota própria desde Nova York, que recebeu os franceses abrindo fogo e fazendo-os voltar.

Em maio, Washington se encontrou novamente com Rochambeau, insistindo em uma campanha contra Nova York. Ele nunca acreditou que a guerra pudesse ser vencida no sul; ao longo de todo o conflito, Nova York representou para ele a chave de tudo. Em contraste, Thomas Jefferson, por exemplo, sempre acreditou que a independência dos estados do norte havia sido garantida muito tempo antes e que a Grã-Bretanha estava concentrando seus esforços no sul.

De fato, em maio, Cornwallis entrou na Virgínia com uma força de cerca de 1,5 mil homens. Com seu movimento, foi a vez de a Grã-Bretanha abrir mão da Carolina do Sul, estado que ficou praticamente desguarnecido. Ele estava inclusive desobedecendo ordens superiores, pois a missão que lhe dera o general Clinton era pacificar e estabelecer domínio sobre as Carolinas. Entretanto, Cornwallis achava que não seria essa postura defensiva que ganharia a guerra. Somente avançando para o norte ele poderia convencer os americanos a entrar em combate direto. Para sua desgraça, foi o que acabou acontecendo.

Uma vez na Virgínia, Cornwallis uniu suas forças com as de Arnold e outros reforços que haviam sido enviados por Clinton, chegando a um total de mais de 7 mil homens, que ele decidiu estacionar na cidade de Yorktown. As forças americanas, lideradas pelo francês Lafayette, contavam com metade desse contingente e estavam baseadas ali perto, em Richmond. Entretanto, quando Cornwallis enviava tropas para reconhecer a região, os americanos se retiravam para o interior, evitando o combate. Depois de quase um mês, Cornwallis decidiu pedir que Clinton abandonasse Nova York e fosse se juntar a ele. Clinton recusou, convencido, assim como Washington, de que era em Nova York que tudo seria decidido.

A posição de Clinton fazia sentido. A ideia subjacente aos planos de Cornwallis era de que seria possível reestabelecer o comando britânico dos estados do sul, progressivamente diminuindo o território controlado pelo governo do Congresso Continental. Mas isso só aconteceria se a população local os apoiasse maciçamente — e isso não estava acontecendo. Clinton percebia que a melhor estratégia para levar a guerra a um fim era impor uma pesada derrota ao Exército Continental e fazê-lo desistir da luta. Isso não aconteceria no sul. Mesmo assim, Clinton não ordenou que Cornwallis levasse de volta o contingente de que dispunha. Acreditando que a vitória na Virgínia era inevitável, ele permitiu que a ideia prosperasse.

Quando Greene ficou sabendo da partida de Cornwallis para o norte, decidiu marchar para o sul, que havia ficado fracamente protegido. Entre maio e setembro, ele comandou diversos ataques, liberando várias localidades do controle britânico. Ao final, a Grã-Bretanha controlava apenas duas cidades no sul: Charleston e Savannah.

Sabendo que Cornwallis estava em Yorktown, Washington e Rochambeau perceberam que podiam cercá-lo utilizando a Marinha francesa (29 navios de guerra e mais de 3 mil soldados). Assim, desistiram de atacar Nova York e começaram uma longa marcha para o sul — 3 mil homens do Exército Continental combinados a mais 4 mil franceses — a fim de se juntarem às forças comandadas por Lafayette na Virgínia. Repetindo sua jornada de 1776, Washington marchou por Nova Jersey, cruzou o Delaware e passou pela Filadélfia, onde chegou em 2 de setembro.[28]

Percebendo a movimentação, Clinton ainda enviou uma frota naval para tentar ajudar Cornwallis. Em 5 de setembro, as duas forças se enfrentaram na baía de Chesapeake na maior batalha naval do século XVIII (duzentas baixas entre os franceses, 350 entre os britânicos). Dessa vez, a vitória foi francesa, com a frota britânica sendo expulsa de volta a Nova York.

Em 20 de setembro de 1781, as tropas aliadas dos Estados Unidos e da França começaram o sítio a Yorktown. Depois de muito trabalho estabelecendo trincheiras, o bombardeio começou em 5 de outubro. Os tiros de canhão realizados à noite eram lindos, de acordo com um soldado, "como meteoros em chamas com caudas ardentes". Uma centena de peças de artilharia castigavam simultaneamente a pequena vila (mais de 3 mil tiros por dia), que foi sendo reduzida a escombros. Em 14 de outubro, houve um ataque de infantaria. No dia 17, Cornwallis hasteou a bandeira branca. Nos dias seguintes, o longo processo de capitulação britânica se desenrolou. Mais de 8 mil homens foram feitos prisioneiros, centenas de peças de artilharia e milhares de mosquetes foram confiscados, juntamente com carroças, cavalos, barcos etc. Os mortos foram em torno de 550 do lado britânico, quatrocentos entre os franceses e trezentos entre os americanos.

Quando Clinton ficou sabendo da difícil situação que se apresentava em Yorktown, decidiu enviar 7 mil homens e 25 navios de guerra para resgatar Cornwallis. Mas não imediatamente. Pela enésima vez nessa guerra, um comandante britânico achou melhor aguardar reforços antes de agir. Um mês se passou até que mais navios chegaram da Inglaterra. Quando uma poderosa força naval finalmente partiu de Nova York, o desastre da Batalha de Yorktown já acontecera.

5.8 Término

Notícias da derrota em Yorktown fortaleceram a oposição à guerra em Londres. Charles Fox e Edmund Burke fizeram discursos exigindo o fim dos conflitos. Na residência do primeiro-ministro, na época já instalado no nº 10 da Downing

Street, Lorde North lamentou: "[...] está tudo acabado."[29] Mas tanto ele como o secretário Germain, principalmente este último, continuavam defendendo a necessidade da guerra. Alguns membros do Parlamento argumentavam que era necessário ao menos continuar com uma aparência de confronto, a fim de estabelecer condições favoráveis em uma eventual mesa de negociação.

No meio de dezembro, uma moção foi introduzida no Parlamento para que fosse declarado que "tentativas de reduzir as colônias revoltadas à obediência são contrárias aos reais interesses deste reino". A moção foi recusada, mas por uma margem pequena. Em fevereiro de 1782, a oposição introduziu uma moção condenando a guerra. Essa foi rejeitada por diferença de apenas um voto. Cinco dias depois, nova moção declarava "inimigos de Sua Majestade" todos aqueles que procurassem dar sequência à guerra. Essa moção foi aprovada. Depois disso, a guerra estava praticamente acabada.

Nesse meio-tempo, Lorde North procurara negociar separadamente com americanos e franceses, enviando cartas tanto a Benjamin Franklin quanto ao ministro das Relações Exteriores da França, mas os dois aliados haviam recusado a iniciativa. Em 20 de março, North pediu demissão. Em seu lugar, George III nomeou como primeiro-ministro o marquês de Rockingham, que se opusera à guerra desde o início. Após a morte do marquês, alguns meses depois, Lorde Shelburne, também favorável à paz, o sucedeu.

Ao longo de 1782, as forças britânicas que ainda restavam em Wilmington, Savannah e Charleston foram evacuadas, levando consigo milhares de cidadãos que haviam permanecido leais. Em outubro, as forças de Rochambeau e o que ainda restava da frota naval francesa partiram da América.

Benjamin Franklin logo enviou correspondência a Shelburne, expressando seu desejo de que pudesse haver paz entre os dois países. O inglês respondeu enviando um negociador, Richard Oswald, a Paris. Franklin e Oswald se deram muito bem, e as negociações de paz começaram a evoluir em abril. John Adams e John Jay, vindos da Holanda e da Espanha, respectivamente, logo se uniram ao esforço diplomático americano. A França e a Espanha (que entrara na guerra do lado americano em 1779) também estavam dispostas a negociar, depois de sofrer derrotas duas vezes no mar — uma no Caribe e outra no estreito de Gibraltar. Em 30 de novembro, os termos do acordo de paz foram estabelecidos.

A independência foi finalmente reconhecida. A Geórgia e as Carolinas permaneceram com os Estados Unidos, que também garantiram seu direito de navegar o Mississippi. A Grã-Bretanha abriu mão dos territórios a oeste dos Apalaches e até mesmo os direitos de pesca da Nova Inglaterra foram garantidos. Por outro lado, a Grã-Bretanha ficou com o Canadá e com a promessa dos EUA de nunca processar os cidadãos que haviam permanecido leais à Coroa. A França ficou com a ilha de Tobago e o Senegal. A Espanha ficou com a Flórida, mas não foi especificada qual seria exatamente a fronteira entre o sul do domínio americano e o norte do domínio espanhol.

O pior resultado fora o da França, que gastara uma fortuna na guerra sem que isso houvesse revertido em nenhum ganho apreciável. De fato, o enorme rombo criado em suas contas públicas contribuiria para fomentar a Revolução Francesa, poucos anos depois.

Os termos de paz foram assinados oficialmente somente em 3 de setembro de 1783, no chamado Tratado de Paris. A primeira frase do documento, "Sua Majestade Britânica reconhece os ditos Estados Unidos [...] como estados livres, independentes e soberanos", marca o fim da revolução e o nascimento do novo país.

* * *

É interessante notar que, depois que os tratados de paz foram assinados, Franklin recebeu inúmeros pedidos de cidadãos franceses que queriam emigrar para os Estados Unidos com uma recomendação sua, que eles acreditavam abrir todas as portas do continente. Desanimado, Franklin notou que algumas pessoas "dão-se valor e esperam ser valorizados por nós por seu nascimento ou título, embora eu lhes diga que tais coisas nada valem em nossos mercados". Para se poupar o trabalho de explicar o assunto para tanta gente, ele escreveu o texto "Informações para aqueles que pretendem ir para a América". Para as pessoas que esperavam obter algum cargo governamental, ele avisou: "Há poucos cargos civis; nenhum que seja supérfluo como na Europa; é uma regra estabelecida em alguns estados que nenhum cargo deve ser tão rentável que se torne desejável."[30]

Aos poucos, o Exército Continental foi sendo desmobilizado. No contexto de quase falência em que se encontrava o Congresso Continental, muitos soldados ficaram sem receber boa parte do pagamento que lhes havia sido prometido; não foram poucos os que tiveram de pedir esmolas para poder voltar para suas casas.

Nos primeiros meses de 1783, um esquema foi armado por um grupo no qual estavam alguns nomes famosos, como os generais Knox e Lincoln. No que ficou conhecido como a Conspiração de Newburgh, esse grupo de oficiais encaminhou uma carta ao Congresso expressando indignação com os meses de pagamento em atraso e preocupação com a possibilidade de que a pensão vitalícia de meio salário a que tinham direito nunca fosse paga. A carta também propunha que a pensão fosse trocada pelo pagamento integral do salário por cinco anos e trazia uma vaga ameaça: a de que "quaisquer experimentos com a paciência do Exército poderão ter efeitos fatais".[31]

Entre os conspiradores, estava o ex-secretário particular de Washington, que na época era congressista e que ainda teria papel muito importante na política americana, um jovem chamado Alexander Hamilton. Ele tratou de avisar seu ex-chefe sobre o esquema, em uma ação coordenada para que Washington aparecesse a fim de salvar o dia. Em 15 de março, uma reunião de todos os que estavam ameaçando o Congresso foi realizada. Washington apareceu "de surpresa" e pediu a palavra. Depois de tentar fazer um discurso em nome da união nacional, que não surtiu efeito algum, Washington mudou de estratégia. Fingindo que pretendia ler uma carta, ele tirou do bolso seus óculos, para espanto geral. Quase ninguém sabia que precisava de óculos para ler. Abusando da teatralidade, ele então disse: "Senhores, permitam-me colocar os óculos, pois não fiquei apenas grisalho, mas também quase cego em defesa de meu país."

A frase teve o efeito esperado. Soldados veteranos, lembrados de seu dever de lealdade, choraram abertamente. Quando Washington partiu, a ameaça estava debelada e sua reputação de patriota dedicado crescera ainda mais. Nos dias seguintes, o Congresso Continental aprovou a proposta de pagamento por cinco anos. Por incrível que pareça, por meio de Franklin, o Congresso ainda conseguiu um último empréstimo francês para ajudar a pagar essas despesas.

Em 20 de novembro, Washington e o que restava dos soldados — algumas centenas — finalmente entraram em Nova York, o último lugar que os britânicos desocuparam. Depois, Washington passou em Anápolis, onde estava o Congresso Continental, para dar adeus a seu cargo militar. Apenas o presidente do Congresso, Thomas Mifflin, ainda restava dentre os que haviam testemunhado sua nomeação. Em 23 de dezembro de 1783, aos 51 anos, Washington fez seu discurso de despedida e voltou para sua residência em Mount Vernon.

* * *

A guerra durara oito anos. Cerca de 100 mil homens haviam servido no Exército Continental, outros milhares em milícias. Mais de 30 mil haviam morrido. Os britânicos enviaram aproximadamente 42 mil homens para lutar na América, dos quais por volta de 10 mil haviam morrido (além de 30 mil mercenários hessianos, dos quais em torno de 7,5 mil morreram).

Nos anos que se seguiram, muitos na Grã-Bretanha estavam convencidos de que aquela guerra nunca poderia ter sido vencida. O número de soldados não era suficiente, a cadeia de comando era defeituosa, a distância entre o governo e o palco da guerra era enorme. Soldados enviados à América alcançavam seu destino exaustos e gravemente doentes, enquanto os suprimentos chegavam estragados. A estrutura do Exército também não era ideal, com oficiais que deviam seus cargos a apadrinhamento político e um perpétuo clima de intriga. A divisão de esforços entre norte e sul não fora eficiente.

Curiosamente, do lado americano, a vitória parecia quase inacreditável. Segundo Washington, fora "nada menos que um milagre". O processo de nomeação dos generais americanos conseguia ser ainda mais político que o britânico e o consequente clima de intriga era ainda mais pesado. A assistência dada ao Exército em termos de mantimentos e infraestrutura era precária, para dizer o mínimo. A ajuda da França, secretamente, a princípio, mas depois formalizada, de fato havia sido indispensável.

Segundo o próprio Washington escreveu: "Ninguém acreditaria que uma força como a que a Grã-Bretanha usou por oito anos neste país pudesse ser superada, em seu plano de subjugar-nos, por números infinitamente menores — compostos de homens não raro famintos — sempre em trapos — sem pagamento — e experimentando, por vezes, todo tipo de provação que a natureza humana é capaz de suportar."[32]

A liderança exercida por Washington não pode ser menosprezada. Se é certo que as batalhas são lutadas, vencidas ou perdidas, pela multidão de soldados sem nome, também é certo que uma liderança adequada pode fazer toda a diferença. Washington não tinha o senso de estratégia afiado dos generais profissionais e cometeu alguns erros graves; mas, com o passar do tempo, foi se mostrando cauteloso e corajoso, em doses equilibradas. Era um trabalhador incansável, que dedicava boa parte de seu tempo a questões de logística, saúde, limpeza e bem-estar das tropas. Sempre procurou manter-se longe de questões políticas menores e acabou se tornando o símbolo vivo da abnegação, da coragem e da luta pela independência.

6. Nós, o povo

6.1 Nacionalistas

Em 1786, já haviam se passado dez anos da Declaração de Independência, cinco anos da Batalha de Yorktown e três anos do Tratado de Paris. Os Estados Unidos da América, um inédito experimento republicano de dimensões continentais, eram um país independente, pronto para assumir seu lugar no grande concerto das nações. Entretanto, como muitos haviam de fato previsto, a independência não se dera sem custos.

Navios americanos podiam levar produtos para qualquer porto do mundo, mas não contavam mais com a proteção da Marinha britânica. Os portos ingleses só recebiam importações da América se transportadas por navios ingleses. Os habitantes da Nova Inglaterra haviam garantido seu direito de pescar em Newfoundland, mas haviam perdido o mercado cativo no Caribe. O crédito dos bancos ingleses secara. Colonos podiam se estabelecer a oeste, mas não havia mais Exército para protegê-los dos índios. Hordas de ex-soldados pobres vagavam pelo país. Negociantes que haviam vendido fiado para as forças americanas se viam agora sem pagamento.

Os estados eram quase independentes entre si e não tardaram a desenvolver rivalidades, estabelecendo tarifas comerciais e restrições alfandegárias. Estados com grandes portos, como Nova York e Pensilvânia, cobravam pesadas taxas sobre bens que chegavam para outros estados. Connecticut cobrava mais impostos sobre bens vindos de Massachusetts do que sobre aqueles vindos da Grã-Bretanha. Muitos chegaram a criar suas próprias moedas. Segundo John Sullivan, congressista veterano de guerra, o sistema político americano era "um monstro de treze cabeças".[1]

Em 1784, a Espanha fechou o baixo Mississippi para navegação americana. O problema da fronteira entre as terras americanas e espanholas acabou aparecendo: os EUA acreditavam que suas terras iam até o paralelo 31, enquanto a Espanha afirmava que iam somente até o paralelo 32. Em 1785, um emissário espanhol foi enviado para negociar a navegação e um tratado comercial. Depois de um ano de negociações com John Jay, houve pouco progresso: a Espanha só abriria seus portos aos produtos americanos se estes abrissem mão do Mississippi por vinte anos. Sete estados do norte votaram a favor, em busca de mercado para seus produtos, enquanto seis estados do sul votaram contra, já que para eles o Mississippi era vital. Como eram necessários os votos de nove estados para ratificar um tratado, as negociações acabaram abandonadas. Ameaças de rompimento com a União foram feitas de lado a lado.

Na época, o Congresso da Confederação passou aquela que foi sua legislação mais importante: a organização da expansão para o oeste. Em 1784, foi estabelecida a Ordenança de Terras. De autoria de Thomas Jefferson, ela previa a divisão do território a oeste do Apalaches, ao norte do rio Ohio e a leste do Mississippi em novos estados. Jefferson sugeriu alguns nomes para esses estados, como Sylvania, Metropotamia, Polypotamia, Saratoga, Washington, Michigania e Illinoia. Em 1787, algumas alterações foram feitas e foi aprovada a Ordenança do Noroeste, de acordo com a qual os novos estados estariam em pé de igualdade com os mais antigos, teriam de ter governos republicanos e não poderiam fazer uso de trabalho escravo.

Além das dificuldades políticas e comerciais, as finanças do país estavam em difícil situação. A dívida contraída durante a guerra tinha sido enorme. Só para pagar seus soldados e os juros de seus empréstimos, o país precisava de 3 milhões de dólares por ano. A impressão de papel-moeda criara uma inflação que saíra do controle.[2] A única instância de poder central, o Congresso, estava esvaziada depois da guerra, pois o poder passara aos estados. Nem mesmo sua sede estava assegurada. O Congresso se mudara, então, da Filadélfia para Princeton, Anápolis, Trenton e Nova York.

Uma tentativa foi feita, em 1783, de instituir um novo imposto nacional. Durante mais de dois anos o Congresso esperou pela ratificação dos estados até que, em 1786, Nova York bloqueou a medida. Sem o poder de criar impostos, o Congresso não podia honrar suas dívidas.

Os congressistas que viam a perda de poder do Congresso como um grande problema foram se unindo ao longo dos anos e se tornaram conhecidos inicialmente como "nacionalistas". Seu primeiro líder foi o rico negociante Robert Morris, que atuara entre 1781 e 1784 como superintendente de Finanças do Congresso. Durante sua estadia no cargo, ele lutara sem sucesso para aumentar a arrecadação e manejara a criação do Bank of North America, o primeiro banco privado americano.

Em 1786, um novo protagonista surgiu dentre os nacionalistas: James Madison (que viria a ser o quarto presidente dos EUA). Herdeiro de fazendeiros da Virgínia, formado em Direito, fizera carreira na política sendo eleito para a assembleia desse estado em 1776 e para o Congresso em 1780. De todos os "pais fundadores" (*founding fathers*) da república americana, Madison era o menos impressionante à primeira vista. Sem o porte de Washington, a erudição de Jefferson, o humor de Franklin ou a oratória de Adams, seu estilo era não ter estilo.[3] Extremamente dedicado, não voltou para casa nenhuma vez ao longo de seus três primeiros anos no Congresso.

Ao longo da primeira metade da década de 1780, Madison refletiu profundamente sobre o governo necessário para a América. Sua visão era a de um poder central forte, dominado por pessoas bem instruídas como ele, distintos dos homens de poucas luzes que tinham assento nas assembleias estaduais. Um poder central que pudesse organizar o comércio nacional, criar impostos e que restringisse o poder dos estados, tendo poder de veto sobre quaisquer de suas decisões. Um poder central, enfim, muito semelhante ao que era o Parlamento britânico antes da independência.

Enquanto o "espírito de 76" enfatizara a democratização e descentralização do poder, os nacionalistas de dez anos depois chegavam à conclusão de que o pêndulo oscilara demais para o outro lado. Chegara a hora de colocar mais ordem no sistema político nacional, a menos que quisessem correr o risco da dissolução da União. Poderia acabar acontecendo de a Nova Inglaterra formar sua própria confederação, assim como os estados do meio e os do sul, levando a três países diferentes. Nesse caso, a futura colonização do oeste produziria ainda outros países.

A ideia política mais associada a Madison é a do equilíbrio de forças numa grande república, que de certa forma contraria a opinião já mencionada de Montesquieu, para quem as repúblicas só são viáveis em pequenos territórios. De acordo com Madison, em uma região pequena, normalmente há apenas duas ou três forças políticas principais e é certo que uma delas predomine e acabe ditando os rumos políticos. Entretanto, no contexto dos Estados Unidos — uma região do tamanho da Europa —, sempre existiria uma multiplicidade de interesses e uma variedade de forças políticas que, puxando em direções diferentes, acabariam por se anular, de modo que nenhuma delas poderia exercer controle sobre as outras. Necessariamente teriam de ocorrer acomodações e compromissos. Assim, a ameaça de mudanças radicais acabava sendo evitada e mesmo mudanças moderadas só aconteceriam quando houvesse amplo consenso. Para pôr em prática esse modelo, ele imaginava um governo federal composto por duas câmaras legislativas, um Executivo e um Judiciário, cujos membros seriam definidos de diferentes maneiras e com diferentes mandatos.

A primeira participação concreta de Madison na política interestadual foi em março de 1785, numa reunião de delegados de Maryland e da Virgínia para deliberar sobre a navegação de rios compartilhados. O encontro se deu em Mount Vernon, a fazenda de Washington. O sucesso foi tão grande que propuseram novo encontro, que incluísse a Pensilvânia e Delaware. Em fevereiro de 1786, Patrick Henry, então governador da Virgínia, convidou os governadores de todas as outras colônias a enviarem representantes a um encontro continental em Anápolis, onde se discutiria comércio entre os estados. Esse encontro ocorreu em setembro, mas apenas cinco estados compareceram.

Os delegados enviaram então um relatório do encontro às suas assembleias, instando-as a organizar uma "reunião geral dos estados, em uma futura convenção, para os mesmos e outros propósitos que a situação política possa requerer". A data proposta era maio de 1787 e o local, a Filadélfia. O relatório já avisava que qualquer mudança comercial efetiva implicaria um "correspondente ajuste de outras partes do sistema federal". O autor do relatório era Alexander Hamilton, delegado de Nova York e ardoroso nacionalista.

Espertamente, os nacionalistas convidaram Washington para participar da convenção, na esperança de que sua presença atraísse participantes. Eles sabiam que Washington compartilhava de suas preocupações com o futuro do país na ausência de um governo federal. Procuraram também obter o endosso do Congresso, que declarou que as resoluções da convenção teriam força, mas que ela deveria se ater a "reformar os Artigos da Confederação". Essa concordância, ainda que tímida, ajudou a remover preocupações com a legalidade do encontro. Afinal, os Artigos da Confederação especificavam que qualquer mudança política deveria vir do Congresso.

Enquanto isso, os argumentos dos nacionalistas eram reforçados involuntariamente pelos fazendeiros de Massachusetts. Muitos deles não conseguiam pagar suas dívidas e hipotecas, e milhares de processos por dívidas foram levados aos tribunais entre 1784 e 1786.[4] Ordens de prisão começaram a ser emitidas. Em agosto, cerca de 1,5 mil fazendeiros, liderados por um veterano da Batalha de Saratoga chamado Daniel Shay e vestidos com uniformes do Exército Continental, invadiram e ocuparam o fórum da cidade de Springfield. O governador John Hancock precisou recrutar uma milícia para subjugar a Rebelião de Shay.

Rapidamente, a noção se espalhou entre os políticos dos diversos estados, quase todos conservadores negociantes e proprietários de terras, de que apenas um governo poderoso poderia ficar no caminho da "anarquia" promovida por homens como Shay. A convenção a se realizar na Filadélfia aconteceria de qualquer jeito, mas esses eventos contribuíram muito para sua importância.

6.2 A convenção

James Madison chegou à Filadélfia onze dias antes da data escolhida para o começo da convenção, 14 de maio, mas precisou esperar muito pelos outros delegados. O inverno fora intenso e as estradas estavam intransitáveis por toda a região. Somente no final de maio é que o quórum de sete estados seria alcançado.

No dia 13, domingo, ele foi acordado por tiros de canhão, som de sinos e gritos de uma multidão. Era George Washington, o herói supremo da revolução, que chegava. O veterano general hesitara em participar, em parte por sua saúde frágil, mas principalmente porque não sabia o que esperar do encontro. Iriam alterar radicalmente o governo do país ou apenas propor pequenas mudanças aos Artigos da Confederação? Ninguém sabia — e ele não queria participar de um fiasco.

Enquanto a convenção não começava, Madison e Washington cuidaram de costurar alianças. Além deles, o núcleo do bloco nacionalista contava com Robert Morris, Gouverneur Morris, Alexander Hamilton, James Wilson e o venerável Benjamin Franklin, sofrendo de gota e com pedras nos rins depois de passar dos 80 anos. O mais radical deles era Hamilton, cujo intelecto era respeitado por amigos e inimigos, e cuja visão política previa reduzir ao máximo o poder dos estados, concentrando todas as decisões importantes no governo federal. Entretanto, tanto o jovem Hamilton quanto o veterano Robert Morris tiveram papéis sem destaque no encontro (Hamilton era parte da delegação conservadora de Nova York, o que o deixava praticamente sem influência).

As reuniões começaram em 25 de maio. Sem surpresa, Washington foi eleito presidente da convenção, de modo que seu excelso nome estaria ligado ao resultado final, qualquer que fosse. As primeiras providências tinham a ver com regras e procedimentos. Por exemplo, ficou decidido que ninguém poderia conversar ou ler jornal enquanto um delegado estivesse falando e que nenhum delegado poderia ter a palavra mais de uma vez sobre o mesmo assunto.[5] As sessões eram secretas (afinal, ninguém ali queria ser visto contrariando os interesses de seu estado), mas Madison anotou cuidadosamente tudo o que foi dito.

Os delegados mais ativos dentre os 55 presentes foram: o veterano Roger Sherman, de Connecticut, que discursou em 138 ocasiões; Gouverneur Morris, da Pensilvânia, que fez nada menos que 173 discursos; James Wilson, também da Pensilvânia, cuja influência sobre o texto final só seria menor que a de James Madison; e Elbridge Gerry, de Massachusetts, líder da oposição aos nacionalistas. A Virgínia enviara, além de Washington e Madison, o próprio governador do estado, Edmund Randolph, e um de seus mais ricos fazendeiros, o autor da Declaração de Direitos do estado, George Mason. Todos eram homens de meia-idade, brancos, advogados, fazendeiros ou negociantes.[6] Mais da metade tinha tido experiência militar durante a guerra e possuía escravos.

Homens que haviam sido fundamentais em reuniões anteriores, como John Adams, Samuel Adams, Thomas Jefferson, John Jay e John Hancock, estavam ausentes. John Dickinson estava presente, mas sua saúde frágil o impediu de ter participação de destaque. Richard Henry Lee e Patrick Henry haviam repudiado publicamente o encontro, de cujo objetivo suspeitavam. A ausência de Samuel Adams, em particular, indica a mudança que se operara no ambiente político. Não se tratava mais de enfrentar um governo tirânico, de incendiar as massas, de organizar protestos. O grande agitador estaria fora de sua zona de atuação naquele encontro, que buscava *estabelecer* um governo.

Em 29 de maio, Edmund Randolph tomou a palavra para apresentar à convenção as propostas políticas que lhe haviam sido passadas por James Madison. Ele fez um apanhado dos problemas enfrentados pela Confederação, a inflação galopante, a ameaça de ações violentas por parte de pessoas em dívida, a dificuldade do Congresso em honrar seus débitos etc. Em seguida, apresentou o Plano da Virgínia, um conjunto de quinze propostas para reformular o sistema político.

De acordo com esse plano, o país passaria a ter uma "legislatura nacional" com uma casa baixa, eleita pelo povo, e uma casa alta, cujos membros seriam eleitos pela casa baixa. Essa legislatura escolheria o presidente do Executivo e os membros do Judiciário. Sua autoridade legislativa incluiria todas as prerrogativas do Congresso da Confederação, mas ela poderia, também, vetar deliberações estaduais, se entendesse que estavam em desacordo com suas próprias deliberações.[7] Além disso, poderia legislar em todos os casos nos quais os estados eram incompetentes. A última cláusula do plano previa que a nova Constituição deveria ser ratificada nos estados por convenções criadas exclusivamente para esse propósito.

Ao longo dos dias, semanas e meses seguintes, as propostas de Randolph/ Madison foram sendo discutidas. Cada questão seria debatida, revisitada, deixada de lado e retomada novamente. Ao tomar a iniciativa de propor seu audacioso plano logo no início das discussões, a Virgínia assumira a liderança da convenção. Nas semanas seguintes, seus oponentes ficariam reduzidos a uma atitude defensiva, se opondo e refutando, sem espaço para fazer suas próprias propostas.

De acordo com a proposta da Virgínia, o número de representantes com direito a voto seria proporcional à população do estado, sendo que cada cinco escravos contariam como três cidadãos. Além disso, cada representante passaria a ter direito ao seu voto individual. O contraste era enorme com a situação encontrada anteriormente, e que ainda seria defendida de forma veemente pelos estados pequenos, em que a delegação de cada estado deveria estar em acordo para proferir um único voto.

A ideia de uma legislatura nacional eleita pelo povo foi, obviamente, aceita. A existência de um presidente também. Por outro lado, muitos defenderam que a eleição da casa alta fosse feita pelas assembleias estaduais, não pela casa baixa. Roger Sherman defendia que a própria casa baixa fosse eleita pelas assembleias, de modo a preservar o poder dos estados. Elbridge Gerry também era contra a eleição pelo povo, mas por outra razão. Segundo ele, "o mal que experimentamos decorre do excesso de democracia".[8]

Durante as discussões, Delaware, Nova York, Connecticut, Maryland e Nova Jersey apresentaram seu próprio plano, que ficou conhecido como o Plano de Nova Jersey. Ele estipulava que o novo Congresso teria poder para taxar e regular o comércio, mas permaneceria com uma única casa, em que os estados teriam um voto cada. A chefia do Executivo seria composta de várias pessoas, que seriam eleitas e poderiam ser removidas pela legislatura. Além disso, não haveria necessidade de ratificação.

Uma discussão que ocorrera mais de dez anos antes se vez ouvir novamente. Quando estados se unem numa Confederação, que nível de soberania eles mantêm? Se a União se dá entre estados, eles deveriam ser vistos como iguais, independentemente de sua população. Por outro lado, se a única instância verdadeiramente soberana é o país, se o Congresso deve representar o povo como um todo, o bom senso dita que a representação deve ser proporcional à população. Se não fosse assim, sete estados com um terço do povo poderiam subjugar seis estados com dois terços do povo.

No dia 27 de junho, Luther Martin, de Maryland, tomou a palavra e falou por três horas a favor da soberania dos estados e contra a representação proporcional. No dia seguinte, o mesmo Martin falou por mais três horas, levando os outros delegados às portas da catatonia. Quando ele enfim se sentou, Wilson, Madison e Hamilton falaram em sequência, argumentando em favor do caso oposto. Foi nesse dia que Benjamin Franklin pediu que um capelão fosse chamado para abrir a próxima sessão com uma oração.[9]

Contra o princípio de "um estado, um voto", Madison argumentou que a marcha para o oeste em breve criaria um grande número de novos estados pouco populosos. Se tal regra fosse mantida, esses estados teriam um peso exagerado no Congresso. Diante dessa ameaça, os estados menores capitularam em relação à casa baixa, mas insistiram que a representação paritária deveria valer para a casa alta, o Senado.

O impasse quase inviabilizou a convenção. No dia 2 de julho, dos onze estados presentes, cinco votaram a favor da representação proporcional na casa alta, enquanto cinco votaram contra (a Geórgia ficou dividida). Decidiram então passar a matéria a um comitê, contendo um representante de cada estado, para que um relatório fosse produzido com vistas a uma acomodação. O representante da Virgínia não era Madison, mas o moderado Mason. O resultado, conhecido como o Grande Compromisso, concordava com os estados menores: haveria um representante para cada 40 mil cidadãos na casa baixa (cinco escravos valendo por três homens livres), mas o mesmo número de representantes para todos os estados na casa alta.

Obviamente, Madison protestou, mas não com a veemência de Gouverneur Morris, que ameaçou sem meias palavras: "Este país precisa se unir. Se a persuasão não pode uni-lo, a espada o fará." Ainda assim, ao fim e ao cabo de muita discussão, a paridade na casa alta acabou sendo aprovada.

A questão do Executivo também foi muito debatida. De quantos anos seria o mandato? Poderia haver reeleição? Poderia haver impeachment? Ele teria poder de veto sobre as deliberações do Legislativo? Seria eleito pelo povo ou pelos congressistas? Os dias se passavam.

Elbridge Gerry achava que a chefia do Executivo deveria consistir de três membros; James Wilson insistia que deveria haver apenas um, ou o processo de tomada de decisões se tornaria difícil. Sherman argumentou que o Legislativo é que deveria decidir. Segundo Wilson, o mandato deveria ser de três anos, com direito a reeleição. Mason achava que esse arranjo induziria à corrupção e propunha um mandato de sete anos, sem possibilidade de reeleição, ao que Gunning Bedford respondeu que era arriscado deixar por sete anos no posto alguém que poderia se mostrar incompetente. Hamilton defendia que o cargo fosse vitalício, enquanto Dickinson achava que as assembleias estaduais deveriam ter poder de exonerar o Executivo.

A eleição do presidente pelo povo foi defendida por Gouverneur Morris, mas atacada tanto por Sherman, que nascera pobre, como pelo rico Mason. Apesar de ter escrito a democrática Declaração de Direitos da Virgínia, Mason afirmou que deixar o povo inculto escolher o presidente era como "pedir a um cego que escolhesse cores". Além disso, como imaginar que um eleitor do norte tivesse condições de avaliar um candidato do sul e vice-versa? A disseminação de informações no século XVIII deixava muito a desejar. Enquanto isso, Gerry sugeriu que as assembleias estaduais elegessem o presidente e Wilson chegou a propor que uma loteria nacional selecionasse um grupo de eleitores de forma aleatória.

É curioso observar como para aqueles políticos americanos do século XVIII o papel do Executivo empalidecia frente ao do Legislativo. Como o Legislativo criava as leis e os impostos, era ele que representava o povo e detinha a principal parte do poder. O Executivo deveria ser um coadjuvante, responsável por pouco mais que fazer valer as leis. O contraste é enorme com a situação nos dias de hoje, em que o presidente e seus assessores praticamente ditam não só a política externa como a interna, liderando o processo de tomada de decisões.

As discussões na convenção sem sempre seguiam uma sequência ordenada de tópicos. Os delegados ora tratavam do Judiciário, ora do Executivo, ora do Legislativo. Como o sistema de governo que estavam criando previa complexas conexões entre as partes, sempre que uma alteração era proposta para um ramo tornava-se necessário discutir os outros. Os ramos deveriam ser capazes de cooperar, mas também de vigiar e regular uns aos outros. O poder que um ramo deveria ter para regular outro dependia do grau de poder que fosse dado a esse outro. Ao mesmo tempo, nenhum deles deveria ter poder demais. Assim, a convenção ia e voltava entre os assuntos, decidindo e voltando atrás, fazendo ajustes em consequência de outros ajustes, em um movimento que por vezes parecia circular.[10]

Em 26 de julho, a convenção entrou em recesso, enquanto um comitê cuidava de escrever a Constituição. Charles Pinckney, da Carolina do Sul, deixou como última observação que nenhuma proposta de abolição da escravidão deveria ser feita ou seu estado retiraria todo apoio ao texto. O chamado Comitê dos Detalhes era composto por John Rutledge, Nathaniel Gorham, Oliver Ellsworth, Edmund Randolph e James Wilson. Os dois últimos foram os maiores responsáveis pela escrita do texto, que entregaram em 6 de agosto.

Durante as discussões que se seguiram, Gouverneur Morris sugeriu que apenas proprietários de terras deveriam ter direito a voto na eleição para o Legislativo nacional. Como vimos anteriormente, a ideia de que apenas os homens de propriedade são verdadeiramente livres era comumente aceita na época. O próprio Morris afirmou que aqueles que vivessem de salário seriam tentados a vender seu voto. A sugestão enfrentou muita oposição e, depois de uma exortação de Benjamin Franklin para que confiassem na virtude e no espírito público do povo, foi derrotada.

Para satisfazer os desejos dos fazendeiros das Carolinas e da Geórgia, o comitê sugerira que o Congresso não poderia taxar a importação de escravos. A oposição a essa medida se fez ouvir em palavras claras. George Mason afirmou que os donos de escravos "trazem o julgamento dos Céus a um país. Como as nações não podem ser recompensadas ou punidas no outro mundo, elas devem sê-lo neste [...] a Providência pune pecados nacionais com calamidades nacionais".[11] Com ironia, Gouverneur Morris sugeriu que o texto da Constituição fosse "a importação de escravos para Carolina do Norte, Carolina do Sul e Geórgia não será proibida". O congressista Luther Martin reduziu a coisa à sua essência: era absurdo que um povo que lutara contra a Grã-Bretanha para assegurar sua liberdade, com base em ideias de igualdade e direitos naturais inalienáveis, continuasse a escravizar outros. Entretanto, como era inevitável, a ameaça de rompimento da União era forte demais e a escravidão continuou sendo legal.

Madison ficou desapontado com duas decisões tomadas: o Congresso não poderia vetar leis estaduais e o Judiciário seria nomeado pelo Senado. Em compensação, ficou satisfeito ao convencer os outros de que a Constituição deveria ser ratificada pelo povo, não pelas assembleias estaduais.

Até esse momento, o presidente seria eleito pela legislatura, tendo o mandato sete anos, sem direito à reeleição; teria poder de veto sobre as leis nacionais, mas seu veto poderia ser derrubado por dois terços da legislatura; poderia sofrer impeachment e poderia ser julgado e condenado pela Suprema Corte.

Em 31 de agosto, novo comitê foi formado para atar as últimas pontas soltas. Ele foi chamado de Comitê das Matérias Adiadas e era composto por Nicholas Gilman, Rufus King, David Brearly, Daniel Carroll, Hugh Williamson, Pierce Butler e Abraham Baldwin, além de Sherman, Madison, Dickinson e Gouverneur Morris. No início dos procedimentos, quando todos estavam dispostos, nenhum uso havia sido feito de comitês. Agora, depois de exaustivos meses, todos aceitavam rapidamente deixar que outros fritassem os miolos por um tempo. De fato, em um grupo menor, o número de posições e argumentos era reduzido, e acordos eram alcançados mais rapidamente.

Esse novo comitê propôs que o presidente fosse eleito pelo povo, mas por meio do estabelecimento de *colégios eleitorais*: cada estado indicaria, com base nos critérios que bem entendesse, um número de eleitores igual ao seu número de representantes no Legislativo nacional. Os votos desses eleitores seriam enviados ao Senado. O candidato com a maioria dos votos seria eleito; se ninguém obtivesse a maioria, o Senado escolheria dentre os cinco mais votados. O segundo candidato mais votado seria o vice-presidente, cargo cuja criação foi proposta pelo comitê.

Essa ideia também não granjeou aceitação geral, pois tinha um claro problema: toda eleição iria parar no Senado, já que dificilmente algum homem que não fosse George Washington alcançaria uma maioria dos votos do país. James Wilson sugeriu que fosse a casa baixa, e não a alta, a desempatar a eleição. Essa opção levantava o velho problema: já haviam decidido que a representação na casa baixa seria proporcional e a proposta de Wilson daria muito peso aos estados maiores na escolha do presidente. Sherman então sugeriu que, no desempate da eleição, cada estado tivesse apenas um voto. Finalmente, um consenso foi alcançado.

O comitê também decidira que o presidente teria de ser nascido nos Estados Unidos e não poderia ter menos de 35 anos. Ele teria poder para nomear embaixadores, ministros e juízes da Suprema Corte, bem como para assinar tratados. O mandato ficou sendo de quatro anos, com direito à reeleição.

Já o Congresso teria poder de "estabelecer e coletar taxas e impostos, pagar débitos e providenciar para a defesa comum e bem-estar geral dos Estados Unidos".

6.3 A Constituição

Em 8 de setembro de 1787, um último comitê, o Comitê de Estilo, foi formado. Seus membros eram William Johnson, Gouverneur Morris, Hamilton, King e Madison. Esse comitê estava encarregado da revisão do texto e de adequações de estilo. O principal personagem foi Morris, adepto da linguagem simples e direta. Ele pegou os 23 artigos até então elaborados e os combinou em apenas sete.

Morris fez mudanças importantes no "Preâmbulo". Por exemplo, o texto original começava se referindo a "Nós, o povo dos estados de New Hampshire, Massachusetts, Rhode Island, Connecticut, Nova York, Nova Jersey, Pensilvânia, Maryland, Virgínia, Carolina do Norte, Carolina do Sul e Geórgia". Depois da revisão de Morris, o texto passou a se referir a "Nós, o povo dos Estados Unidos". Essa simples mudança condensava o espírito que animara aquela reunião: fazer com que os estados, até então reunidos como entidades autônomas, passassem a fazer parte de um único país, possuidor de um governo verdadeiramente federal.

Ainda no "Preâmbulo", Morris cuidou de esclarecer o objetivo da Constituição. O texto inteiro é o seguinte: "Nós, o povo dos Estados Unidos, a fim de formar uma união mais perfeita, estabelecer justiça, garantir tranquilidade doméstica, providenciar a defesa comum, promover o bem-estar geral e assegurar as bênçãos da liberdade para nós e nossa posteridade, ordenamos e estabelecemos esta Constituição para os Estados Unidos da América." Nada dos floreios retóricos de Thomas Jefferson.

O Artigo 1 se refere ao Legislativo, explicitando sua composição e os procedimentos eleitorais para as duas casas. Deputados teriam mandato de dois anos; os senadores, de seis. Esse artigo estabelece o direito do Congresso para criar e coletar impostos, e para criar todas as leis que eventualmente se mostrem necessárias para o bom funcionamento do país.

O Artigo 2 trata do Executivo. Explica os procedimentos eleitorais para os cargos de presidente e vice-presidente e fala dos valores de seus salários e dos juramentos que devem tomar. O chefe do Executivo era também comandante supremo das forças armadas, com poder para nomear oficiais. Entretanto, não tinha poder para declarar guerra nem paz. Ele também poderia nomear embaixadores e juízes da Suprema Corte, além de assinar tratados (que depois precisariam ser ratificados por dois terços do Senado). Ele estava obrigado a fornecer às casas legislativas, com regularidade, informes sobre o "estado da União" nos quais era sua prerrogativa sugerir medidas que julgasse necessárias. Traição e corrupção foram estabelecidas como motivos para impeachment.

Naturalmente, o Artigo 3 é dedicado ao Judiciário. Ele cria uma Corte Suprema e uma hierarquia de cortes federais, com autoridade sobre assuntos relacionados com a Constituição, leis e tratados nacionais, além de disputas envolvendo estados e cidadãos de outros estados. Todos os julgamentos criminais seriam feitos por júri.

O Artigo 4 se refere à relação entre o governo federal e os governos estaduais. Ele garante, por exemplo, que um cidadão que cometa um crime em um estado não possa buscar impunidade se refugiando em outro estado. Em particular, escravos fugidos deveriam ser retornados aos seus senhores. Outros assuntos tratados nesse artigo são: a admissão de novos estados na União, a garantia de que todos os estados deveriam ter formas de governo republicanas e a garantia de ajuda federal na manutenção da ordem em qualquer estado que a necessitar.

Os procedimentos necessários para criar emendas à Constituição são considerados no Artigo 5. Dois terços dos votos das duas casas eram necessários e três quartos dos estados deveriam ratificá-los. Nenhuma emenda poderia ser proposta para acabar com o tráfico de escravos antes de 1808; nenhuma emenda poderia retirar a representação igual dos estados no Senado.

O Artigo 6 garante que as dívidas contraídas pela Confederação seriam honradas pelo novo governo. Ele também proíbe critérios religiosos na seleção de funcionários públicos (algo que mais tarde Thomas Jefferson chamaria de "um muro de separação" entre Estado e Igreja) e estabelece que a Constituição e as leis nacionais estavam acima das leis estaduais.

Por fim, o Artigo 7 declara simplesmente que "a ratificação por convenções de nove estados será suficiente para o estabelecimento desta Constituição entre os estados que a ratificarem". Os delegados tiveram sabedoria suficiente para não exigir ratificação por todos os treze estados, o que teria sido praticamente impossível de obter.

Depois que o Comitê de Estilo apresentou o resultado final, a convenção ainda dedicou alguns dias a novas sugestões, discussões e votações. James Madison sugeriu a criação de uma universidade nacional, mas os outros acharam que aquilo não era assunto para a Constituição. George Mason propôs a criação de uma Declaração de Direitos, mas, como os estados já tinham as suas, isso foi visto como irrelevante (esse erro iria mais tarde dificultar enormemente a ratificação). Uma modificação aceita foi a redução do número de votos necessários para derrubar um veto presidencial: de três quartos do Congresso para dois terços.

Ao fim do processo, Edmund Randolph declarou que não poderia assinar aquele documento. O poder dado ao Congresso lhe parecia, se não excessivamente grande, excessivamente vago. Ele rogou a todos que enviassem a Constituição às assembleias estaduais, para que pudessem propor revisões. Depois, tudo seria decidido numa segunda convenção.

George Mason não só se recusou a assinar como disse que não iria encorajar a ratificação por seu estado. Segundo ele, a Constituição fora escrita sem que o povo tivesse sido ouvido; na verdade, fora escrita em segredo, sem que o povo fosse sequer avisado. Ele também defendia a realização de uma segunda convenção. Elbridge Gerry foi o terceiro insatisfeito que se recusou a assinar.

A proposta de uma segunda convenção foi rapidamente rejeitada. Se todas as assembleias estaduais pudessem propor alterações, o resultado certamente seria uma multiplicidade de propostas contraditórias, que os delegados jamais conseguiriam satisfazer. Um segundo encontro estaria seguramente fadado ao fracasso.

Assim, quando a votação enfim aconteceu, todos os estados presentes votaram pela aprovação da Constituição. No dia 17 de setembro de 1787, os delegados ouviram a leitura do texto final, feita pelo secretário William Jackson. Na sequência, Benjamin Franklin fez seu último discurso, no qual afirmou não aprovar algumas partes daquela Constituição, mas acreditar que ela representava uma forma de governo "próxima da perfeição". Sua venerável recomendação era para que todos ali presentes dessem todo o apoio que pudessem à sua ratificação. Pediu ainda que aqueles que vissem defeitos no texto buscassem duvidar um pouco da própria infalibilidade.

Randolph, Mason e Gerry continuaram se recusando a assinar. Os delegados Luther Martin e John Mercer não fizeram alarde de sua posição, mas foram embora sem assinar o documento (vários outros delegados já haviam abandonado o encontro antes do final, por motivos diversos).

Dos 55 delegados originais, 39 assinaram a Constituição. Haviam conseguido chegar a um acordo. Haviam levado a cabo o que alguns historiadores chamaram de "a segunda Revolução Americana", efetivamente criando o governo federal dos Estados Unidos. Agora seria necessário conseguir a ratificação.

6.4 Ratificação

Junto com a Constituição, os delegados da convenção acharam de bom-tom encaminhar ao Congresso uma carta com algumas justificativas, prevendo que poderia haver problemas na aceitação de um governo federal forte. Segundo eles, assim como "todos os indivíduos que entram numa sociedade devem abrir mão de uma parte de sua liberdade para preservar o resto", também os estados deveriam abrir mão de parte de sua soberania para fazer parte da União. Os delegados afirmavam não esperar que nenhum dos estados ficasse plenamente satisfeito, mas acreditavam que todos reconheceriam que não era possível atender a todos os interesses simultaneamente. Ou seja, pediam um pouco de boa vontade.[12]

As discussões que ocorreram no Congresso logo após o recebimento da Constituição foram acaloradas. Ao longo de três dias, ouviram-se reclamações e propostas de revisão. Richard Henry Lee, por exemplo, sugeriu, entre outras coisas, que fosse criada uma Declaração de Direitos, extinto o cargo de vice-presidente e que o Senado também fosse composto por representação proporcional. Ao final, acabaram decidindo deixar que as críticas fossem feitas em nível estadual. Se o Congresso fosse revisar a Constituição, levaria meses e todo o trabalho realizado pela convenção seria perdido. Em 29 de setembro, o Congresso enviou a Constituição para as assembleias estaduais, sem recomendar nenhum curso de ação em particular.

Em 19 de setembro, dois dias depois de a convenção terminar, seis jornais da Filadélfia publicavam a Constituição. Até o fim de outubro, cerca de 75 jornais o haviam feito em todo o país. Comentários a favor e contra o documento apareciam por toda parte.[13] Conforme o assunto foi tomando conta do país, as correntes a favor e contra a ratificação foram se organizando. Os primeiros decidiram nomear a si mesmos os *federalistas*. Seus líderes eram os homens conhecidos como "nacionalistas" antes da convenção, aqueles que mais haviam lutado pelo estabelecimento de um governo central cuja soberania estivesse acima dos estados: Hamilton, Madison, Wilson, Gouverneur Morris.

Que haveria oposição era óbvio. A convenção avançara enormemente além de sua missão original, que era apenas "reformar os Artigos da Confederação". Ela criara do nada um sistema de governo inteiramente novo, inclusive retirando boa parte do poder dos estados. Para muita gente, aquilo parecia um golpe, uma reação antidemocrática que estava traindo os ideais da revolução.

É interessante notar que os dois lados expuseram seu ponto de vista de maneira firme, muitas vezes recorrendo a ofensas e impropérios, mas quase sempre buscando o convencimento da população por meio de argumentos. Ninguém foi preso por suas opiniões, nem houve sequer ameaça de conflitos armados. Depois de lutarem unidos contra a Grã-Bretanha, os americanos agora experimentavam sua primeira grande divisão interna e é notável que tal processo não tenha resultado em (mais) derramamento de sangue.

A principal via de expressão dos federalistas foi uma série de 85 artigos de jornal iniciada por Alexander Hamilton, para a qual escolheu como título justamente "O Federalista". Essa foi uma brilhante jogada de propaganda, já que "federalismo" é a uma aliança entre estados soberanos, justamente o oposto do que Hamilton pretendia. A escolha do nome ajudava a suavizar o impacto das propostas.

Hamilton recrutou John Jay para ajudá-lo na empreitada, mas, depois de apenas quatro textos, Jay ficou doente; só escreveria mais um. Hamilton contatou então Madison, que escreveu 26. O próprio Hamilton escreveu nada menos de 51 artigos e os dois juntos elaboraram outros três. Publicados inicialmente em jornais, os textos foram coletados em dois volumes em 1788.[14]

Logo no primeiro texto, Hamilton previu que os seguintes tópicos seriam abordados: "importância da União para a prosperidade política", volumes 2 a 14; "insuficiência da presente Confederação para preservar a União", volumes 15 a 22; "necessidade de um governo [...] enérgico", volumes 23 a

36; "conformidade da Constituição proposta aos verdadeiros princípios do governo republicano", volumes 37 a 84; o último volume trataria da "analogia com as constituições estaduais" e a "segurança" que a adoção da Constituição iria trazer. A previsão de Hamilton para a distribuição de tópicos foi seguida praticamente à risca.

Por oposição aos federalistas, aqueles que se opunham à ratificação ficaram conhecidos como os "antifederalistas".[15] Essa péssima alcunha, que não correspondia à sua posição política, fora consequência da esperteza de Hamilton. Seus representantes mais famosos foram Patrick Henry, Richard Henry Lee, George Clinton, Robert Yates e Samuel Bryan, que também produziram dezenas de artigos de jornal, panfletos, discursos e cartas. Entretanto, sua posição era naturalmente mais fraca, pois se viam numa situação em que não pretendiam defender o sistema político que existia, e também não queriam aceitar a Constituição proposta, mas não tinham nada concreto para oferecer no lugar dela.

Além disso, as críticas apresentadas pelos antifederalistas eram individuais e, portanto, variadas e desorganizadas. Um criticava o Senado por não representar o povo e concentrar poder demais; outro criticava a instituição da presidência por ser demasiado parecida com uma monarquia; um terceiro reclamava da perda de soberania dos estados; algum outro achava que o número de representantes previsto para o Congresso era pequeno demais para representar o povo; mais outro opinava que a reeleição indefinida produziria corrupção — e assim por diante. Alguns achavam que a proposta de um governo nacional era intrinsecamente ruim e deveria ser abandonada; outros estavam dispostos a aceitar a Constituição, desde que ela fosse adequadamente modificada.

A exegese da Constituição feita por "O Federalista", assim como as críticas apresentadas pelos antifederalistas, formam um corpo impressionante de teoria política. Depois de ler a coleção, Thomas Jefferson afirmou que eram "o melhor comentário sobre os princípios do governo que jamais foi escrito".[16] Os textos tratam de taxação, representação, guerra, comércio, relações internacionais, separação de poderes, direitos individuais e uma miríade de assuntos. Acompanhar essa discussão é testemunhar um povo, tendo já superado o momento traumático da independência, lutando para criar seu próprio governo e sua identidade política, com base em suas experiências e reflexões.

(O debate público a respeito da Constituição e de sua ratificação pode ser encontrado nas mais de 2 mil páginas da coletânea *The Debate on the Constitution.*[17] As discussões ocorridas nas convenções de ratificação estaduais podem ser consultadas nos vários volumes da coleção *The Documentary History of the Ratification of the Constitution.*)[18]

Apesar de ter produzido uma discussão de alto nível sobre direitos e constitucionalismo, a disputa foi logo decidida em favor dos federalistas. Cerca de dois meses depois de receber a Constituição, no começo de dezembro de 1787, o estado de Delaware já votava pela ratificação em um resultado unânime. De fato, a ratificação se deu mais rapidamente entre os estados menores, que passaram a ver o governo federal como uma ajuda em suas disputas com os estados maiores. No fim de dezembro, Nova Jersey ratificou, o mesmo acontecendo com a Geórgia no começo de janeiro de 1788. As duas votações foram unânimes. Uma semana depois, foi a vez de Connecticut.

Nesse meio-tempo, o primeiro dos estados grandes debateu a questão de forma mais acalorada: a Pensilvânia. A convenção de ratificação que ocorreu nesse estado contou com vários (e longos) discursos de James Wilson, em um dos quais ele afirmou que os Estados Unidos eram o primeiro caso "desde a criação do mundo [...] em que um povo se reuniu para deliberar com calma, e decidir em paz e sem pressa, sobre a forma de governo pela qual se uniriam".

A questão da Declaração de Direitos apareceu novamente. Segundo James Wilson, ela era desnecessária. Isso porque os poderes do governo central eram estabelecidos de forma específica, de modo que não teria nenhum poder além daqueles mencionados explicitamente; assim, seria redundante procurar enumerar as atitudes que o governo não poderia tomar. Pior do que isso: seria perigoso. De acordo com Wilson, se uma Declaração de Direitos procurasse apresentar uma lista dos direitos do cidadão, era possível que futuros governantes tentassem atacar outros direitos que não constassem da lista. O argumento era fraco, afirmava a oposição. Primeiro, porque alguns estados tinham declarações de direitos sem prejuízo de outros direitos que ali não constavam. Segundo, porque a Constituição não era tão específica assim sobre as prerrogativas do governo. Pelo contrário; segundo eles, os poderes do governo eram definidos de forma demasiado imprecisa.

Outro ponto interessante foi a discussão sobre soberania. Desde os tempos da disputa com a Grã-Bretanha sobre taxação, era tido como um postulado que só poderia haver uma instância política soberana. Assim, de acordo com os antifederalistas, a criação de um governo central automaticamente destruía a soberania dos estados. Por outro lado, Wilson apresentou o argumento segundo o qual a verdadeira soberania não está nem no governo central nem nos governos estaduais, mas com "o povo", de quem emana a autoridade da Constituição; apenas o povo é soberano, e o povo pode escolher atribuir parcelas de soberania a este ou àquele governo.

As reuniões não eram inteiramente desprovidas de humor. Quando Benjamin Rush sugeriu que a "pluralidade de soberanias" era uma forma de "idolatria", assim como a "pluralidade de deuses" era na religião, John Smilie respondeu que nunca ouvira nada "tão ridículo", com exceção da proposta anterior do próprio Rush para que as sessões fossem abertas com uma oração.[19] Um delegado fez questão de lembrar aos outros que um colega recebera apenas dois votos quando da eleição para a convenção da Filadélfia, o que evidenciava sua "insignificância" e também a "sabedoria" da Pensilvânia em não escolhê-lo. Ao ser repreendido por um delegado acerca de um ponto específico, Wilson citou Sir John Maynard: "Meu jovem, eu esqueci mais sobre direito do que você jamais aprendeu."[20]

Apesar de moções para que fossem feitas alterações na Constituição, a maioria federalista não permitiu que isso acontecesse. Nesse sentido, é importante notar que a convenção que elaborara a Constituição enviara o documento aos estados "para consentimento e ratificação". Não fora prevista a possibilidade de alterações. Os estados deveriam escolher entre aceitar ou rejeitar o texto como um todo. Apenas depois de entrar em efeito é que a Constituição previa mecanismos para realização de emendas. Seja como for, a Pensilvânia acabou decidindo a favor da ratificação por um placar de 46 a 23.

A próxima colônia a deliberar foi Massachusetts; é interessante observar o processo que se desenrolou nesse estado, cujas raízes democráticas eram profundas. A Assembleia estadual inicialmente enviou às cidades cópias da Constituição, para que fossem lidas em público e debatidas. Cópias também foram impressas em jornais e eram vendidas como almanaques. As cidades então organizaram reuniões municipais que deveriam eleger representantes para a convenção de ratificação estadual.

O número de delegados de uma cidade seria proporcional à sua população. A cidade de Dalton, por exemplo, era pequena demais e acabou ficando sem delegados. A cidade respondeu a isso dizendo que estabelecer o governo "é direito comum e igual de todos os homens" e que, portanto, excluí-la da convenção estadual era "uma violação manifesta de nossos direitos naturais como membros desta comunidade". Assim, a cidade de Dalton deveria ficar livre "de obrigações [junto] ao governo que o resto da comunidade decida estabelecer [...] para si".[21] Uma minúscula cidade no interior de Massachusetts estava pronta a romper com o governo nacional, por se ver sem representação na convenção estadual!

Diversas cidades realizaram mais de uma reunião, a fim de poder debater a Constituição "parágrafo por parágrafo". Entretanto, uma questão difícil logo se colocou: quais deveriam ser as instruções dadas aos representantes? Se em suas reuniões municipais uma cidade decidisse rejeitar a Constituição, deveriam seus representantes ficar obrigados a votar assim na convenção estadual?

Os federalistas defendiam que não. Os delegados, eles argumentavam, deveriam ser livres para trocar ideias e argumentos na convenção estadual, de modo que um consenso pudesse nascer. Assim, era necessário que os delegados tivessem liberdade para mudar de opinião se achassem que os argumentos apresentados eram convincentes. Se os delegados não pudessem influenciar uns aos outros, qual o sentido da convenção estadual? Os federalistas acreditavam que havia mais chances de aprovação da Constituição na convenção estadual, onde poderiam fazer seus eficientes discursos, do que nas reuniões municipais ocorridas no interior do estado.

Quando a cidade de Sandwich instruiu seus delegados a votarem contra a ratificação, um deles pediu demissão. Com aquela restrição, disse ele, "o maior idiota serve ao seu propósito tão bem quanto o melhor dos homens".[22] Ao final, cada cidade decidiu individualmente se deveria ou não dar instruções precisas a seus delegados. Não surpreende que uma das principais preocupações desses descendentes de puritanos fosse a ausência de uma Declaração de Direitos que protegesse a liberdade religiosa.

A convenção de Massachusetts foi a maior de todas, com 364 delegados. Foi também a mais importante, pois seu voto era esperado com ansiedade pelos estados que ainda não haviam votado. Era provável que outros votos seguissem o de Massachusetts. Diversos jornais estavam presentes para cobrir o evento e divulgar as discussões pelo país. Os espectadores tinham de chegar uma hora antes do início das atividades se quisessem encontrar cadeiras vagas.

A Constituição foi debatida parágrafo por parágrafo, com os federalistas se esforçando por convencer a todos da necessidade de cada artigo. Francis Dana, um advogado de pouco mais de 40 anos que servira no Congresso, deu um show à parte. Um delegado registrou que ele "troveja como Demóstenes". O mesmo delegado depois notou que Dana falava com tanta intensidade que "parecia que sua frágil estrutura mal podia suportá-lo". Um repórter ficou tão cativado pelo "fogo da eloquência superior de seu discurso" que se esqueceu de tomar notas. Em um de seus discursos, ele supostamente "levou lágrimas aos olhos dos espectadores admirados antes que se dessem conta de que suas almas estavam em chamas".[23] Os discursos daqueles que viam problemas na Constituição tendiam a ser muito menos impressionantes.

A distribuição desigual de eloquência não passou despercebida a ninguém e mesmo a oposição fez questão de mencioná-la. Benjamin Randall observou que "coisas boas não precisam de elogios", enquanto que "os melhores homens do estado são necessários para lustrar esta Constituição". No mesmo registro, Amos Singletary deixou registrado que "estes advogados, homens de conhecimento e homens de dinheiro [...] falam tão finamente e lustram as coisas de forma tão suave que nos fazem, pobre povo iletrado, engolir a pílula".[24]

No dia 30 de janeiro de 1788, o governador do estado John Hancock, formalmente o presidente da convenção estadual, mas que não participara de nenhuma reunião por razões de saúde, enfim deu o ar da graça. Sua aparição fora combinada com os federalistas para tentar garantir a aprovação da Constituição. Hancock primeiramente declarou acreditar que a ratificação era indispensável ao futuro político do país. Em seguida, para tentar atrair os votos dos indecisos, propôs que a convenção encaminhasse um conjunto de emendas ao Primeiro Congresso Nacional, para serem consideradas assim que este iniciasse suas atividades.

As emendas sugeridas incluíam uma cláusula dizendo que todo poder não atribuído explicitamente ao Congresso ficava reservado aos estados; que o Congresso não estabeleceria impostos diretos, exceto quando estritamente necessário; e o uso do tribunal de júri em causas cíveis. A proposta teve o apoio de Samuel Adams, mas a oposição não a aceitou com muita facilidade. Em primeiro lugar, aquelas emendas não reparavam todos os defeitos que eles percebiam na Constituição; em segundo lugar, nada garantia que elas seriam realmente incorporadas ao texto pelo Congresso.

Em 6 de fevereiro, depois de uma variedade de discursos a favor e contra a ratificação, a convenção estadual de Massachusetts finalmente pôs a questão em votação. Por um placar apertado de 187 a 168, a Constituição foi aprovada. A oposição se resignou; William Widgery, por exemplo, reconheceu que fora vencido "por uma maioria de homens sábios" e prometeu tentar "plantar as sementes da união e da paz por entre as pessoas" que representava.[25]

Os próximos a ratificar foram Maryland, em abril, e a Carolina do Sul, que também propôs emendas, em maio. Com esses, já eram oito os estados em que a ratificação acontecera. Como eram necessárias apenas nove aprovações para que ela entrasse em vigor, estava faltando apenas uma. Nova York e Virgínia, os estados dos dois mais famosos federalistas, Hamilton e Madison, respectivamente, ainda não haviam se decidido.

New Hampshire se adiantou aos grandes, ratificando no começo de junho. Com isso, era certo que o novo governo seria estabelecido, mas era importante saber se Nova York e Virgínia fariam parte dele. Para as convenções que aconteceriam nesses estados, a questão não era mais saber o que eles achavam da Constituição, mas se pretendiam ou não fazer parte dos Estados Unidos. E, se eles não quisessem, será que o país seria viável?

A principal oposição à ratificação na Virgínia vinha de seu ex-governador, o influente Patrick Henry, o homem que fora chamado por Thomas Jefferson de "o maior orador que já viveu". Algumas referências indicam que esse grande orador considerava a possibilidade de formar outra União, contendo apenas os estados do sul, sobre a qual a Virgínia (e, por conseguinte, ele mesmo) teria grande influência.[26]

Cabia naturalmente a James Madison fazer o contraponto a Henry. Madison discernia três grandes posições políticas na Virgínia: os que apoiavam a ratificação da Constituição como estava (como ele próprio e Washington), os que apoiariam desde que houvesse a possibilidade de emendas (como George Mason e o atual governador Edmund Randolph) e os que lutariam contra a ratificação (liderados por Henry). Felizmente, para os federalistas, Richard Henry Lee, outro poderoso orador contrário à ratificação, não pôde participar por questões de saúde.

De fato, o primeiro grande discurso feito na convenção, em 4 de junho, foi de Henry, que já começou denunciando a própria convenção da Filadélfia por ter exacerbado de sua missão. Em vez de simplesmente adaptar os Artigos da Confederação, como deveria ter feito, ela criara um novo sistema de governo. Além disso, tirara sua autoridade do "povo" e não dos estados, também como deveria ter feito. Segundo ele, apenas estados, e não pessoas, podiam assinar tratados, criar impostos etc.

Henry não aceitava sequer a possibilidade de emendas. Sua sugestão era que a Virgínia recusasse a ratificação e esperasse para ver como funcionaria o novo governo. Depois de alguns anos, o estado decidiria se era melhor se juntar aos outros ou continuar sozinho. A magnitude das objeções e das propostas de Henry impediu que a convenção da Virgínia debatesse a constituição "parágrafo por parágrafo", como fora feito em Massachusetts.

Vários delegados ofereceram respostas. O governador Randolph se recusara a assinar a Constituição, mas agora se via na posição de defendê-la. Segundo ele, a Confederação já se mostrara inviável, a criação de um novo governo era inevitável e tudo se resumia a emendar a Constituição proposta para torná-la a melhor possível. Randolph também falou longamente sobre o absurdo que era a ideia de a Virgínia tentar existir sozinha. Com que Marinha ela defenderia sua costa? Com qual Exército defenderia suas fronteiras? George Mason, outro participante da convenção da Filadélfia que não assinara o texto final, também discursou a favor da elaboração de emendas. James Madison explicou que o governo proposto tinha uma natureza mista: o Congresso representava o povo, enquanto o Senado representava os estados. Apesar de o Senado ter um papel de certa forma aristocrático e a presidência um papel de certa forma monárquico, o governo como um todo era democrático.

Nada parecia capaz de convencer Henry. Uma testemunha deixou registrado que ele falou durante o dia todo na quinta-feira, 5 de junho, e também "durante toda a sexta, o sábado, a segunda, a terça, a quarta e ainda estava falando na quinta".[27] O comentário contém certamente algum exagero, mas dá uma ideia da dificuldade que seria montar uma resposta coerente a tamanho tsunami de eloquência.

Em 24 de junho, depois de quase um mês de discussões detalhadas, George Wythe propôs uma moção para que a Constituição fosse ratificada. A moção dizia que todos os poderes do governo federal eram uma dádiva do povo, que poderia retirá-los a qualquer momento; que qualquer poder que não fosse explicitamente atribuído permanecia com o povo; que defeitos na Constituição poderiam ser consertados depois que ela estivesse em vigor; e que a convenção deveria sugerir emendas a serem implementadas pelo Congresso Nacional.

Obviamente, Patrick Henry objetou. Segundo ele, só um "lunático" aceitaria um governo defeituoso, na esperança de consertá-lo mais tarde. Em vez disso, ele apresentou outra moção sugerindo que a Virgínia enviasse aos demais estados uma lista de emendas, para que entrassem em acordo sobre quais deveriam ser implementadas antes da ratificação. Henry então apresentou uma lista de quarenta propostas de modificações, sendo que cerca de vinte compunham uma Declaração de Direitos e as outras vinte, segundo Madison, eram "impróprias e inadmissíveis".

Como escreveu Victor Hugo, não se pode deter uma ideia cuja hora chegou. Nem mesmo a eloquência de Patrick Henry podia mudar os fatos. Era chegada a hora de um governo federal nos Estados Unidos. Esse governo seria criado pela Constituição. Nove estados já haviam ratificado. Recusá-la era recusar o país. Tentar alterá-la antes que entrasse em vigor seria complicado e arriscado. Assim, em 25 de junho, a convenção estadual da Virgínia finalmente votou e, por 89 votos a favor e 79 votos contra, aprovou e ratificou o texto constitucional. Dois dias depois, um comitê entregou uma coleção de emendas que seriam sugeridas para consideração pelo Congresso Nacional.

A notícia da ratificação pela Virgínia ajudou a convencer os representantes de Nova York, mas a convenção nesse estado também contou com debates longos, complexos e acirrados. Dentre os discursos feitos na convenção de Nova York, vale destacar um que foi feito pelo delegado Melancton Smith.[28] Segundo ele, o Congresso deveria realmente representar o povo, ter "conhecimento de suas circunstâncias e desejos; simpatizar com suas angústias; estar disposto a buscar seus verdadeiros interesses". Por isso, era melhor que fossem "homens da classe média", não homens ricos e de destaque social. De acordo com Smith, em toda sociedade, "nascimento, educação, talentos e riqueza" são distribuídos de forma desigual e acabam produzindo uma "aristocracia natural". Os membros dessa aristocracia não eram destituídos de honestidade e princípios, mas não costumavam possuir a humildade da classe média, havendo entre eles uma tendência a se acreditar melhores que os outros e a exigir mais respeito. Assim, a Constituição deveria ser escrita de tal modo que favorecesse a participação da classe média no Congresso.

A doutrina de Smith estava em oposição àquela expressa por Madison no nº 10 de "O Federalista". De acordo com Madison, o Congresso funcionaria tanto melhor quanto mais homens de "talento superior" ali estivessem. Entretanto, Madison não estava na convenção de Nova York. O federalista de destaque ali era Alexander Hamilton, que respondeu negando a existência de uma aristocracia. Segundo ele, entre ricos e pobres, entre educados e ignorantes, havia homens com todo tipo de caráter. Era melhor deixar que o povo votasse livremente, dando chances iguais a todos e esperando que fossem escolhidos os mais aptos.

Mais uma vez, uma longa lista de emendas foi proposta e, mais uma vez, a questão da validade dessas listas foi levantada. Um estado podia impor condições para ratificar a Constituição? Quase todos estavam de acordo que a resposta era "não". Da maneira como o Congresso enviara o texto aos estados, estes estavam instruídos apenas a aceitá-lo ou rejeitá-lo. Era pegar ou largar. Por outro lado, se a convenção da Filadélfia pudera criar um novo governo sem ter de fato poder ou autoridade para isso, por que o Congresso da Confederação, que afinal estava praticamente extinta, deveria ter poder para dizer quem podia ou não podia alterar a Constituição?

O fato era que a Constituição já havia sido ratificada por dez estados e o novo governo seria implementado de acordo com ela, com ou sem a participação de Nova York. Não havia como impor a incorporação de nenhuma alteração. Aquela discussão, por mais interessante que fosse e por mais que despertasse a paixão dos participantes, era inócua. Os antifederalistas ainda defenderam por muito tempo uma ratificação condicional, a ser efetuada apenas se o Congresso aceitasse as alterações desejadas, enquanto os federalistas insistiam que as alterações fossem propostas apenas como "sugestões".

Finalmente, em 26 de julho de 1788, a posição federalista finalmente prevaleceu, por 30 a 27. Esses votos garantiram a Nova York ser o décimo primeiro estado a ratificar a Constituição.

A Carolina do Norte a princípio recusou-se a ratificar e só reverteria essa decisão em novembro de 1789. A pequenina Rhode Island levaria mais alguns meses, ratificando apenas em março de 1790, quando Washington já era presidente havia quase um ano.

6.5 Emendas

Mesmo antes de ser eleito representante da Virgínia no Congresso, James Madison já começara a se ocupar da questão das emendas que haviam sido propostas por várias convenções estaduais, em particular a Declaração de Direitos que parecia indispensável a tanta gente.

Thomas Jefferson já enviara ao amigo uma carta comentando os principais defeitos que via na Constituição: ela não previa um limite para o número de reeleições do presidente e não continha uma Declaração de Direitos, algo a que "o povo tem direito contra qualquer governo da Terra". Segundo ele, uma declaração desse tipo deveria ser criada para que provesse "claramente e sem sofismas liberdade de religião, liberdade de imprensa, proteção contra exércitos permanentes, restrições contra monopólios, [...] leis de *habeas corpus* e tribunais do júri".[29]

Madison ainda achava que um documento desse tipo era desnecessário. Não só porque, a seu ver, o Congresso não tinha poder para interferir com esses direitos básicos, mas porque a principal ameaça a eles vinha do poder da maioria. Madison achava que o povo não precisava ser protegido do Congresso, mas protegido da maioria. A resposta de Jefferson foi que o Poder Executivo seria fraco no começo, mas se tornaria cada vez mais forte com o tempo, e a Declaração de Direitos seria importante para colocar um freio em suas ambições. De qualquer maneira, Madison sabia que uma proposta de emendas tinha de ser feita por razões políticas.

Na verdade, a criação de emendas à Constituição não se mostrou um problema muito urgente. Depois que começou a funcionar, o novo Congresso precisava estabelecer em detalhes coisas como o sistema de coleta de impostos, o sistema judiciário e todos os ramos do Poder Executivo.

Em 8 de junho de 1789, Madison conseguiu convencer os colegas a ouvir sua moção para introdução de emendas.

Uma delas era acrescentar ao "Preâmbulo" declarações afirmando que todo poder emana do povo; que todo governo é instituído e deve ser exercido em benefício do povo; que o povo tem direito de reformar e mudar o governo. Ele achou melhor não incluir nada sobre a "igualdade" entre os homens ou seu "direito natural" à independência; esse tipo de discurso costumava criar problemas com os estados do sul.

Outra emenda restringia o poder do Congresso de decidir o salário de seus membros. Ainda outra pretendia garantir liberdade de consciência, de expressão, de imprensa, além da liberdade de fazer petições, de reunir assembleias e de portar armas. Ele propunha ainda: impedir que pessoas com restrições religiosas fossem forçadas ao serviço militar; evitar que fossem realizadas buscas e apreensões que não fossem razoáveis; garantir que nenhuma pessoa fosse privada de vida, liberdade ou propriedade sem "o devido processo legal". Federalista que era, Madison insistiu em incluir uma declaração no sentido de que os governos estaduais também ficavam obrigados a respeitar todos os direitos ali garantidos.

Madison pretendia ainda introduzir um artigo afirmando que o Legislativo nunca exerceria os poderes investidos no Executivo ou no Judiciário, assim como o Executivo nunca exerceria os poderes investidos no Legislativo ou no Judiciário, nem o Judiciário exerceria os poderes investidos no Executivo ou no Legislativo.

Em julho, um comitê foi formado com um representante de cada estado para avaliar as propostas de emendas feitas por Madison e aquelas encaminhadas pelas convenções estaduais. As sugestões do comitê foram então encaminhadas ao plenário do Congresso, que as discutiu longamente. Uma decisão tomada foi que as emendas deveriam ser listadas ao final do texto, não incluídas nele, para que a Constituição não fosse "violada" na forma em que fora ratificada pelo povo.

Em 24 de agosto, o Congresso concordou com uma lista de dezessete emendas e as enviou ao Senado. As discussões naquela casa foram secretas e não há registro delas. Em 14 de setembro, o Senado enviou ao Congresso uma versão revisada das emendas, que agora eram doze. A "casa baixa" fez mais algumas modificações e enviou o resultado ao presidente Washington, que repassou tudo aos estados em 2 de outubro.

Ao final, tanto aqueles que procuravam evitar emendas quanto os que queriam muitas emendas ficaram insatisfeitos. Richard Henry Lee achou que os direitos garantidos eram poucos e os poderes do Congresso eram muitos. Madison ficou desapontado porque o Senado eliminou a declaração de que os estados também eram obrigados a respeitar o direito à liberdade de consciência e de imprensa.

Ao longo dos meses e anos seguintes, os estados ratificaram dez das emendas propostas, então acrescidas à Constituição, ao final do texto. Assim, diferentemente da maioria das constituições estaduais, a federal não começa com uma Declaração de Direitos em que se postula a igualdade entre os homens e seus direitos naturais.

As primeiras dez emendas dizem basicamente o seguinte: 1ª) O Congresso não fará leis estabelecendo uma religião oficial, nem proibindo o livre exercício de qualquer religião; não haverá restrição à liberdade de expressão ou de imprensa; o povo tem direito de se reunir e apresentar petições ao poder público. 2ª) Estabelece o direito dos cidadãos de ter e portar armas. 3ª) Soldados não serão aquartelados em casa de cidadãos sem seu consentimento. 4ª) Não haverá buscas e apreensões de pessoas, casas, papéis ou bens sem que haja um mandado expedido com base em causa provável. 5ª) Ninguém é obrigado a produzir provas contra si mesmo, nem ser privado de vida, liberdade ou propriedade fora do devido processo legal; ninguém pode ser julgado duas vezes sob a mesma acusação; propriedade privada não pode ser confiscada sem compensação. 6ª) Todos têm direito a um julgamento rápido e público; todos têm direito de encarar seu acusador, arrolar testemunhas em seu favor e receber assistência para sua defesa. 7ª) Processos em que o valor envolvido exceda 20 dólares serão julgados por júri. 8ª) Ficam proibidas punições incomuns e cruéis; não se pode cobrar valores excessivos de fiança. 9ª) A enumeração de direitos na Constituição não nega ou descarta outros direitos. 10ª) Poderes não delegados aos Estados Unidos ficam reservados individualmente aos estados.

Desde 1789, milhares de propostas de emendas à Constituição americana já foram feitas. Pouquíssimas foram incorporadas. Atualmente, existem 33 delas. A 13ª Emenda, de 1865, por exemplo, aboliu a escravidão no país. A 17ª, de 1913, estabeleceu a eleição direta de senadores por voto popular. A 15ª (1870) e a 19ª (1920) deram direito de voto aos homens negros e às mulheres, respectivamente. A 22ª (1951) proibiu que presidentes fossem reeleitos mais de uma vez (nas décadas de 1930-40, Franklin D. Roosevelt fora eleito presidente quatro vezes).

7. Primeiros presidentes

7.1 Washington, primeiro mandato

Em 1788, George Washington vivia feliz em Mount Vernon, longe da vida pública. Ele estava satisfeito com a ratificação da Constituição e com a iminente implantação do novo governo federal. Desde o princípio, seu nome fora cogitado para assumir a primeira presidência e tal possibilidade havia inclusive contribuído para angariar os votos necessários para a ratificação. Entretanto, não era muito grande sua disposição para voltar ao centro do palco, onde corria inclusive o risco de um fiasco, já que ninguém sabia como aquele experimento iria se desenrolar. Ele também não queria que o povo pensasse que, durante o tempo em que ficara afastado, estivera secretamente desejando algum tipo de poder.

Entretanto, Washington sabia da importância de sua colaboração para o sucesso do novo governo. Era preciso dar um rosto conhecido e confiável à empreitada. Hamilton inverteu os termos da questão quando sugeriu a ele que seria "inglório" de sua parte recusar tão nobre chamado. Segundo seu argumento, "terá pouca consequência haver introduzido um sistema, se a mais importante influência não for dada ao seu estabelecimento",[1] de modo que a reputação que o ex-general tanto prezava acabaria sofrendo mais com a recusa do que com a aceitação.

Eventualmente, ele se deixou ser convencido a concorrer, declarando que aceitar a presidência "seria o maior sacrifício de meus sentimentos e desejos pessoais".

A eleição aconteceu entre dezembro de 1788 e janeiro de 1789. Cada membro do colégio eleitoral podia votar em dois candidatos. Todos os 69 eleitores deram um de seus votos a Washington. O segundo colocado, eleito portanto vice-presidente, foi John Adams, com 34 votos, que retornara de seu posto de embaixador em Londres. Era comumente aceito que, como o presidente seria um sulista, o vice deveria ser um nortista.

Washington tomou posse em Nova York, capital provisória do país, em 30 de abril de 1789. A cerimônia aconteceu em uma sacada do prédio do governo. Em voz baixa, com a mão direita sobre a Bíblia, ele prometeu "preservar, proteger e defender a Constituição dos Estados Unidos". A multidão que assistia à cena da rua explodiu em vivas. Seguiram-se tiros de canhão e sinos de igrejas.

Curiosamente, uma das primeiras discussões prolongadas que aconteceram no Senado dizia respeito à maneira de tratar o presidente. A Câmara votara que ele deveria ser chamado simplesmente de "presidente". Um senador sugeriu que fosse usado o título de "Sua Excelência". Um comitê que tratou do assunto se saiu com "Sua Alteza", enquanto John Adams, presidente do Senado, chegou a sugerir "Sua Majestade". A insistência de Adams para que houvesse certa pompa no tratamento do presidente levou muitos a considerá-lo um monarquista enrustido e o tornou alvo de piadas (tratavam-no pelas costas de "Sua Globosidade").

O próprio Washington, a princípio, se comportou de forma ambígua no que se referia às aparências de seu cargo. Embora se vestisse de forma discreta e fizesse caminhadas diárias pela cidade, também dava jantares altamente sofisticados e se comportava por vezes de forma excessivamente cerimonial, o que fazia lembrar a algumas pessoas um comportamento típico de reis europeus. É difícil dizer quanto desse comportamento era premeditado, já que Washington sempre fora um homem muito reservado e circunspecto.

Enquanto isso, o gabinete do primeiro governo foi formado. Washington entregou as principais posições para seu ex-auxiliar, Alexander Hamilton, secretário do Tesouro, e para Thomas Jefferson (regressado de sua missão como embaixador em Paris), secretário de Estado. Henry Knox foi nomeado secretário da Guerra e Edmund Randolph o advogado-geral, enquanto John Jay foi escolhido juiz-chefe da Suprema Corte. As nomeações de todos esses veteranos do processo revolucionário foram rapidamente aprovadas pelo Senado.

Jefferson não demonstrou inicialmente muito entusiasmo em aceitar o cargo; ele teria preferido voltar a morar em Paris. Somente quando Washington insistiu no assunto pela segunda vez foi que ele concordou. Em contraste, Hamilton ansiava pelo controle da economia nacional e procurara se reaproximar de Washington a fim de garantir sua nomeação. Aparentemente, ele deveu sua indicação a Robert Morris, o ex-superintendente de Finanças do Congresso; procurado por Washington para oferecer conselhos sobre a situação fiscal do país, Morris teria dito: "Só há um homem nos Estados Unidos que pode lhe dizer o que fazer, e é Alexander Hamilton."[2]

Hamilton passou a segunda metade de 1789 preparando um extenso relatório, exatamente sobre a situação fiscal. A dívida externa para com França, Holanda e Espanha alcançava mais de 11 milhões de dólares. A dívida interna, contraída através da emissão de notas promissórias a fim de pagar as despesas com o Exército e o salário dos soldados e oficiais, era quatro vezes maior. Sem falar nas dívidas estaduais, que juntas somavam mais de 25 milhões. Assim, a dívida total dos Estados Unidos girava em torno de 80 milhões, com juros anuais de 5 milhões.[3]

A visão que Hamilton tinha de seu cargo era bastante clara: tornar os Estados Unidos uma potência mundial. Para isso, era preciso estabilizar as finanças, aumentar o comércio e industrializar a nação. Washington fizera havia pouco tempo uma pequena viagem pela Nova Inglaterra e ficara impressionado com as manufaturas e com o nível de vida da população, que achou superior àquela encontrada nos estados agrários do sul. Seu secretário pretendia criar as condições para que aquele modo de vida se espalhasse pelo continente.

Em janeiro de 1790, Hamilton propôs a primeira parte de seu ambicioso plano, no "Relatório sobre o crédito público", um verdadeiro tratado sobre o assunto. Sua proposta era refinanciar toda a dívida nacional, sendo que as dívidas dos estados seriam absorvidas pela União (para diminuir o apetite dos estados por impostos). A nova dívida, garantida pelo governo, seria paga a juros de 4% ao ano, menores que os anteriores, com recursos advindos de novos impostos. Ele sabia que os principais financiadores dos novos papéis seriam banqueiros, especuladores estrangeiros e homens de negócio do norte do país. Essas pessoas passariam assim a ter todo interesse no sucesso do governo, a fim de não perder seu investimento.

A proposta de absorção das dívidas estaduais encontrou bastante resistência no Congresso, principalmente por conta dos estados que já haviam pagado boa parte de sua dívida e não queriam ter nada a ver com as dívidas dos outros. Ao mesmo tempo, outro problema estava sendo debatido sem sucesso: a nova localização da capital do país. Todos os grupos de estados (do norte, do meio e do sul) tinham algum argumento para defender suas cidades, e várias foram consideradas e descartadas.

James Madison insistira na ideia de que a capital deveria ser às margens do rio Potomac. Desde os tempos da colonização, os moradores da Virgínia viam esse rio como um importante acesso para o oeste. Entretanto, essa impressão errônea não era compartilhada pelo restante do país. Quando, em um de seus discursos, Madison mencionou um riacho afluente do Potomac chamado Conococheague, o resultado foi o riso geral dos colegas. Fisher Ames declarou que o Congresso deveria localizar a capital em algum lugar que pertencesse a este mundo, não "à imaginação de James Madison".[4]

Em 20 de junho, Jefferson ofereceu um jantar, ao qual compareceram tanto Madison quanto Hamilton. Decidiu-se que os dois trabalhariam para que a capital passasse a ser, provisoriamente, a Filadélfia, e então, posteriormente, se transferir a algum lugar mais ao sul, próximo ao Potomac, em localidade a ser escolhida por Washington. Em troca dessa suposta concessão ao sul, Jefferson e Madison se encarregariam de conseguir apoio à proposta fiscal de Hamilton entre os congressistas da Virgínia. Naquela noite, Nova York perdeu a chance de se tornar tanto a capital financeira (o que já era) quanto a capital administrativa do país. Também foi a primeira e última vez em que

Hamilton, Jefferson e Madison atuaram em cooperação. Os dois virginianos depois perceberiam que haviam levado a pior; frente à importância dos planos econômicos de Hamilton, a escolha da capital era uma banalidade.

Madison e Jefferson, velhos amigos, formaram naturalmente uma dupla na política. Jefferson, dez anos mais velho, possuía uma bagagem de conhecimentos muito mais ampla e variada, enquanto Madison era bem mais focado e mais capaz de levar a cabo o dia a dia das maquinações políticas. Madison era um gerente incansável, enquanto Jefferson tinha mais capacidade de discernir o grande esquema das coisas, mas pouca disposição para longas horas de trabalho.

* * *

Ainda em 1790, três petições chegaram ao Congresso, levantando novamente o eterno problema da escravidão e pedindo que essa prática fosse imediatamente abolida no país. Duas delas foram enviadas por grupos quakers e uma pela Sociedade Abolicionista da Pensilvânia, assinada por ninguém menos que Benjamin Franklin. Como era de se esperar, os congressistas do sul argumentaram que a Constituição proibia explicitamente qualquer deliberação a esse respeito antes de 1808. Apresentaram também algumas tentativas de argumentação. Segundo James Jackson, da Geórgia, Deus Todo-Poderoso era a favor da escravidão, como atestavam várias passagens da Bíblia e declaravam muitos pastores do sul. Além disso, segundo ele, todos os homens importantes de seu estado reconheciam que o trabalho escravo era indispensável para a economia local; sem escravos, era melhor despovoar o estado.[5] Outro problema, de acordo com Jackson, era o que fazer com os negros se fossem libertados. Abolir a escravidão era fácil no norte, onde havia poucos escravos. O sul era outra história. Os negros livres não poderiam viver juntos aos antigos mestres, pois não poderia haver convivência harmoniosa em tal contexto. O que fariam? Enviá-los de volta à África, às centenas de milhares? Mandá-los para colonizar o oeste, onde teriam de enfrentar os índios?

Ninguém se animou a responder os argumentos pró-escravidão. A verdade é que a questão parecia aos congressistas ser de fato intratável. Não eram poucos os cidadãos abolicionistas, mas além do princípio autoevidente de que todos os homens são iguais perante a Deus e dotados de direitos inalienáveis, dentre os quais a liberdade, eles não tinham propostas práticas para solucionar o problema.

Apenas Benjamin Franklin contra-atacou, na forma de uma paródia publicada nos jornais. Nesse texto, ele comparou o discurso de Jackson com o discurso muito mais antigo (e ficcional) de um muçulmano argelino chamado Sidi Mehemet Ibrahim, em que este defendia a escravidão dos cristãos.[6] Foi seu último ato público: ele morreu em 17 de abril daquele ano.

Os outros grandes "pais fundadores" preferiram se ausentar do debate. John Adams anuiu quando o Senado se recusou a discutir as petições abolicionistas; Hamilton lamentou o debate que interferia com seus planos econômicos; Washington e Jefferson não disseram palavra alguma sobre o assunto. Madison resumiu assim a situação: "A escravidão é um mal moral e político, e quem quer que proponha [...] um plano racional e liberal para a emancipação gradual dos escravos merece a gratidão do país — mas acho que é impróprio, neste momento, discutir isso no Congresso."[7] Hoje sabemos que a questão da escravidão eventualmente levaria a uma guerra civil nos Estados Unidos.

* * *

Nesse meio-tempo, a Revolução Francesa aconteceu. Logo antes de voltar à América, Jefferson já notara os novos ventos que sopravam em Paris. Ainda em 1787, ele escreveu que "o espírito deste país está avançando rumo a uma revolução". Em 1789, notou que os revolucionários começavam a escrever "declarações de direitos" como a que ele escrevera em 1776. Pouco depois, eles fizeram bem mais do que isso: em 14 de julho, tomaram a antiga prisão da Bastilha e soltaram os prisioneiros, que eram apenas sete. Quase cem pessoas morreram no evento e a cabeça do oficial responsável foi carregada pela cidade na ponta de uma lança. Como mencionamos no capítulo 4, o marquês de Lafayette, líder revolucionário, enviou a chave da prisão como presente a Washington.

Era apenas natural que a Revolução Francesa fosse vista com bons olhos pelos americanos, que a consideravam uma consequência de sua própria revolução. Um dos poucos que exerceram cautela foi John Adams. Apesar de reconhecer sua importância histórica, ele afirmou que os líderes franceses estavam brincando com fogo e que "grandes e duradouras calamidades" adviriam daquilo. Em um artigo, advertiu que a destruição da monarquia e da nobreza levaria à anarquia, lembrando que, em sua experiência, revoluções atraíam o pior tipo de gente: "[...] os de espírito mais incendiário e de gênio mais instável frequentemente obtêm mais influência que os homens de bom senso." Descendente de puritanos, a oposição que alguns revolucionários franceses faziam entre razão e religião lhe causava estranhamento: "[...] não sei o que pensar de uma república de 30 milhões de ateus."[8]

Aquela aparente defesa da monarquia por parte de Adams contribuiu para que sua reputação ficasse prejudicada, até mesmo junto a Jefferson, e as relações entre eles esfriaram bastante. Adams na verdade não tinha mais onde exercer sua retórica, já que o vice-presidente não tinha direito a voto no Senado e ocupava um cargo basicamente desprovido de qualquer influência ou importância. Washington nunca lhe pediu conselhos sobre assuntos de Estado.

Jefferson de fato ficou alarmado com as tendências monárquicas e aristocráticas que percebia em muitos dos políticos ao seu redor, até mesmo em velhos conhecidos como Washington e Adams (esses dois eram profundamente republicanos, mas vimos como o começo da república foi um pouco confuso nesse aspecto). Entretanto, sua maior preocupação era com os planos econômicos de Hamilton.

A segunda parte desses planos foi apresentada no final de 1790. O secretário do Tesouro recomendou a criação do Banco dos Estados Unidos, a ser capitalizado inicialmente em 10 milhões de dólares através da venda de ações. A administração dessa fortuna seria feita por um corpo de diretores independentes do governo, a fim de proteger o banco de ingerência política.

Por outro lado, o governo seria detentor de boa parte das ações (cerca de 2 milhões de dólares), tendo razoável direito à voz em sua condução.

A proposta passou folgadamente pelo Congresso. Antes de dar sua aprovação, Washington consultou Edmund Randolph, segundo quem a criação de um banco central era inconstitucional. Ele então pediu esclarecimentos a Hamilton, que preparou um devastador memorando de quarenta páginas.[9] No dia seguinte, Washington assinou a lei em questão (a influência de Hamilton era tão grande que Adams escreveu que Washington não passava de uma "marionete" nas mãos dele). Jefferson e Madison mais uma vez estavam no lado contrário, por temerem o poder que uma instituição tão rica acabaria por ter.

De fato, as visões de Hamilton e Jefferson não poderiam ser mais diferentes, e muito já se escreveu sobre isso.[10] Hamilton pretendia criar uma nação que tivesse uma economia pujante, um comércio intenso e estivesse segura de interferências externas. Essas coisas deveriam se reforçar mutuamente: o comércio fortalecia a economia, que pagava pela segurança, que viabilizava o comércio. As vias para isso eram a industrialização, o empreendedorismo e a abundância de crédito. Pode-se dizer que ele planejava o desenvolvimento do *capitalismo* como o conhecemos hoje, ainda que com um grande impulso inicial capitaneado por um governo forte e centralizado. A Revolução Industrial, a globalização, a era do capital financeiro e das bolsas de valores — tudo isso ainda estava nascendo e Hamilton pretendia ajudar no parto.

Essa perspectiva não era animadora para Jefferson. O que ele previa era concentração de poder e renda nas mãos de poucos, e a decadência moral que acreditava estar indissoluvelmente ligada ao luxo e à riqueza. Em contraste, ele acreditava na importância da frugalidade, da dedicação ao trabalho manual e em um governo discreto. Seu ideal de sociedade, sua visão para a América, era uma democracia igualitária, composta principalmente por agricultores e artesãos, com um governo descentralizado, de poucos poderes e mandatos curtos. Essa visão, que ele acreditava ser o legado de 1776, estava aparentemente ameaçada por Hamilton e seus amigos, os banqueiros, investidores, especuladores e homens de negócio do norte do país. Da perspectiva de

Jefferson, Hamilton aparecia como um Mefistófeles, oferecendo prosperidade material, bancos e fábricas, em troca da alma dos americanos.

Vale notar que a visão de Jefferson tinha um enorme ponto cego na questão da escravidão. Se as propostas de Hamilton prometiam mudanças profundas e continham certos riscos, a sociedade rural estável e democrática que Jefferson idealizava era rigidamente estratificada e baseada na exploração da mão de obra escrava. O próprio Hamilton talvez tenha sido o autor de um artigo de jornal, assinado pelo pseudônimo "Civil", que perguntava: "Quem é que mais fala de liberdade e igualdade? [...] Não são aqueles que têm uma Declaração de Direitos em uma mão e na outra um chicote para seus escravos?"[11]

Outra observação interessante é o contraste entre a exaltação do agricultor feita por Jefferson e sua suposta aversão à vida urbana ("nossos governos permanecerão virtuosos por muitos séculos", escreveu ele, "desde que sejam principalmente agriculturais [...] quando começarem a se empilhar uns sobre os outros em grandes cidades, como na Europa, se tornarão corruptos como na Europa")[12] e o luxo no qual ele fazia questão de viver. As casas que ele ocupou em Paris (onde comprou centenas de livros e dezenas de pinturas, entre outras inúmeras coisas), Nova York e Filadélfia, assim como sua propriedade rural na Virgínia, a fazenda Monticello, estavam sempre em reforma, sendo continuamente ampliadas e redecoradas. De fato, Jefferson vivia muito acima de suas posses e acumulou dívidas imensas ao longo da vida, que nunca chegou a pagar totalmente.

Jefferson acabou concluindo que o postulado político que Madison defendera em "O Federalista" na década anterior, de que em um país tão grande nenhuma facção poderia controlar todo o poder, estava errado. Na verdade, ele passou a achar que os antifederalistas é que estavam com a razão e que a centralização do poder poderia sim levar a abusos. O poder central ficava muito longe da população e muito perto de pessoas com bolsos fundos.

O próprio Madison, personagem fundamental do processo de centralização (tanto que hoje em dia é conhecido como o "Pai da Constituição", título que em vida ele recusava), deu o braço a torcer e se juntou à oposição a Hamilton, seu antigo parceiro federalista. O rompimento entre os dois foi sofrido para

Hamilton e, até certo ponto, pode ser visto como o acontecimento fundador da tradição bipartidária dos Estados Unidos.

Uma das principais razões para a mudança de posição de Madison foi a questão da dívida interna. Como o antigo Congresso da Confederação não honrava suas dívidas, as notas promissórias que emitira haviam perdido grande parte de seu valor e muitos soldados haviam se desfeito de seus papéis por uma fração do preço (pouco tempo depois da guerra, apenas 2% dos americanos possuíam alguma dessas notas; em alguns estados, uma dezena de pessoas concentrava mais da metade delas). Hamilton agora propunha que o novo governo honrasse essas notas por seu valor de face, o que traria ganhos enormes para os especuladores que as haviam comprado barato. O conhecimento antecipado dos planos de Hamilton provocou inclusive uma renovada corrida aos papéis por parte desses especuladores, que começaram a comprá-los, no interior do país, de pessoas que não sabiam da valorização iminente. Madison ficou revoltado com o que via como uma gritante injustiça contra sofridos veteranos de guerra.[13]

Do ponto de vista de Hamilton, era ridículo pretender identificar quem eram ou haviam sido os titulares de cada nota promissória; ele iria pagar ao detentor atual e fim de papo. Além disso, ele argumentou que o vendedor obtivera liquidez quando precisara e que apostara contra o país, enquanto o comprador apostara na recuperação da economia e deveria ser recompensado.

Ainda outra maneira de colocar a divisão que começou a se desenhar nessa época é dizer que Madison via a situação do país através de um prisma *político*. Sua principal preocupação era estruturar o governo de modo a impedir a concentração de poder em uma única facção, garantindo a sobrevivência de uma república democrática. Por outro lado, o pensamento de Hamilton era eminentemente *econômico*. O mais importante era garantir a prosperidade da nação. Se, para isso, fosse preciso concentrar o poder — e ele achava que isso era de fato necessário —, então paciência. Mesmo no âmbito político os dois divergiam, já que Madison esperava que o Legislativo fosse a força motriz do governo, enquanto Hamilton enxergava essa função no Executivo.

Uma das primeiras medidas da dupla oposicionista, depois que Washington autorizou a criação do Banco, foi trabalhar na criação de um jornal de oposição, o *National Gazette*, que iria se opor ao *Gazette of the United States*, favorável ao secretário do Tesouro. O *National Gazette* se referia a Jefferson como o "Colosso da Liberdade" e atacava Hamilton diariamente. O próprio Madison escreveu alguns artigos para o jornal e em um deles sugeriu que, a fim de exercer maior controle popular sobre as decisões políticas, era necessário criar um *partido*. Ele foi uma das primeiras pessoas a usar essa palavra. Para o partido que ele pretendia criar, o partido que lutaria para manter a herança da Revolução, que combateria a "decadência" e a "opulência" dos monarquistas e aristocráticos, ele sugeria o nome de Partido Republicano.[14] (Assim como os "federalistas" haviam escolhido um bom nome na época da ratificação da Constituição, denominar-se "republicano", sugerindo que seus adversários eram monarquistas, foi um bom lance de propaganda.)

Enquanto isso, Hamilton trabalhava sem descanso. Em 1791, ele sugeriu a criação de uma Casa da Moeda, que fabricasse uma variedade de moedas de ouro, prata e cobre. O Congresso passou uma lei nesse sentido no ano seguinte. Além disso, ele determinou que fosse criada uma força naval para patrulhar a costa, a fim de evitar contrabando e pirataria, o que eventualmente resultou na criação da Guarda Costeira. Também instituiu um forte imposto sobre bebidas destiladas, afetando principalmente o muito popular uísque. Outra decisão tomada foi que as taxas alfandegárias nos portos não precisariam mais ser pagas apenas em ouro ou prata, mas que deveriam ser aceitas notas do Banco da América do Norte ou do Banco de Nova York.

Nessa época, o Departamento do Tesouro contava com oito funcionários no gabinete de Hamilton, treze no do controlador, quinze no do auditor, dezenove no de registro, três no do Tesouro, quatorze no setor de relacionamento com os estados, 21 na Alfândega da Filadélfia e mais de cem fiscais espalhados pelo país. Enquanto isso, os departamentos de Estado e de Guerra contavam, juntos, com vinte funcionários.[15]

Em maio de 1792, Jefferson escreveu a Washington sugerindo que substituísse Hamilton em seu segundo mandato. O presidente não levou a sugestão a sério, já que seu respeito por Hamilton era imenso. Em vez disso, informou a Hamilton o conteúdo das críticas, sem revelar o autor. Hamilton, por sua vez, sugeriu que fosse Jefferson o demitido.

Isso também não aconteceu, mas os embates pela imprensa se tornaram mais comuns e mais acirrados. Hamilton escrevia seus próprios artigos, publicados sob pseudônimos; Jefferson preferia que seu nome não aparecesse, mas incentivava Madison a escrever: "Em nome de Deus, meu caro, pegue sua pena, selecione as heresias mais marcantes e estraçalhe-o para o público."[16] Em um artigo incisivo, por exemplo, Hamilton acusou Jefferson de se comportar de forma "traiçoeira" ao atacar as iniciativas do governo do qual fazia parte, de ser um "incendiário de intrigas" e um homem de "ambição profunda e paixões violentas".[17] Na comemoração do 4 de julho, o *National Gazette* publicou um artigo com supostas regras para transformar um governo republicano em um governo monárquico; as regras listadas coincidiam com os planos econômicos de Hamilton.

7.2 Washington, segundo mandato

Em dezembro de 1792, nova eleição presidencial foi realizada. Tendo terminado seu primeiro mandato aos sessenta anos, com a saúde já debilitada (sofria perdas de memória e ouvia mal) e bastante desgastado emocionalmente pela contínua agressividade entre seus dois principais secretários, Washington teria preferido se aposentar. Tanto Hamilton como Jefferson, além de Robert Morris e Henry Knox, imploraram para que ele aceitasse mais um mandato. Mais uma vez, o principal argumento era que apenas ele poderia unir a nação. Depois de visitar Mount Vernon duas vezes, Washington acabou aceitando. Entre outras coisas, ele ainda queria supervisionar a construção da nova capital (para cuja localização escolhera o local mais próximo possível a Mount Vernon). A eleição de Washington se deu por unanimidade, mais uma vez, com John Adams em segundo com 77 votos.

O segundo mandato de Washington, em contraste com o primeiro, seria marcado pela política externa. As coisas começaram mal quando Luís XVI foi decapitado em Paris e a França revolucionária declarou guerra à Inglaterra, à Holanda e à Espanha. Vários oficiais que haviam lutado na Revolução Americana, como o marquês de Lafayette e os condes de Rochambeau e d'Estaing, estavam mortos, presos ou exilados.

Ao longo de 1793, começaram a chegar notícias dos excessos franceses, que mencionamos brevemente no capítulo 4. Alguns começaram a perder o entusiasmo com aquela versão mais radical do fim da monarquia, mas a maioria dos americanos apoiava os camaradas franceses. Jefferson, que de vez em quando sucumbia à tentação da retórica hiperbólica, declarou que preferia "ver metade da terra devastada" do que ver a Revolução Francesa falhar. Pessoalmente um homem afável, a quem até uma discussão acalorada entre amigos era repugnante, disse que preferia que sobrassem "somente um Adão e uma Eva em cada país, mas livres" do que ver a permanência da monarquia, e também que "a árvore da liberdade deve ser regada de tempos em tempos com o sangue de patriotas e tiranos".[18]

A questão política que se colocava era qual seria a posição dos Estados Unidos face às hostilidades. O anglófilo Hamilton e o francófilo Jefferson finalmente concordavam em alguma coisa: seu país deveria permanecer neutro. Uma declaração nesse sentido foi de fato feita por Washington. Segundo ele, os tratados dos Estados Unidos haviam sido feitos com Luís XVI; como o monarca fora deposto e decapitado, os tratados não valiam mais.

Em abril, Edmond-Charles Genêt, um emissário da República Francesa, foi recebido. Em acordo com a recente voga naquele país, ele dispensava títulos e se intitulava apenas "cidadão Genêt". A presença do emissário, que foi recebido com festa em várias cidades, ajudou a reacender o zelo republicano nos cidadãos americanos, com a criação de diversas sociedades democráticas em apoio à causa francesa, inclusive um clube jacobino na Filadélfia. Vários jantares foram organizados em sua honra.

Péssimo diplomata, ele logo angariou antipatias por todos os lados. O presidente aceitou seu pedido para um adiantamento no pagamento dos juros da dívida, mas se negou a colaborar com a França em uma ação militar contra a Espanha na Flórida. Sem se abalar, Genêt recrutou corsários americanos para atacar navios ingleses. O navio francês que o transportara capturou logo depois um navio inglês e o conduziu até o porto da Filadélfia, o que provocou a fúria daqueles que achavam que tais ações poderiam destruir a tentativa do governo de permanecer neutro.

Em julho, Genêt declarou que não aceitava a ideia da neutralidade americana e que pretendia armar seus corsários nos portos americanos com a ajuda do povo americano, mesmo que o governo fosse contra. Até mesmo Jefferson ficou exasperado. "Nunca, em minha opinião, uma indicação tão calamitosa foi feita como essa do atual emissário da França [...] Ele torna minha posição imensamente difícil", escreveu ele para Madison.[19]

Quando o governo decidiu que deveria pedir à França que chamasse de volta o "cidadão Genêt", os jacobinos haviam executado os girondinos. Como Genêt era girondino, correria risco de vida ao ser mandado de volta, Washington lhe concedeu asilo e ele, ironicamente, se tornou cidadão americano.

No final do ano, Thomas Jefferson se retirou da vida pública mais uma vez, partindo para Monticello e deixando a condução da política do grupo republicano nas mãos de Madison. Seus motivos são incertos. A Washington, ele disse que estava cansado do ambiente da política e que preferia a tranquilidade de sua fazenda. Presenciar os sucessos de Hamilton deveria exigir bastante de seu autocontrole.

John Adams achava que a aposentadoria não passava de um movimento político, dedicado a exaltar o suposto caráter de pensador desinteressado que Jefferson cultivava, e que o homem pretendia se candidatar à presidência na próxima eleição. "Jefferson pensa adquirir com esse passo a reputação de homem humilde, manso, totalmente sem ambição ou vaidade. Ele talvez tenha enganado até a si mesmo a esse respeito [...] mas é tão ambicioso quanto Oliver Cromwell", escreveu ele.[20] Hamilton era da mesma opinião: "O sr. Jefferson olha com ardente desejo para a cadeira presidencial."[21]

Em agosto, a Grã-Bretanha anunciou que não permitiria que chegassem à França navios neutros carregados com trigo, milho ou farinha. Pouco depois, declarou proibir o comércio entre nações neutras e as Índias Ocidentais francesas. Nos meses seguintes, a Marinha britânica capturou nada menos que 250 navios mercantes americanos. Jefferson sugeriu ao Congresso que considerasse ações de retaliação contra a Grã-Bretanha. Os federalistas introduziram uma moção para que fosse criado um Exército provisório de 15 mil homens, junto com uma nova taxa para financiá-lo, e sugeriram a Washington que enviasse um emissário a Londres.

Depois de considerar enviar o próprio Hamilton, o que teria causado escândalo entre os republicanos, o presidente mudou de ideia e nomeou John Jay. Essa escolha também não agradou os republicanos e, em troca, Washington nomeou o republicano James Monroe (que viria a ser o quinto presidente dos EUA) como embaixador em Paris, substituindo Gouverneur Morris. Ele também ordenou a construção de seis fragatas, que seriam a semente da marinha de guerra americana.

* * *

Enquanto Jay atravessava o Atlântico, o oeste começou a causar problemas. O governo instituíra um imposto sobre seu uísque, mas falhara em conseguir abrir o Mississippi para escoamento de sua produção. Os coletores do imposto eram rotineiramente ameaçados e agredidos. Um deles foi forçado a abandonar o posto. Pelo menos um dos organizadores da resistência ao imposto sugeriu a criação de um comitê de segurança pública nos moldes jacobinos.

Hamilton exortou o presidente a adotar medidas drásticas contra os "agitadores" da Pensilvânia. Curiosamente, Washington e Hamilton, veteranos da luta pela independência, se viam agora em posição análoga à do governo britânico na primeira metade da década de 1770, tentando obrigar o povo a pagar impostos. Washington declarou que o oeste estava em "rebelião", recrutou uma milícia de 13 mil homens e marchou à sua frente. Ao final, foram presos 150 rebeldes, dos quais apenas vinte foram enviados à Filadélfia, sendo que apenas dois foram condenados (e posteriormente perdoados pelo presidente).

Depois do incidente, Washington criticou as sociedades democráticas, que via como responsáveis pela rebelião, e as acusou de serem "insurgentes" e de procurarem "destruir a União". Essa atitude horrorizou Madison e Jefferson, que concluíram que Washington perdera o devido respeito à liberdade de expressão. Madison discursou no Congresso lembrando a todos que em uma república "o poder de censura é do povo sobre o governo, não do governo sobre o povo". Os dois amigos lamentaram que Washington deixasse de ser o chefe da nação para se fazer o chefe do Partido Federalista. A repercussão popular da fala de Washington foi tão ruim que Madison concluiu que ele cometera "o maior erro de sua vida política".[22]

Enquanto Hamilton estava com as tropas, sua esposa teve um aborto espontâneo. A notícia o deixou bastante abalado e, no final do ano, ele avisou Washington de que estava deixando o governo. No começo de 1795, tendo levado a cabo as mudanças econômicas que pretendia, e que de fato abririam o caminho para a industrialização do país, ele deixou como último ato a apresentação de um relatório intitulado "Plano para o suporte do crédito público", no qual delineou um programa para a extinção da dívida pública nos trinta anos seguintes. O Congresso transformou as propostas do relatório em lei no mês seguinte.

Praticamente falidos quando Hamilton assumiu, os Estados Unidos tinham agora crédito tão bom quanto qualquer país da Europa. O papel do presidente havia sido transformado de administrador passivo em líder político por conta dele. Segundo Ron Chernow, "se Washington foi o pai do país e Madison o pai da Constituição, então Alexander Hamilton foi sem dúvida o pai do governo americano".[23] No fim do século XX, o jornalista George Will resumiu a oposição entre os dois famosos secretários da seguinte forma: "Há um elegante memorial em Washington dedicado a Jefferson, e nenhum a Hamilton.[24] Mas, se você procura o monumento a Hamilton, olhe à sua volta. Você está vivendo nele. Nós honramos Jefferson, mas vivemos no país de Hamilton."[25]

Em meados do ano, chegou a notícia de que o tratado negociado por John Jay fora um fiasco. A Grã-Bretanha não cedera em quase nada, exceto ao oferecer compensação pelos navios apreendidos e concordar em evacuar seus fortes no noroeste. Não haveria compensação por escravos libertados na época da revolução e, apesar de os Estados Unidos garantirem à Grã-Bretanha o status de nação favorecida na hora de cobrar impostos, a recíproca não seria verdadeira. O comércio americano teria acesso às Índias Ocidentais, porém de forma extremamente limitada. Além disso, os Estados Unidos se comprometiam a pagar débitos contraídos com bancos ingleses antes da independência.

A discussão gerada quando os termos do tratado foram tornados públicos foi intensa. Os republicanos denunciavam o tratado como uma capitulação da ex-colônia frente à ex-metrópole e uma traição da aliada França. Multidões queimaram cópias do tratado nas ruas, junto com efígies de Jay. A residência de Washington estava constantemente cercada por pessoas que pediam guerra à Grã-Bretanha e cantavam hinos franceses. Alguns chegaram a pedir o impeachment do presidente.

Apesar de seu velho parceiro ter deixado o governo, Washington pediu a orientação de Hamilton sobre o assunto. Sempre prolífico, Hamilton providenciou um longo arrazoado, considerando artigo por artigo do tratado, em que criticava o acesso restrito às Índias Ocidentais, mas elogiava o aspecto que lhe parecia mais importante: garantir que o país permanecesse em paz. Munido da argumentação fornecida por Hamilton, Washington deu seu apoio pessoal à aprovação do texto.

Ao longo dos meses seguintes, Hamilton publicou nova série de artigos nos jornais, defendendo o tratado linha por linha e atacando vigorosamente os republicanos, que representou como defensores da guerra. Simultaneamente à publicação desses artigos, sob o pseudônimo "Camillus", ele publicava também outra série de artigos, assinados por "Philo Camillus", dedicados a elogiar seus próprios artigos. Depois de ler alguns desses textos, Jefferson escreveu a Madison que "Hamilton é realmente um colosso do partido antirrepublicano [...] é um exército de um homem só".[26]

Madison ainda tentou argumentar que o tratado deveria ser ratificado pela casa baixa do Congresso, que tinha a incumbência de regular o comércio. O argumento era fraco, já que a Constituição determinava claramente que política externa era responsabilidade do Senado. A batalha política encerrou de vez a amizade já desgastada entre ele e Washington. Em agosto, a ratificação no Senado se deu ao longo das linhas partidárias: os vinte federalistas votaram a favor; os dez republicanos votaram contra.

Nesse ambiente de radicalização, os partidos Federalista e Republicano se cristalizaram definitivamente. Os federalistas eram vistos pelos republicanos como anglófilos, viúvas da monarquia, defensores dos interesses da elite financeira, inimigos do progresso democrático. Os republicanos eram vistos pelos federalistas como jacobinos, demagogos, populistas e economicamente reacionários. Os federalistas acreditavam estar lutando para salvar a América da anarquia; os republicanos acreditavam estar lutando para salvar a América da contrarrevolução. Jefferson resumiu o panorama político da seguinte maneira (nada imparcial): um partido temia o povo, enquanto o outro temia o governo.

O clima pesado interferiu inclusive na formação do segundo gabinete de Washington. Nada menos de seis pessoas recusaram o cargo de secretário de Estado, com medo das calúnias e ataques diários que certamente esperavam aquele que aceitasse. Eventualmente, o gabinete ficou composto por Oliver Wolcott no Tesouro, Timothy Pickering no Estado e James McHenry na Guerra. Os três eram federalistas próximos de Hamilton, que continuou tendo grande influência sobre a administração.

* * *

Outro evento digno de nota no segundo mandato de Washington foi seu fim. A maneira que o presidente encontrou de se despedir do cargo foi mandar publicar nos jornais um "Discurso de adeus" (Farewell Address). Um discurso desse tipo já havia sido escrito por Madison para Washington no final do primeiro mandato, mas não fora utilizado. Em maio de 1796, Washington enviou esse rascunho a Hamilton, pedindo que escrevesse uma nova versão. Os dois trabalharam juntos no texto pelos meses seguintes.

O discurso foi publicado pelo *American Daily Advertiser* em 19 de setembro, na forma de uma carta ao povo americano, sendo imediatamente reproduzido em jornais do país todo. Washington começa anunciando que não pretendia concorrer novamente à presidência. Em seguida, enfatizou a necessidade de união nacional e a importância do respeito à Constituição e lamentando o excesso de partidarismo. O restante do documento era dedicado à política externa, buscando argumentar que os Estados Unidos deveriam se manter sempre independentes frente às potências europeias. Durante o século XX, tornou-se tradição no Congresso Americano a leitura do "Discurso de adeus" no aniversário de Washington.

Washington demonstrou excelente senso político ao decidir não concorrer a um terceiro mandato. Sua imagem, que havia estado acima de qualquer suspeita, acima de qualquer crítica, já começava a ficar desgastada. Ataques pelos jornais haviam se tornado rotina, o que o deixava extremamente perturbado. A reputação que ele tanto prezava talvez não resistisse a mais um mandato. Mais importante é o fato de que talvez ele mesmo não resistisse. Se fosse eleito pela terceira vez, era provável que morresse no cargo. Merece crédito sua percepção clara de que isso não deveria ocorrer numa república. Morrer no poder era uma característica dos reis; presidentes deveriam sempre ser sucedidos ainda vivos.

Washington não tinha o intelecto de primeira linha que caracterizava Hamilton, Jefferson, Madison, Adams e Franklin, mas era reconhecidamente sensato e equilibrado. Ele "consulta muito, pondera muito, decide devagar, decide com segurança", de acordo com Hamilton. "Talvez a característica mais forte de seu caráter seja a prudência, nunca agindo até que todas as circunstâncias, todas as considerações, estejam pesadas e amadurecidas", segundo Jefferson.[27] Seu comportamento imparcial havia sido fundamental durante o começo duvidoso do grande experimento republicano. Sua presidência deixou um legado de prosperidade, paz, crédito público e instituições políticas estáveis.

7.3 Adams

Quem seria o novo presidente? Hamilton com certeza gostaria de ocupar o cargo, mas seu nome despertava uma oposição furiosa. Sua candidatura produziria uma divisão política no país que poderia ser traumática. Além disso, seus oponentes estavam de posse de cartas comprometedoras a seu respeito e não teriam pudor de usá-las (ele mantivera um caso extraconjugal durante anos, tendo sido inclusive vítima de um chantagista).

De seu "retiro" em Monticello, Thomas Jefferson acompanhava tudo. Ele não se manifestaria pessoalmente sobre o assunto, mas também não moveria uma palha para impedir outros (leia-se James Madison) de lançarem sua candidatura e, afinal, era obviamente um forte candidato.

A situação favorecia John Adams. Ele fora vice-presidente por oito anos, embaixador em Londres por outros tantos, negociador do Tratado de Paris, líder dos congressos continentais que produziram a independência e autor da Constituição do estado de Massachusetts. Se tivesse estado presente durante a elaboração da Constituição, teria certamente tido tanta influência quanto Madison, talvez até mais. Adams acabou sendo de fato o candidato federalista, não tanto por sua afinidade com o partido (ele se orgulhava de se manter distante das picuinhas partidárias), mas por ser o único capaz de derrotar Jefferson.

Na época, os candidatos não faziam campanha eleitoral. Ao contrário: faziam questão de se manter fora dos eventos públicos, tentando não dar a impressão de desejar o cargo. Preferiam fingir que aceitariam a posição apenas por estar sendo "chamados" a tanto pelos eleitores. Assim, Adams permaneceu em sua fazenda nos arredores de Boston, tocando no assunto somente com sua esposa Abigail.

Os jornais cuidavam de fazer a propaganda — ou, mais exatamente, a "antipropaganda". O *National Gazette* havia fechado depois que Jefferson se afastara do departamento de Estado e a principal publicação republicana era agora o *Aurora*, jornal editado por Benjamin Franklin Bache, neto do velho Franklin. O jornal, obviamente, defendia os votos em Jefferson, "o amigo do povo", contra Adams, "Sua Globosidade", o "campeão dos reis".

A decisão se deu por uma margem apertada. Adams recebeu 71 votos, enquanto Jefferson recebeu 68 (o terceiro colocado, Thomas Pinckney, ex-governador da Carolina do Sul, ficou com 59). A distribuição dos votos fora basicamente geográfica: Jefferson não recebera nenhum voto nos estados de Nova York e Nova Jersey, nem nos cinco estados da Nova Inglaterra, mas levara 51 dos sessenta votos ao sul da Pensilvânia. Ele encarou a notícia da derrota com elegância, escrevendo a Madison que Adams sempre estivera à sua frente em tudo. Além disso, ele sabia que suceder Washington na presidência não seria nada fácil e provavelmente suspeitava que a vitória de Adams talvez se mostrasse amarga no futuro. Voltar à Filadélfia como vice-presidente prometia ser mais confortável.

Ao próprio Adams, ele escreveu uma carta em que dizia o seguinte: "Ninguém vai congratulá-lo com mais puro desinteresse do que eu [...] Não tenho ambição de governar homens. É uma tarefa difícil e sem reconhecimento [...] Espero devotamente que você seja capaz de evitar essa guerra que destruiria nossa agricultura, nosso comércio e nosso crédito. Se você for, a glória será toda sua; e que sua administração seja cheia de glória e felicidade para si e vantajosa para nós é o desejo sincero de alguém [...] que mantém por você a sólida estima dos momentos em que lutamos por nossa independência, e sentimentos de respeito e proximidade afetuosa."[28] Entretanto, Madison impediu que Jefferson enviasse essa carta, que lhe parecia um erro político, privando Adams do que teria sido uma imensa satisfação. Adams lamentava sinceramente que sua amizade com Jefferson, cultivada principalmente durante os meses em que ambos moraram em Paris, fosse prejudicada pelo partidarismo.

John Adams tomou posse como o segundo presidente dos Estados Unidos em 4 de março de 1797, diante de uma plateia que contava com deputados, senadores, juízes da Suprema Corte, a presença do corpo diplomático etc. No palco, estavam ele, o vice-presidente Jefferson e o ainda presidente Washington, na última cerimônia da qual os três participariam juntos.

Com o propósito bastante questionável de manter a "harmonia" da administração, Adams cometeu o erro de manter todo o gabinete de Washington. Ele não tinha objeção concreta a nenhum deles e, naqueles primeiros anos, não havia tradição política que dissesse que deveriam sair. Nenhum deles se manifestou e ficaram onde estavam.

Adams via no Executivo um papel bem mais limitado do que Washington e, principalmente, Hamilton; para ele, a administração do país cabia ao Legislativo e o Executivo deveria cuidar apenas de assuntos militares e diplomáticos. Como ele esperava que não houvesse guerra tão cedo, e como ele próprio era sem igual em matéria de diplomacia, provavelmente imaginava que seus subordinados não teriam muita importância.

Por outro lado, Adams logo percebeu que não poderia contar com apoio dos republicanos. Logo depois da posse, ele começou a se dedicar ao problema com a França, que poderia se transformar em guerra. Washington substituíra James Monroe pelo federalista Charles Cotesworth Pinckney (irmão do terceiro colocado na eleição presidencial) como representante em Paris. Adams pretendia enviar mais dois diplomatas, para que formassem uma comissão.

O presidente pediu a Jefferson que sondasse Madison sobre servir nessa comissão. Entretanto, quando expôs essa opção a seu gabinete federalista, a rejeição foi vigorosa (um deles ameaçou renunciar, o que na verdade teria sido uma vantagem). Por outro lado, Adams ficou sabendo no dia seguinte que Madison recusara o convite. Ou seja, nem os republicanos estavam dispostos a trabalhar com ele, nem os federalistas estavam dispostos a aceitar qualquer participação republicana. Depois desse momento, Adams nunca mais buscou o auxílio ou os conselhos de Jefferson.

A situação de Adams era, portanto, altamente singular: seu vice-presidente era o líder da oposição; seu gabinete fora herdado do governo anterior e era absolutamente leal a Hamilton; e seu único interlocutor político de confiança era sua esposa Abigail.

Em 13 de março, chegou a notícia de que o governo francês se recusara a receber Pinckney, que se vira obrigado a deixar o país e se refugiar em Amsterdã. Além disso, agora era a vez de os franceses confiscarem navios mercantes americanos. O clima começou a ficar pesado novamente, com os federalistas esperando uma reação vigorosa contra a França, enquanto os republicanos declaravam seu amor por aquele país.

Em maio, Adams fez um discurso para o Congresso em que prometeu tentar "ajustar todas as nossas diferenças com a França por meio de negociações amigáveis" ao mesmo tempo que pediu a "consideração de medidas eficazes de defesa".[29] Como esperado, o principal jornal federalista achou que o discurso "respira a cada linha verdadeiro patriotismo americano", enquanto o principal jornal republicano atacou o "presidente por três votos", dizendo que "Sua Globosidade" era servil aos britânicos.

A iniciativa diplomática do presidente consistiu em enviar os novos negociadores que prometera. Os escolhidos para se juntarem a Charles Pinckney foram John Marshall, federalista da Virgínia, e Elbridge Gerry, velho amigo do presidente e alguém em quem ele tinha total confiança. A missão dos três seria lidar com o ministro de Relações Exteriores francês, Charles-Maurice de Talleyrand-Périgord.

Outro passo importante que Adams decidiu tomar foi nomear como embaixador na Prússia seu filho, John Quincy Adams. A medida lhe custou mais críticas republicanas e acusações de nepotismo e tendências monárquicas (acusavam Adams de querer promover seu filho como "herdeiro" do governo; em 1825, John Quincy de fato viria a ser o sexto presidente dos EUA). A razão da nomeação era que o presidente queria ter pessoas de inteira confiança nos círculos diplomáticos da Europa. A ideia se mostraria acertada.

Durante o verão, o calor trazia consigo epidemias, principalmente febre amarela. Na época, o governo simplesmente se desfazia; todos abandonavam a Filadélfia e voltavam para suas casas. John e Abigail Adams passavam esse tempo em sua fazenda, em Massachusetts, e naquele ano eles só retornaram em novembro. Até então, não havia notícia de seus enviados a Paris. No começo de 1798, o general Napoleão Bonaparte recebeu o comando de todas as forças militares francesas, com a missão de levar a guerra até as terras britânicas (ele logo mudaria de ideia e invadiria o Egito).

Somente no começo de março chegaram as tão esperadas cartas dos diplomatas. As notícias eram chocantes. Talleyrand os recebera por apenas 15 minutos, para depois colocá-los em contato com três representantes, que os informaram que negociações só poderiam prosseguir se os Estados Unidos pagassem 250 mil dólares a Talleyrand pessoalmente e fizessem, também, um empréstimo de 10 milhões de dólares à França. Os emissários americanos obviamente haviam recusado ambos os pedidos.

Adams decidiu manter a correspondência em segredo, pois sua revelação tornaria uma declaração de guerra inevitável. Ao Congresso, ele informou apenas que as negociações haviam falhado e pediu novamente que fossem tomadas medidas militares preventivas. Os republicanos castigaram-no por supostamente se comportar de forma beligerante e passaram a exigir que as cartas fossem reveladas.

Em abril, o Congresso exigiu que o presidente as entregasse. A revelação do comportamento do governo francês deixou os republicanos estupefatos. Jefferson e Madison se recusaram a acreditar que a história fosse verdadeira. Em pouco tempo, o conteúdo vazou para os jornais e o amor pela França, tão forte dois anos antes, pareceu se extinguir rapidamente. As assinaturas do republicano *Aurora* decaíram tanto que o jornal quase fechou.

Pressionado pela mudança na opinião pública, o Congresso rapidamente determinou que se começasse a armar os navios mercantes, que se fortificassem os portos e que corsários americanos pudessem atacar navios franceses. Um Exército começou a ser organizado, assim como uma Marinha. Cidades costeiras como Boston, Nova York, Baltimore e Filadélfia se ofereciam para construir navios de guerra e o ar de hostilidade era generalizado entre a população. Tal clima de beligerância começou a melhorar a reputação de Adams. Ao comparecer ao teatro certa noite, foi aplaudido de pé por todos os presentes.

Em junho, John Marshall voltou à América. Sua mensagem para Adams era simples: apesar de tudo, talvez não houvesse guerra. Elbridge Gerry ficara em Paris a pedido de Talleyrand e uma rodada de negociações ainda era possível.

Na época em que mais um verão opressivo começava a chegar, o Congresso aprovou duas leis que ficariam lembradas como manchas na administração de Adams. A Lei dos Estrangeiros (Alien Act) permitia que cidadãos estrangeiros considerados perigosos fossem expulsos do país; e a Lei da Sedição (Sedition Act) tornava qualquer texto escrito contra o governo, considerado "falso, escandaloso ou malicioso", um crime punível com multa e aprisionamento. As duas leis eram vistas como medidas de guerra, necessárias para evitar a atuação de espiões e traidores, e também manter a união nacional. Ambas foram denunciadas por Jefferson como atos ditatoriais (ele mais uma vez partiu da Filadélfia rumo a seu habitual retiro em Monticello), sendo que a Lei da Sedição era claramente inconstitucional. Ainda que a virulência empregada na época em artigos de jornal possa ser considerada absolutamente inaceitável do ponto de vista que temos hoje, a 1ª Emenda garantia a liberdade de expressão.

A Lei dos Estrangeiros nunca foi posta em prática. Algumas pessoas foram condenadas com base na Lei da Sedição. James Callender, por exemplo, escrevera um livro em que chamava a administração de Adams de uma "tempestade contínua de paixões malignas" e o presidente de um "pedante repulsivo, um grande hipócrita e um opressor sem princípios", além de "uma mistura estranha de ignorância e ferocidade" e "um caráter hermafrodita que não possui nem a força e a firmeza do homem nem a gentileza e sensibilidade da mulher" (Thomas Jefferson havia visto e aprovado todo esse conteúdo antes da publicação).[30] Callender amargou nove meses na cadeia. Benjamin Franklin Bache tachara Adams de "cego, careca, aleijado, banguela e briguento". Foi preso, mas morreu de febre amarela antes do julgamento.

Ao fim e ao cabo, as leis dos Estrangeiros e da Sedição tiveram pouca consequência, a não ser enfraquecer politicamente os próprios federalistas que as haviam proposto. A insatisfação popular com as duas fora forte e contribuíra para dar verossimilhança à acusação republicana de que os federalistas eram autoritários e antidemocráticos.

Cada vez mais convencido de que um governo central forte era um perigo para as liberdades do povo, Jefferson decidiu reavaliar o federalismo e a interpretação da Constituição. O que ele fez foi escrever um texto no qual argumentava que as autoridades federais não poderiam decidir por si mesmas qual a extensão do poder que lhe fora delegado. Segundo ele, apenas os estados podiam decidir se cada decisão do governo central era ou não legítima. Assim, deveria ser possível a cada estado declarar atos federais como "vazios e sem força" em seu domínio.

Essa teoria, conhecida como "doutrina da nulificação estadual", foi então enviada para Kentucky, que anos antes se tornara o 15º estado. A assembleia desse estado então passou o texto na forma de uma resolução, sem informar ao autor. James Madison escreveu um texto bastante semelhante, que fez passar como resolução na Assembleia da Virgínia. Que Madison, líder da luta pela Constituição e pelo governo central, passasse agora a defender a visão oposta, de que os estados eram soberanos para anular atos federais, é difícil de entender.

As resoluções de Kentucky e Virgínia, se levadas a sério, eram a receita para o fim do país (George Washington escreveu a Patrick Henry que elas poderiam "dissolver a União"). De fato, Jefferson poderia até mesmo ser acusado de traição caso a autoria do texto fosse conhecida. Na prática, elas foram raramente citadas; sua influência teórica foi duradoura, sendo usada, por exemplo, para justificar resistências estaduais a leis abolicionistas, desaparecendo somente depois da Guerra Civil.

Para o comando do Exército, o presidente consultou Timothy Pickering, que sugeriu Hamilton. Adams recusou imediatamente, dizendo que preferia alguém dentre os generais Gates, Lincoln ou Morgan. Pickering replicou que Morgan estava com "o pé na cova", enquanto Gates era "uma velha senhora" e Lincoln estava "sempre dormindo".[31] Em 2 de julho de 1798, Adams nomeou George Washington (quem mais?) comandante do novo Exército.

Pouco tempo depois, houve a grande debandada antes da temporada de doenças (na qual morreriam mais de 3 mil pessoas na Filadélfia). Quando o assunto foi retomado, em setembro, Washington exigiu que o segundo em comando fosse Hamilton, que obviamente já havia se oferecido para o cargo. Como o velho general não estava em condições de participar do campo de batalha propriamente dito, isso faria com que Hamilton fosse o verdadeiro comandante em chefe. Adams relutou mas acabou aceitando; afinal, não tinha escolha.

Na época, Hamilton se empenhou em vários projetos que envolviam o Exército. Escreveu um relatório com sugestões para o desenho de uniformes, especificando em detalhes o estilo das lapelas, as cores, os botões, as botas etc. Outro relatório foi dedicado à construção dos barracões, outro ainda sobre a maneira correta de um soldado se portar ("ao ouvir a expressão 'olhar à direita', o soldado vira sua cabeça para a direita, rapidamente, mas sem violência, colocando seu olho esquerdo em linha com os botões do casaco e seu olho direito olhando por sobre o ombro do homem ao seu lado"). A marcha dos soldados, segundo ele, deveria proceder a 75 passos por minuto no modo lento e a 120 passos por minuto no modo rápido. Ele elaborou planos detalhados também para a instituição de uma escola militar, com cursos especializados em engenharia, cavalaria, infantaria e marinha, chegando a determinar que a escola de engenharia ensinasse "fluxões, seções cônicas, hidráulica, hidrostática e pneumática". O homem era uma força da natureza em termos de produtividade (e talvez sofresse de transtorno bipolar).[32] Foi desses esforços iniciais de Hamilton que eventualmente surgiu o que seria a Academia Militar de West Point.

Hamilton também tinha planos de maior envergadura. Se ele realmente se visse à frente de um exército poderoso, é provável que marchasse sobre a Virgínia e o Kentucky, cujas resoluções mencionadas lhe davam razão para acreditar estarem à beira da rebelião. Com o próprio Adams ele falou sobre declarar guerra à Espanha e conquistar a Flórida e a América do Sul.[33] O presidente descartou a ideia, dizendo que nunca vira ninguém fazer "tamanho papel de tolo", concluindo que Hamilton era "louco".[34]

Em 1º de outubro, Elbridge Gerry chegou da França afirmando que Talleyrand estava muito bem disposto para negociar a paz. Adams já havia recebido notícias de seu filho, John Quincy, nesse sentido, mas a confirmação pessoal de Gerry fez toda a diferença. Em outubro, em uma carta ao secretário de Guerra, Adams observou que era mais provável que um exército francês aparecesse no céu do que nas terras americanas. O exército não seria utilizado tão cedo. A posição de Hamilton na hierarquia de comando perdera toda a importância.

Quando Adams voltou à Filadélfia, em novembro, já se sabia que a Marinha inglesa, liderada pelo almirante Horatio Nelson, derrotara a frota francesa na Batalha do Nilo. A ameaça francesa parecia murchar. Em dezembro, em um discurso ao Congresso, Adams declarou mais uma vez seu desejo pela paz. Em fevereiro de 1799, ele tomou uma medida drástica: sem consultar ninguém, principalmente sem consultar seu gabinete, o presidente nomeou William vans Murray, na época embaixador em Haia, para ser ministro plenipotenciário na França. Era um passo diplomático enorme.

Os federalistas acharam que o passo era grande demais. Segundo o senador Theodore Sedgwick, "se o coração mais imundo e a cabeça mais vazia do mundo pudessem escolher a atitude mais constrangedora e ruinosa, talvez tivessem escolhido precisamente aquela" tomada pelo presidente, um homem "vaidoso, ciumento e mentalmente perturbado".[35] De qualquer forma, a nomeação foi aceita pelo Senado, depois que William Davie, governador da Carolina do Norte, e Oliver Ellsworth, juiz-chefe da Corte Suprema, foram incluídos na comitiva.

Os eventos importantes se sucediam extremamente devagar no fim do século XVIII e já era hora de abandonar a Filadélfia novamente. Adams ficou em sua fazenda de março a setembro. Durante a estadia, recebeu uma carta de Talleyrand garantindo que seus novos ministros seriam recebidos com respeito. Os dois membros da comitiva que ainda estavam na América partiram em 15 de novembro. No discurso de Adams para o Congresso, em 3 de dezembro, já não se falou mais em Exército ou em Marinha. Poucos meses depois, o Exército foi desmobilizado.

Em 14 de dezembro, George Washington morreu em Mount Vernon, aos 67 anos. Em um discurso ao Senado, Adams lamentou que a nação perdesse "seu mais estimado, amado e admirado cidadão". Um congressista o louvou como "o primeiro na guerra, o primeiro na paz, o primeiro nos corações de seus concidadãos". Todo o país ficou de luto pelo primeiro herói americano. Ele deixou estipulado que todos os seus escravos fossem libertos depois da morte de sua esposa Martha (Washington foi o único, dentre os presidentes que possuíram escravos, que os libertou).

Poucos dias depois, também chegava ao fim o século XVIII. O Século das Luzes, o século de Voltaire e de Franklin, e das revoluções Americana e Francesa dava lugar ao século XIX, o século da urbanização, da química e da eletricidade, do impressionismo e do romantismo, de J. P. Morgan, Rockefeller e Karl Marx. Surpreendentemente, o presidente John Adams não deixou nenhum comentário para a posteridade sobre a efeméride.

Na Europa, quem dava seus últimos suspiros era a Primeira República Francesa, com o golpe de Estado (conhecido como 18 Brumário) que levou Napoleão Bonaparte ao poder. Poucos anos depois, ele se intitularia imperador da França. A previsão de Adams e Edmund Burke, de que aquela revolução terminaria em ditadura, revelou-se correta, afinal.

Em 5 de maio de 1800, depois de ser nomeado oficialmente como um dos candidatos federalistas (o outro era Charles Cotesworth Pinckney), Adams finalmente se livrou de seu gabinete. Em uma discussão acalorada com McHenry, Adams o acusou de ser subserviente a Hamilton, um homem "desprovido de qualquer princípio moral". Acrescentou ainda uma opinião que soava herética aos seguidores de Hamilton: a de que Jefferson era "um homem infinitamente melhor e mais sábio". McHenry pediu demissão. Alguns dias depois, Adams escreveu a Pickering pedindo sua demissão. Os novos secretários de Guerra e de Estado passaram a ser o senador Samuel Dexter e o congressista John Marshall, respectivamente. Oliver Wolcott permaneceu como secretário do Tesouro.

No fim de maio, o presidente se mudou para a nova capital do país, a ser chamada de Washington, que ainda consistia em uma pequena vila cheia de ruas lamacentas, pântanos, tocos de árvores, muitos mosquitos e muitos escravos trabalhando, uma visão que certamente repugnou Adams, abolicionista de longa data. Não havia escolas, nem sequer igrejas. Wolcott, depois de ver a nova casa do presidente, escreveu: "Considero nossos presidentes muito desafortunados se tiverem que viver neste local."[36] O local, que mais tarde ficaria conhecido como a Casa Branca, ainda cheirava a tinta; não havia portas, nem mobília.

Em 1800, pela primeira e única vez na história americana, o presidente e o vice-presidente concorreram entre si na eleição presidencial. Essa eleição também se destaca por ter sido uma das mais virulentas. Os jornais federalistas tinham agora vantagem, já que a Lei da Sedição impedia a imprensa republicana de usar força total. Jefferson era retratado como um jacobino, escravocrata e até mesmo "ateu". Adams, por sua vez, era visto como monarquista, vaidoso e "louco". Pela primeira vez, a autoria da Declaração de Independência tornou-se ativo político, explorado pela imprensa republicana. Ironicamente, o aristocrático Jefferson, que vivia numa mansão, cercado por escravos que o serviam, era chamado de "homem do povo" pelos republicanos, enquanto o fazendeiro abolicionista Adams era pintado como um elitista.

Adams, a bem da verdade, sofria ataques dos dois lados, já que Hamilton liderava uma linha federalista que se opunha ao presidente. "Se temos que ter um inimigo como chefe do governo, que seja um a quem podemos nos opor [...] e que não envolverá nosso partido na desgraça de sua tolice e suas más decisões", escreveu ele.[37] Mas o grande ataque de Hamilton consistiu na publicação de um panfleto intitulado "Sobre a conduta pública e o caráter de John Adams", publicado em Nova York no final de outubro. Possivelmente motivado pela profunda decepção com a extinção do Exército, nem mesmo sobre Jefferson ele escreveu com tanto ódio. Segundo Hamilton, Adams apresentava "grandes defeitos de caráter", "egoísmo aviltante", "fraqueza", "tendências excêntricas", "comportamento revoltante" e falta de autocontrole.[38] O pensamento por trás da iniciativa de Hamilton parece ter sido tentar transferir votos federalistas para o outro candidato federalista, Charles Cotesworth Pinckney, em cujo governo ele poderia exercer maior influência.[39]

O livro fez a festa dos republicanos, não só pelo ataque a Adams, mas por mostrar as fissuras que dividiam o partido adversário. Entre os próprios federalistas, a recepção foi a pior possível. Um congressista escreveu a Hamilton acusando-o de estar contribuindo para a vitória de Jefferson, afirmando ainda que "sua conduta nesta ocasião será julgada como bem próxima da insanidade". Adams parece ter dado pouca atenção ao ataque.

No final de novembro, chegou a notícia de que um tratado fora assinado com a França em outubro. Bonaparte dissera que as diferenças entre os dois países não tinham passado de uma "discussão em família". A paz com a França foi conquistada com dificuldade e, sem dúvida, a principal realização do governo de John Adams. Atacado pelos republicanos como belicista e pelos federalistas como covarde, ele conseguira trilhar um caminho diplomático bastante estreito.

Em 22 de novembro, o Congresso se reuniu pela primeira vez no ainda inacabado Capitólio, o novo prédio do Legislativo em Washington. John Adams fez seu último discurso como presidente, no qual agradeceu ao Congresso, pelo bom trabalho, e aos oficiais e soldados do Exército, por seu patriotismo, além de ter recomendado o fortalecimento da Marinha defensiva e declarado estar feliz com o estado "próspero, livre e feliz" do país.

7.4 Jefferson

A eleição foi extremamente apertada. Como sempre acontecera antes, os candidatos federalistas foram mais votados no norte e os republicanos (Jefferson e Aaron Burr), no sul, com duas exceções importantes. A Carolina do Sul, até então um enclave federalista no sul, mudou de lado, assim como Nova York, que votou em peso nos republicanos, em decorrência da campanha intensa feita por Burr, natural daquele estado. Ao final, Adams e Pinckney quase empataram entre si ao receber 65 e 63 votos, respectivamente, enquanto Jefferson e Burr empataram de fato, com 73 votos cada. De acordo com a Constituição, a decisão cabia então ao Congresso.

Qualquer que fosse a decisão do Legislativo, Adams estava fora. O fim da presidência de Washington acontecera por iniciativa do próprio; se estivesse disposto a um terceiro mandato, ninguém iria impedi-lo. Na eleição de 1800, o povo americano pela primeira vez rejeitou um presidente e o poder mudou de mãos de forma pacífica, dentro das regras da república democrática que eles haviam criado.

Qual dos dois seria o novo presidente, Jefferson ou Burr? Apesar de todo o país saber dos resultados da eleição em dezembro de 1800, a decisão do Congresso só podia acontecer depois da apuração oficial, agendada para fevereiro de 1801. Nesse meio-tempo, todo tipo de especulação e negociação aconteceu em Washington.[40] Os federalistas pendiam ora para um, ora para outro.

Hamilton superou seu ódio a Jefferson em nome do ódio ainda maior que sentia por Burr. "Jefferson, apesar de exageradamente revolucionário em suas ideias, é ao menos um amante da liberdade [...] Burr não ama nada além de si mesmo [...] Jefferson é, a meu ver, menos perigoso que Burr", escreveu ele.[41] Tal inimizade resultou num desfecho que resume bem o sentimento entre ambos: Burr matou Hamilton com um tiro no peito em um duelo, em 1804.[42]

Na hora de decidir uma eleição empatada, a Constituição estabelecia que a votação deveria ser feita de modo que cada estado tivesse um único voto, que refletisse a maioria de seus representantes. Como havia dezesseis estados na União em 1801, eram necessários nove votos para que um candidato fosse declarado vencedor. A primeira votação foi inconclusiva, com seis estados votando em Burr e oito em Jefferson (Vermont e Maryland se abstiveram, pois nenhum candidato alcançava maioria em suas delegações).

Com base em afirmações feitas por Hamilton,[43] o ainda presidente Adams disse a Jefferson que, se concordasse em garantir uma lista de exigências do partido adversário (apoiar o sistema fiscal implementado por Hamilton, manter a neutralidade em relação à Grã-Bretanha e à França, preservar e aumentar gradualmente a Marinha, entre outras), sua escolha estaria garantida.[44] Jefferson recusou.

Ao longo de cinco dias, o Congresso levou a cabo nada menos que 35 votações, todas elas resultando em 8 a 6 para Jefferson. Na 36ª votação, o único representante do pequeno estado de Delaware resolveu abster-se, retirando assim um voto em favor de Burr. Ao mesmo tempo, Vermont e Maryland finalmente se decidiram e votaram em Jefferson, ao passo que a Carolina do Sul, que votara em Burr, se absteve, de modo que o placar ficou em 10 a 4.

Em 4 de março de 1801, John Adams partiu de Washington às 4 horas, tornando-se o primeiro de apenas quatro ex-presidentes a estar ausente na posse do sucessor. Sua última medida de importância foi a nomeação de John Marshall como juiz-chefe da Suprema Corte, posição que ocuparia por 35 anos.

Em seu discurso, realizado em uma voz mansa e quase inaudível, Jefferson procurou diminuir a tensão partidária com a promessa de respeitar o sistema fiscal e o Tratado de Jay, além de dizer que "somos todos federalistas, somos todos republicanos". Lembrou também como os patriotas de 1776 haviam se sacrificado para garantir as liberdades individuais no país, "liberdade religiosa, liberdade de imprensa, liberdade da pessoa sob proteção do *habeas corpus* e do julgamento por júris independentes".[45] Entretanto, assim como Adams decidira não estar presente, Jefferson decidira não fazer nenhuma menção ao antecessor.

Jefferson nomeou o velho amigo James Madison como secretário de Estado e o congressista Albert Gallatin como secretário do Tesouro. Uma de suas primeiras medidas foi libertar os que haviam sido presos com base na Lei da Sedição.

Além da eleição presidencial, o Partido Republicano foi o grande vitorioso também em outros aspectos.[46] Minoritário nas duas câmaras do Congresso ao longo da década de 1790, nas eleições de 1800 o partido passou a ser maioria tanto na Câmara, por 65 a 36, quanto no Senado, por 18 a 13. Sua influência aumentou também nas assembleias legislativas dos estados, inclusive em Massachusetts e Pensilvânia. Nos novos estados que representavam a marcha para o oeste, Tennessee e Kentucky, todos os votos presidenciais haviam sido republicanos.

O Partido Federalista não iria se recuperar da derrota e, nas duas décadas seguintes, acabaria desaparecendo. De todo modo, ele cumprira seu papel. Ao longo de três mandatos presidenciais, levara a cabo aquela que sempre fora vista como sua missão: estabelecer um governo central forte. No plano econômico, promovera uma profunda reestruturação fiscal, monetária e financeira; no plano administrativo, criara o sistema judiciário, a Casa da Moeda e a Marinha; no plano diplomático, conseguira manter a importante neutralidade em meio a uma guerra entre as maiores potências europeias. No início do século XIX, sua existência não era mais necessária.

Neste ponto, é interessante notar que a eleição de 1800 tem sido interpretada de dois modos diferentes, de acordo com a visão histórica que é empregada em relação à Revolução Americana. Uma delas, cujo campeão é Thomas Jefferson, vê a revolução como um movimento popular de liberação, tanto do domínio britânico quanto de noções de governo baseadas em aristocracias ou oligarquias. Nessa visão, a década de controle federalista é vista como uma tentativa de contrarrevolução orquestrada por homens ricos (banqueiros, negociantes), simbolizados na pessoa de Alexander Hamilton. A vitória de Jefferson, nesse caso, marca uma volta às raízes de 1776 e o fim da centralização do poder. De acordo com a segunda visão, na qual os papéis de Jefferson e Hamilton estão trocados, a revolução foi um movimento nacionalista em que primeiro a colônia se tornou independente, depois formou uma união cimentada na Constituição e, finalmente, se estabeleceu nos primeiros mandatos presidenciais. A eleição de 1800, portanto, nada mais seria que uma demonstração da solidez daquele modelo político. Uma visão favorece a liberdade do indivíduo e defende um governo mais discreto; a outra prega uma noção mais comunitária de nação, representada por um governo mais forte. Essas tensões reverberaram desde o século XVIII até os dias de hoje.

Sempre atento ao jogo de aparências, Jefferson imprimiu a seu governo uma marca totalmente diferente da que Washington e Adams haviam escolhido. Nada mais de banquetes e passeios de carruagem. O homem que se sentira em casa nos salões elegantes de Paris agora deixava de lado suas perucas e suas roupas sofisticadas, só andava a cavalo e atendia a própria porta. Por outro lado, ele oferecia jantares na residência presidencial três vezes por semana, aos quais eram convidados os líderes do Congresso.

Outra mudança que se operou em Jefferson foi sua visão do Executivo. Apesar de louvar a própria chegada ao poder como "a Revolução de 1800",[47] ele não introduziu mudanças tão radicais quanto alguns esperavam. Como todo político que sai da oposição e passa para a administração, ele rapidamente se tornou mais cauteloso. Seu secretário do Tesouro o fez ver que as medidas econômicas de Hamilton não podiam ser revertidas, pois eram benéficas ao país. Os dois vasculharam os papéis do Tesouro atrás de evidências de mau comportamento dos antecessores, mas, no fim das contas, Gallatin declarou que "Hamilton não errou nem cometeu fraudes. Ele não fez nada de errado".[48]

Em setembro de 1802, um jornal publicou pela primeira vez a história de Sally Hemings. O artigo dizia que Jefferson "mantém e por muitos anos tem mantido, como sua concubina, uma de suas escravas. Seu nome é Sally". Informava também que Sally tinha cinco crianças mulatas e que um dos garotos se parecia muito com Thomas Jefferson.[49] O autor desafiava o presidente a processá-lo, para que pudessem debater em um tribunal a verdade sobre seu relacionamento com "a meretriz negra e sua ninhada de mulatos". Jefferson manteve silêncio absoluto e o assunto acabou morrendo de inanição. A filha de Jefferson defendeu até a morte que nunca existira nenhuma relação entre seu pai e Sally Hemings; o próprio Jefferson jamais escreveu uma palavra sobre o assunto nas milhares de cartas que deixou. A controvérsia atravessou os séculos até ser esclarecida por testes de DNA, em 1998, que comprovaram a veracidade da acusação.[50]

Não obstante as manifestações da imprensa federalista, o governo Jefferson recebeu grande aprovação popular. É bem verdade que o governo Washington lançara as bases para o avanço econômico interno e o governo Adams garantira a paz externa, de modo que Jefferson na verdade enfrentou muito menos dificuldade que seus antecessores. Ele procurou diminuir os gastos do governo federal, reduzindo inclusive o número de funcionários públicos, diminuiu o tamanho da Marinha e, mesmo reduzindo impostos, conseguiu diminuir a dívida pública (em 1810, a dívida era metade da que fora em 1801).[51]

Em consonância com a visão jeffersoniana, a política americana realmente foi se tornando mais democrática. Ainda em 1800, Maryland deixou de exigir a posse de terras para que homens livres pudessem ser eleitores. Outros estados logo seguiram seu exemplo. Em 1826, apenas um terço dos estados ainda mantinha a exigência de propriedades. Os estados também foram mudando a maneira de decidir o colégio eleitoral: em vez de escolhido pela assembleia legislativa, passou a ser eleito pelo povo (a partir de 1804, cada eleitor passou a votar em separado para presidente e vice-presidente). Meias de seda, perucas e fivelas de prata foram saindo de moda, ao passo que os cidadãos pararam de se curvar para cumprimentar pessoas ilustres e passaram a usar o simples aperto de mãos, popularizado pela Revolução Francesa.

Mas o feito mais importante da presidência de Jefferson foi a chamada "compra da Luisiana". No final de 1800, França e Espanha haviam fechado o Tratado de San Ildefonso, pelo qual Napoleão cederia o território da Toscana, na Itália, para a Coroa espanhola, em troca do território (cem vezes maior) da Luisiana e da Flórida, na América.

Quando os americanos ficaram sabendo dessa ideia, o secretário de Estado Madison fez ver ao representante francês nos EUA, Louis-André Pichon, que aquilo poderia trazer problemas. A conversa foi tão eficiente que Pichon escreveu para Paris alertando sobre a possibilidade de conflitos e lembrando que a região não era mais tão erma quanto fora um dia: a população do Kentucky, por exemplo, passara de 60 mil pessoas para mais de 250 mil em apenas quinze anos.[52]

Em outubro de 1801, Jefferson enviou Robert Livingston como ministro plenipotenciário a Paris para tratar do assunto. O ministro foi recebido pelo marquês de Lafayette, que retornava à cena parisiense depois de passar algum tempo no exílio durante a experiência jacobina. Sem perder tempo, Livingston ofereceu ao ministro do Exterior francês, que ainda era o causador de problemas Talleyrand, o perdão de uma dívida de 5 milhões de dólares em troca de metade da Flórida. Talleyrand recusou e Livingston, então, ofereceu-se para comprar todo o território da Luisiana ao norte do rio Arkansas. Recebeu nova recusa.

Enquanto isso, em Washington, um ansioso Thomas Jefferson pretendia influenciar as negociações. Ele encaminhou uma carta para o governo francês, através do emissário Pierre Samuel Du Pont de Nemours.[53] A carta não estava lacrada e Du Pont leu seu conteúdo, no qual Jefferson ameaçava declarar guerra à França — guerra para a qual esperava contar com apoio britânico. Du Pont achou melhor dar alguns conselhos ao presidente: primeiro, não era recomendável falar assim com Napoleão; segundo, não havia chance de a Grã-Bretanha entrar em guerra com a França; terceiro, a melhor solução era, como já adivinhara Livingston, levar a questão para o lado comercial. Segundo ele, bastava estimar o custo de uma guerra para ver que a compra da região sairia mais barato.

Entretanto, as negociações em Paris estavam emperradas. Livingston argumentava que a França não tinha capital para investir na Luisiana, nem gente para populá-la, e que poderia ter um grande lucro no negócio, mas ninguém lhe dava ouvidos. Ou melhor, a única pessoa que importava, Napoleão, não lhe daria ouvidos. Em setembro de 1802, ele escreveu a Madison, afirmando que "Nunca houve um governo no qual menos pudesse ser feito por negociação do que este. Não há povo, nem legislatura, nem conselheiros. Um homem é tudo".[54]

Em outubro, a Espanha fechou o porto de Nova Orleans para produtos americanos. A medida provocou reações furiosas por todo o país. O cônsul inglês escreveu que "não aconteceu quase nada desde a Revolução [...] que agitasse tanto as mentes de todo tipo de gente nos Estados Unidos".[55] Jornais publicaram pedidos para que o país declarasse guerra. Madison enviou uma carta para Madri em que explicava que, para os americanos do oeste, "o Mississippi é tudo. É o Hudson, o Delaware, o Potomac [...] juntos".

No começo de 1803, Napoleão chegou por conta própria aos argumentos que haviam sido apresentados anteriormente por Livingston. Manter colônias em outros continentes começou a lhe parecer sem sentido. Melhor vendê-las e usar o dinheiro para financiar uma invasão da Inglaterra, por exemplo. Em 10 de abril, numa reunião com seus ministros da Marinha e das Finanças, ele disse que os americanos "querem uma única cidade da Luisiana [Nova Orleans]; mas eu considero toda a colônia como perdida, e me parece que nas mãos daquela potência nascente ela será mais útil para a política e até para o comércio da França do que se eu tentasse mantê-la".[56] No dia seguinte, ele declarou: "Eu renuncio à Luisiana. Não é só Nova Orleans que cedo, mas toda a colônia, sem reservas." O ministro das Finanças foi orientado a pedir a Livingston pelo menos 50 milhões de francos, cerca de 10 milhões de dólares.

As negociações ocorreram ao longo do mês, envolvendo François Barbe-Marbois, ministro das Finanças francês, Livingston e James Monroe, que havia sido nomeado enviado extraordinário americano. Marbois começou pedindo 100 milhões de francos, mas no último dia do mês chegou-se a um acordo: 60 milhões pela terra, mais 20 milhões para que os EUA favorecessem o comércio com a França. No dia 2 de maio, os dois americanos assinaram o tratado. Inglaterra e Holanda, felizes em ver as terras saindo do controle napoleônico, se prontificaram a fazer empréstimos que viabilizassem a transação. Duas semanas depois, a França e a Inglaterra estavam em guerra.

A notícia da aquisição da Luisiana, que dobrava o tamanho dos EUA, foi recebida com festa no país. Todos os jornais republicanos congratularam o governo de Jefferson pela conquista. Os jornais federalistas, naturalmente, se opuseram à medida. Um deles reclamou que estavam "dando dinheiro, que temos pouco, em troca de terra, que temos muita". Isso quando ainda nem sabiam o preço milionário combinado. Mas não havia nada que pudessem fazer.

Por outro lado, havia um pequeno problema: a transação era inconstitucional. Jefferson construíra suas candidaturas à presidência com uma plataforma de governo central pequeno e discreto. Ele era o grande campeão da doutrina de que os estados eram a grande fonte do poder político. Acontece que a Constituição não dava ao Executivo federal o poder de comprar terras e criar novos estados. O argumento de defesa de Jefferson era simples: a ocasião era única e importante demais para ser perdida com base em legalismos.

Quando a questão foi levantada no Congresso, os republicanos começaram a soar como federalistas, defendendo a doutrina dos poderes implícitos: o presidente tinha poder para tomar qualquer decisão que fosse para o bem do país e não tivesse sido delegada de forma explícita aos estados. Fora justamente a doutrina defendida por Hamilton quando este lutara para implantar seus planos econômicos. Um deputado defendeu que a Luisiana não poderia fazer parte da União; em vez disso, deveria ser tratada como uma colônia dos Estados Unidos. Outro achava que os estados precisavam ratificar a inclusão desse novo território. Todas essas teses foram derrotadas e a incorporação da Luisiana foi aprovada.

Em 1804, Thomas Jefferson foi reeleito presidente com nada menos que 162 votos, contra os magros quatorze do candidato federalista, que mais uma vez era Charles Cotesworth Pinckney. A aquisição da Luisiana, que permitiria que o país se estendesse de costa a costa, era vista como a principal conquista de sua presidência e, certamente, teve importante papel na eleição. Seu segundo mandato foi muito menos digno de nota do que o primeiro. Em 1808, quando James Madison se tornou presidente, Thomas Jefferson se retirou da vida pública pela última vez, indo morar definitivamente em Monticello.

Conclusão

Em 1826, o aniversário de cinquenta anos da Declaração de Independência foi comemorado em um país que já começava a se transformar. Desde 1800, o número de cidades com mais de 2,5 mil habitantes mais do que dobrara. A população do país como um todo já alcançava 11 milhões de pessoas, com mais de 2 milhões vivendo a oeste dos Apalaches. Enquanto não havia fábricas têxteis no país em 1800, seu número ultrapassara 250 em apenas 26 anos.

Quase toda a geração que protagonizara o processo de independência já havia falecido. Dentre os homens que haviam assinado a famosa declaração em 1776, restavam apenas John Adams, com 90 anos, Thomas Jefferson, com 83, e o desconhecido Charles Carroll III, com 88. Desde 1812, Adams e Jefferson haviam retomado sua correspondência, trocando cerca de 150 cartas em quatorze anos. Os dois amigos vieram a morrer justamente no dia 4 de julho, enquanto o resultado de seu trabalho era celebrado nas ruas. Inconsciente durante a tarde, Jefferson abriu os olhos no começo da noite para murmurar apenas estas palavras: "É 4 de julho." Horas depois, foram estas as últimas palavras de Adams: "Jefferson ainda vive."[1]

Enquanto escrevo, em 2016, a presidência dos Estados Unidos é ocupada por Barack Hussein Obama, o 44º presidente. Desde 1789, quando George Washington assumiu pela primeira vez a presidência, já se passaram 226 anos. Durante esse tempo, quatro presidentes foram assassinados (Lincoln, Garfield, McKinley e Kennedy) e um renunciou (Nixon), mas não houve ruptura institucional no país. O grande experimento representado pela primeira república moderna se mostrou estável.

De fato, "estabilidade" foi um conceito importante desde o início do processo. Os americanos não buscaram sua independência para criar novas liberdades ou obter novos direitos, mas como uma reação que buscava manter o que já tinham. Como escreveu Bernard Bailyn: "Os grandes choques sociais, que nas revoluções Francesa e Russa fizeram em ruínas as fundações de milhares de vidas, tiveram lugar na América ao longo do século precedente, lenta, silenciosa, quase imperceptivelmente; não como uma súbita avalanche, mas como uma miríade de mudanças individuais e pequenos ajustes que gradualmente transformaram a ordem da sociedade. Em 1763, as grandes marcas da vida europeia [...] haviam desaparecido depois de expostas ao ambiente aberto e selvagem da América."[2]

Um dos analistas mais perspicazes dos primeiros tempos democráticos foi o francês Alexis de Tocqueville. Filho de uma família francesa aristocrática, ele visitou os Estados Unidos entre 1831 e 1832 para conhecer pessoalmente aquele novo tipo de governo e de sociedade. O resultado foi seu clássico tratado, o fascinante *A democracia na América*, no qual ele afirma que na América "o grande experimento seria feito, pelo homem civilizado, de tentar construir a sociedade sobre uma nova base; e era lá que, pela primeira vez, teorias até então desconhecidas, ou consideradas impraticáveis, exibiriam um espetáculo para o qual o mundo não fora preparado pela história do passado".[3]

Com relação à ética do trabalho que encontrou naquele país, Tocqueville escreveu que "Nos Estados Unidos, quando um cidadão tem algumas luzes e alguns recursos, procura enriquecer-se no comércio e na indústria, ou então compra uma terra coberta de florestas e se faz pioneiro. Tudo o que ele pede ao Estado é não vir perturbá-lo em seus labores e garantir-lhe os frutos destes. Na maioria dos povos europeus, quando um homem começa a sentir suas forças e a ampliar seus desejos, a primeira ideia que se apresenta a ele é conseguir um emprego público".[4] (Se tivesse visitado o Brasil na mesma época, possivelmente ele não teria encontrado um contraste muito grande com os povos europeus.)

Tocqueville também percebeu várias vantagens sociais que decorriam naturalmente da democracia. Por exemplo, enquanto a Europa passaria por muitas convulsões sociais no século XIX, a realidade dos Estados Unidos lhe sugeria que a democracia traria naturalmente paz aos países em que fosse implantada. Segundo ele, "nas sociedades democráticas, a maioria dos cidadãos não vê claramente o que poderia ganhar com uma revolução e sente a cada instante, e de mil maneiras, o que poderia perder com ela".[5]

Uma de suas conclusões mais importantes foi antecipar que a conversão para a democracia era um processo irreversível, que mudaria radicalmente o mundo: "Conquanto a revolução que se realiza no estado social, nas leis, nas ideias, nos sentimentos dos homens ainda esteja longe de terminar, já não se poderiam comparar suas obras com nada do que se viu precedentemente no mundo. Remonto de século em século até a Antiguidade mais remota; não percebo nada que se assemelhe ao que está diante de meus olhos."[6]

De fato, o grande experimento republicano/democrático iria se espalhar pelo Ocidente, na esteira de movimentos de independência e descolonização (na América, ainda no século XIX; na Europa e na África, somente no século XX). Alguns países europeus, como a Grã-Bretanha e a Espanha, se tornaram democráticos sem abolir o regime monárquico. Em vários países desses três continentes, o regime republicano foi conspurcado por ditaduras militares que buscaram sufocar a democracia. Infelizmente, muitas delas ainda persistem.

Em sua curta biografia de Jefferson, o jornalista Christopher Hitchens ponderou a influência americana sobre o mundo nos últimos séculos e resumiu a questão dizendo que "A verdade é que a América cometeu erros graves e crimes, assim como representou grandes valores e princípios. É uma sociedade principalmente urbana e capitalista, mas significativamente rural ou — como alguns preferem dizer — pastoral. Tem uma tradição imperialista, assim como uma isolacionista. Tem uma constituição secular, mas uma natureza religiosa e piedosa"[7] e que "O experimento a ser feito era de autogoverno. A Revolução Francesa destruiu a si mesma ainda no tempo de Jefferson. Revoluções mais modernas destruíram a si mesmas e a outros. Se a Revolução Americana, com seu secularismo, sua separação de poderes, sua Declaração de Direitos, sua incorporação gradual daqueles excluídos de sua fundação, por vezes traiu a si mesma em casa e no exterior, ela ainda assim permanece como a única revolução que ainda detém o poder de inspirar".[8]

Notas

Introdução

1. Hannah Arendt, 1965, p. 56.
2. Ver o prólogo de Gertrude Himmelfarb em *Os caminhos para a modernidade* (2011).

1. Verdades autoevidentes

1. Thomas Paine, 2005.
2. Influente pensador inglês do século XVII, escreveu sobre o contrato social, tolerância religiosa e a noção de direitos naturais, que incluíam a vida, a liberdade e a propriedade.
3. A apropriação pelos colonos americanos de ideias de Locke e outros pensadores britânicos dos séculos XVII e XVIII é discutida em detalhe por Bernard Bailyn em *The Ideological Origins of the American Revolution* (1992). O tema específico da influência de Locke sobre a Declaração de Independência é assunto do capítulo 3 de Allen Jayne, *Jefferson's Declaration of Independence* (1998).
4. Ver: <http://www.ushistory.org/declaration/graff.htm>.
5. O Reino Unido da Grã-Bretanha incluía o Reino da Inglaterra e o Reino da Escócia. Em 1801, passaria a incluir também o Reino da Irlanda. Em 1922, a República da Irlanda se separou do Reino Unido.
6. Jefferson é um dos rostos esculpidos na pedra do Monte Rushmore, na Dakota do Sul (os outros três são George Washington, Theodore Roosevelt e Abraham Lincoln).

7. John Ferling, 2003, p. 172.
8. Idem, p. 174.
9. David McCullough, 2001, p. 129.
10. Carta a Abigail Adams, em 3 de julho de 1776. Todos os textos escritos por John Adams são disponibilizados pela Associação Histórica de Massachusetts em: <http://www.masshist.org/adams>.
11. Ver Pauline Maier (1998) para uma discussão a respeito da apropriação cultural da Declaração de Independência.
12. David Armitage, 2011.

2. União?

1. Ver, por exemplo, Alan Taylor (2002).
2. Craig A. Doherty e Katherine M. Doherty, 2005, *Virgínia*, capítulo 2.
3. Para uma perspectiva feminina da colonização, ver Carol Berkin, 1997.
4. Sobre a escravidão no período colonial, ver, por exemplo, Edmund S. Morgan (2003) ou Betty Wood (2005).
5. Craig A. Doherty e Katherine M. Doherty, 2005, *Massachusetts*, capítulo 2.
6. Sobre a vida dos colonos antes dos eventos ligados à independência, ver, entre outros, Daniel J. Boorstin (1964) ou David F. Hawke (1989).
7. Craig A. Doherty e Katherine M. Doherty, 2005, *New York*, capítulo 3.
8. As denominações "algonquinos" e "iroqueses" não se referem a tribos específicas, mas a grandes grupos linguísticos. Ver, por exemplo, James Wilson (2000) ou Anton Treuer (2014).
9. Craig A. Doherty e Katherine M. Doherty, 2005, *Pennsylvania*, capítulo 2.
10. Fred Anderson, 2006.
11. Philip Ranlet, 2000.
12. Benjamin Franklin, 1999.
13. Edmund S. Morgan, 2002, p. 28.
14. Idem, p. 63-64.
15. Ou quase. O cartum mostra um único par de iniciais para toda a Nova Inglaterra (que incluía Connecticut, Rhode Island, Massachusetts e New Hampshire), e omite Geórgia e Delaware.
16. John Ferling, 2003, p. 11.
17. Edmund S. Morgan, 2002, p. 73.

3. Açúcar, selos e chá

1. Gordon Wood, 2002, p. 24-29.
2. Idem, p. 34-37.
3. Robert Middlekauff, 2005, p. 61.
4. Idem, p. 63.
5. Idem, p. 65.
6. Ver o capítulo 5 de Edmund S. Morgan e Helen M. Morgan (1995).
7. Thomas S. Kidd, 2011.
8. John Ferling, 2003, p. 38.
9. Ver capítulo 7 de Edmund S. Morgan e Helen M. Morgan (1995).
10. Bernhard Knollenberg, 1975, p. 5.
11. Idem, p. 7.
12. Idem, p. 9.
13. William Murchison, 2013.
14. Disponível em: <http://oll.libertyfund.org/titles/690>.
15. Bernhard Knollenberg, 1975, p. 157.
16. Idem, p. 158.
17. Ira Stoll, 2009.
18. John Ferling, 2003, p. 63.
19. Harlow G. Unger, 2000.
20. Neil L. York, 2010.
21. Harlow G. Unger, 2012.
22. John Ferling, 2003, p. 107.
23. Bernard Donoughue, 1964, p. 77.
24. John Ferling, 2003, p. 54.
25. Edmund S. Morgan, 2002, p. 107.
26. Idem, p. 117.
27. Idem, p. 141.
28. *The Examination of Doctor Benjamin Franklin, before an august assembly, relating to the repeal of the stamp-act*. Disponível em: <http://name.umdl.umich.edu/N08073.0001.001>.
29. Carta a Lorde Kames em 25 de fevereiro de 1767. Disponível em: <http://www.franklinpapers.org>.
30. Edmund S. Morgan, 2002, p. 202-203.

4. Congressos

1. Bernhard Knollenberg, 1975, p. 149.
2. Idem, p. 151.
3. David McCullough, 2001, p. 79.
4. John Ferling, 2011, p. 70.
5. Bernhard Knollenberg, 1975, p. 173.
6. John Ferling, 2003, p. 113.
7. David McCullough, 2001, p. 86.
8. John Ferling, 2011, p. 95.
9. Robert Middlekauff, 2005, p. 268.
10. Idem, p. 272.
11. Bernhard Knollenberg, 1975, p. 208.
12. Idem, p. 229.
13. Charles K. Bolton, 2012, p. 52-53.
14. Robert Middlekauff, 2005, p. 281.
15. David McCullough, 2001, p. 22.
16. R. M. Ketchum, 1999, p. 183.
17. David McCullough, 2006, p. 55.
18. Disponível em: <http://www.silasdeaneonline.org/documents/doc12.htm>.
19. John Ferling, 2011, p. 246.
20. John Ferling, 2003, p. 169.
21. Montesquieu, 2008, livro IV, capítulo VII.
22. Gordon Wood, 2002, p. 122.
23. Ver, por exemplo, Newton Bignotto (2010).
24. David McCullough, 2001, p. 121-122.
25. David Armitage, 2011, p. 23-24.
26. Pauline Maier, 1998.
27. David McCullough, 2001, p. 147.
28. Guillaume Ansart, 2012.
29. Robert Middlekauff, 2005, p. 631-634.
30. Harvey J. Kaye, 2000.
31. Thomas Paine, 2005.
32. George Orwell e Reginald Reynolds, 1948, p. 15.

33. Há certa semelhança com o conceito contemporâneo de *blogs*.
34. Uma coleção dos panfletos mais importantes publicados nos dez anos anteriores à independência pode ser encontrada em Gordon Wood (2015).
35. Bernard Bailyn, 1992, p. 4.
36. *The Writings of Thomas Paine*, v. 1, cap. XXIII. Disponível em: <http://www.bartleby.com/184>.
37. Thomas Paine, 1982, p. 22.
38. Idem, p. 23.
39. Idem, p. 11.
40. Ver a referência da nota 35. Também disponível em: <http://www.ushistory.org/paine/crisis>.
41. Thomas Paine, 1982, p. 70.
42. Idem, p. 74.
43. Idem, p. 75.
44. Harvey J. Kaye, 2000, p. 94.
45. Para uma introdução contemporânea ao conservadorismo de linhagem burkiana, ver João Pereira Coutinho (2014).
46. FB Editions, 2015, p. 200.
47. Disponível em: <http://founders.archives.gov/documents/Adams/01-03-02-0016-0028>.
48. Harvey J. Kaye, 2000, p. 143.

5. Guerra

1. John Ferling, 2007, p. 77.
2. Don Higginbotham, 1971, p. 390.
3. Thomas A. Desjardin, 2007.
4. Vitor Brooks, 1999, p. 210.
5. David McCullough, 2006, p. 107.
6. Idem, p. 126.
7. Idem, p. 145.
8. Idem, p. 167.
9. Charles K. Bolton, 2012, p. 69.
10. Joseph Ellis, 2013, p. 157.

11. Gerald M. Carbone, 2008, p. 46.
12. John Ferling, 2007, p. 193.
13. David McCullough, 2006, p. 309.
14. Robert Middlekauff, 2005, p. 390.
15. Gregory T. Knouff, 2003, p. 123.
16. Ver Michael C. Harris, 2014.
17. Citado em John Ferling, 2007, p. 251.
18. Ver Thomas Fleming, 2005.
19. E. Wayne Carp, 1990.
20. Robert Middlekauff, 2005, p. 433.
21. Edmund S. Morgan, 2002, p. 294.
22. David McCullough, 2001, p. 237.
23. Robert Middlekauff, 2005, p. 444.
24. John Ferling, 2007, p. 425-427.
25. Robert Middlekauff, 2005, p. 463.
26. Idem, p. 472.
27. Idem, p. 482.
28. John Ferling, 2007, p. 526.
29. Idem, p. 541.
30. Edmund S. Morgan, 2002, p. 296-297.
31. Ver, por exemplo, Dave Richards, 2014.
32. Trecho de carta de George Washington a Nathanael Greene, em 6 de fevereiro de 1783. Disponível através do projeto Founders Early Access, da Universidade da Virgínia, em: <http://rotunda.upress.virginia.edu/founders/FOEA.html>.

6. Nós, o povo

1. John Ferling, 2003, p. 235.
2. A situação financeira dos EUA depois da independência é analisada em detalhe em E. J. Ferguson (1961).
3. Joseph J. Ellis, 2000, p. 54.
4. John Ferling, 2003, p. 279.
5. Carol Berkin, 2003, p. 46.
6. Idem, p. 51-55.

7. Robert Middlekauff, 2005, p. 649.
8. Idem, p. 652.
9. Carol Berkin, 2003, p. 97.
10. Idem, p. 94-95.
11. Robert Middlekauff, 2005, p. 666.
12. Carol Berkin, 2003, p. 148.
13. Pauline Maier, 2011, p. 70-86.
14. A. Hamilton e J. Madison, 2015.
15. P. Henry, S. Byron e R. Yates, 2010.
16. Dumas Malone, 1951, p. 170.
17. Bernard Bailyn, 1993. O primeiro volume cobre o período de setembro de 1787 a fevereiro de 1788; o segundo volume cobre até agosto de 1788.
18. Disponível em: <http://rotunda.upress.virginia.edu/founders/RNCN.html>.
19. Pauline Maier, 2011, p. 110.
20. Idem, p. 113.
21. Idem, p. 144.
22. Idem, p. 146.
23. Idem, p. 184.
24. Idem, p. 185.
25. Idem, p. 209.
26. Idem, p. 231.
27. Idem, p. 275.
28. Idem, p. 354.
29. Idem, p. 443.

7. Primeiros presidentes

1. Ron Chernow, 2004, p. 270.
2. Forrest McDonald, 1982, p. 128.
3. John Ferling, 2003, p. 315-316.
4. Joseph J. Ellis, 2000, p. 72.
5. Idem, p. 85.
6. Idem, p. 111.
7. Idem, p. 114.

8. David McCullough, 2001, p. 417-418.
9. Ron Chernow, 2004, p. 351-354.
10. Ver John Ferling, 2013.
11. Ron Chernow, 2004, p. 307.
12. Carta a James Madison em 20 de dezembro de 1787. Disponível em: <http://rotunda.upress.virginia.edu/>.
13. Joseph J. Ellis, 2000, p. 55-57.
14. Não confundir com o atual Partido Republicano, fundado em 1854 e cujo primeiro presidente eleito foi Abraham Lincoln.
15. Ron Chernow, 2004, p. 339.
16. David McCullough, 2001, p. 442.
17. John Ferling, 2003, p. 351.
18. David McCullough, 2001, p. 371.
19. Ron Chernow, 2004, p. 441.
20. David McCullough, 2001, p. 448.
21. Ron Chernow, 2004, p. 454.
22. John Ferling, 2003, p. 373-374.
23. Ron Chernow, 2004, p. 481.
24. Alexander Hamilton é a face que ilustra a atual nota de 10 dólares.
25. Disponível em: <https://en.wikiquote.org/wiki/George_Will>.
26. Ron Chernow, 2004, p. 496.
27. John Ferling, 2013, p. 290.
28. David McCullough, 2001, p. 465.
29. Idem, p. 484.
30. Idem, p. 537.
31. Ron Chernow, 2004, p. 556.
32. Ver capítulo 3 de John D. Galtner (2011).
33. Ron Chernow, 2004, p. 566.
34. David McCullough, 2001, p. 518.
35. Idem, p. 524.
36. Idem, p. 542.
37. Ron Chernow, 2004, p. 615.
38. David McCullough, 2001, p. 549.
39. John Ferling, 2004, p. 141-143.

40. Idem, p. 178-186.
41. David McCullough, 2001, p. 557-558.
42. Joseph J. Ellis, 2000, p. 25.
43. Ron Chernow, 2004, p. 636.
44. David McCullough, 2001, p. 561.
45. John Ferling, 2004, p. 206.
46. Idem, p. 169-171.
47. Idem, p. 208.
48. Ron Chernow, 2004, p. 647.
49. Joseph Ellis, 1998, p. 215.
50. Ver Annette Gordon-Reed, 2009.
51. John Ferling, 2013, p. 349.
52. Thomas Fleming, 2003.
53. O nome Du Pont ficaria famoso no futuro, depois que seus descendentes fundaram uma empresa de química.
54. Thomas Fleming, 2003, p. 54.
55. Idem, p. 61.
56. Idem, p. 110.

Conclusão

1. David McCullough, 2001, p. 646.
2. Bernard Bailyn, 1992, p. 19.
3. Alexis de Tocqueville, 2004, v. 1, p. 33. O trecho citado aqui não coincide com a edição brasileira. Ele é baseado na primeira tradução de Tocqueville do francês para o inglês, feita por Henry Reeve em 1835 (disponível, por exemplo, em: <http://www.gutenberg.org/ebooks/search/?query=tocqueville>). Na verdade, a popular expressão "grande experimento" foi uma criação de Reeve, não de Tocqueville, e não aparece nas versões mais modernas do livro.
4. Idem, v. 2, p. 311.
5. Idem, v. 2, p. 318.
6. Idem, v. 2, p. 403.
7. Christopher Hitchens, 2005, p. 186-187.
8. Idem, p. 187-188.

Referências bibliográficas

ANDERSON, Fred. *The War That Made America*: A Short History of the French and Indian War. Nova York: Penguin Books, 2006.

ANSART, Guillaume (Org.). *Condorcet*: Writings on the United States. University Park: Penn State University Press, 2012.

ARENDT, Hannah. *On Revolution*. Londres: Penguin Books, 1965.

ARMITAGE, David. *Declaração de independência, uma história global*. São Paulo: Companhia das Letras, 2011.

BAILYN, Bernard. *The Ideological Origins of the American Revolution*. Cambridge: Harvard University Press, 1992.

______. (Org.). *The Debate on the Constitution*: Federalist and Antifederalist Speeches, Articles and Letters During the Struggle over Ratification. Nova York: Library of America, 1993.

BERKIN, Carol. *A Brilliant Solution*: Inventing the American Constitution: Mariner Books, 2003.

______. *First Generations*: Women in Colonial America. Nova York: Hill and Wang, 1997.

BIGNOTTO, Newton. *As aventuras da virtude*. São Paulo: Companhia das Letras, 2010.

BOLTON, Charles K. (Org.). *Letters of Hugh, Earl Percy, from Boston and New York, 1774-1776*. Londres: Forgotten Books, 2012.

BOORSTIN, Daniel J. *The Americans*: The Colonial Experience. Nova York: Vintage, 1964.

BROOKS, Vitor. *The Boston Campaign*. Conshohocken: Combined Publishing, 1999.

CARBONE, Gerald M. *Nathanael Greene*: A Biography of the American Revolution. Nova York: Palgrave MacMillan, 2008.

CARP, E. Wayne. *To Starve the Army at Pleasure*: Continental Army Administration and American Political Culture, 1775–1783. Chapel Hill: The University of North Carolina Press, 1990.

CHERNOW, Ron. *Alexander Hamilton*. Nova York: Penguin Books, 2004.

COUTINHO, João Pereira. *As ideias conservadoras, explicadas a revolucionários e reacionários*. São Paulo: Três Estrelas, 2014.

DESJARDIN, Thomas A. *Through a Howling Wilderness*: Benedict Arnold's March to Quebec, 1775. Nova York: St. Martin's Griffin, 2007.

DOHERTY, Craig A.; DOHERTY, Katherine M. *The Thirteen Colonies:* Massachusetts. Nova York: Facts On File, 2005.

______. *The Thirteen Colonies*: New York. Nova York: Facts On File, 2005.

______. *The Thirteen Colonies*: Pennsylvania. Nova York: Facts On File, 2005.

______. *The Thirteen Colonies*: Virginia. Nova York: Facts On File, 2005.

DONOUGHUE, Bernard. *British Politics and the American Revolution, The Path to War, 1773–1775*. Londres: Macmillan & Co., 1964.

ELLIS, Joseph. *American Sphinx*: The Character of Thomas Jefferson. Nova York: Alfred A. Knopf, 1998.

______. *Founding Brothers: The Revolutionary Generation*. Nova York: Alfred A. Knopf, 2000.

______. *Revolutionary Summer, The Birth of American Independence*. Nova York: Alfred A. Knopf, 2013.

FB Editions (Org.). *Oeuvres de Robespierre*. [S.l.]: CreateSpace Independent Publishing Platform, 2015.

FERGUSON, E. J. *Power of the Purse*: A History of American Public Finance, 1776–1790. Chapel Hill: The University of North Carolina Press, 1961.

FERLING, John. *Adams vs. Jefferson:* The Tumultuous Election of 1800. Oxford: Oxford University Press, 2004.

______. *Almost a Miracle:* The American Victory in the War of Independence. Oxford: Oxford University Press, 2007.

______. *Independence:* The Struggle to Set America Free. Nova York: Bloomsbury Press, 2011.

______. *Jefferson and Hamilton, the Rivalry that Forged a Nation*. Nova York: Bloomsbury Press, 2013.

______. *A Leap in the Dark:* The Struggle to Create the American Republic. Oxford: Oxford University Press, 2003.

FLEMING, Thomas. *Washington's Secret War*: The Hidden History of Valley Forge. Nova York: Smithsonian Books, 2005.

______. *The Louisiana Purchase*. Hoboken: John Wiley & Sons, 2003.

FRANKLIN, Benjamin. *Wit and Wisdom from Poor Richard's Almanack*. Mineola, Nova York: Dover Publications, 1999.

GALTNER, John D. *The Hypomanic Edge*. Nova York: Simon & Schuster, 2011.

GORDON-REED, Annette. *The Hemingses of Monticello*: An American Family. Nova York: W. W. Norton & Company, 2009.

HAMILTON, A.; MADISON, J. *The Federalist Papers*. [S.l.]: CreateSpace Independent Publishing Platform, 2015.

HARRIS, Michael C. *Brandywine*: A Military History of the Battle that Lost Philadelphia but Saved America, September 11, 1777. El Dorado Hills: Savas Beatie, 2014.

HAWKE, David F. *Everyday Life in Early America*. Nova York: Harper & Row, 1989.

HENRY, P.; BYRON, S.; YATES, R. *The Anti-Federalist Papers*. [S.l.]: CreateSpace Independent Publishing Platform, 2010.

HIGGINBOTHAM, Don. *The War of American Independence*: Military Attitudes, Policies, and Practice, 1763–1789. Londres: Macmillan, 1971.

HIMMELFARB, Gertrude. *Os caminhos para a modernidade:* os iluminismos britânico, francês e americano. São Paulo: É Realizações, 2011.

HITCHENS, Christopher. *Thomas Jefferson, Author of America*. Scranton, Pensilvânia: Harper-Collins e-books, 2005.

JAYNE, Allen. *Jefferson's Declaration of Independence*: Origins, Philosophy, and Theology. Lexington: The University Press of Kentucky, 2000.

KAYE, Harvey J. *Thomas Paine, Firebrand of the Revolution*. Oxford: Oxford University Press, 2000.

KETCHUM, Richard. M. *Decisive Day*: The Battle for Bunker Hill. Londres: Holt Paperbacks, 1999.

KIDD, Thomas S. *Patrick Henry*: First Among Patriots. Nova York: Basic Books, 2011.

KNOLLENBERG, Bernhard. *Growth of the American Revolution, 1766–1775*. Indianápolis: Liberty Fund, 1975.

KNOUFF, Gregory T. *Soldiers' Revolution*: Pennsylvanians in Arms and the Forging of Early American Identity. University Park: Penn State University Press, 2003.

MAIER, Pauline. *American Scripture*: Making the Declaration of Independence. Nova York: Vintage, 1998.

______. *Ratification*: The People Debate the Constitution, 1787–1788. Nova York: Simon & Schuster, 2011.

MALONE, Dumas. *Jefferson and His Time*. v. 2. Boston: Little, Brown and Company, 1951.

MCCULLOUGH, David. *1776*: a história dos homens que lutaram pela Independência dos Estados Unidos. Rio de Janeiro: Jorge Zahar, 2006.

______. *John Adams*. Nova York: Simon & Schuster, 2001.

MCDONALD, Forrest. *Alexander Hamilton, a Biography*. Nova York: W. W. Norton & Company, 1982.

MIDDLEKAUFF, Robert. *The Glorious Cause, The American Revolution, 1763–1789*. Oxford: Oxford University Press, 2005.

MONTESQUIEU. *O espírito das leis*. São Paulo: Saraiva, 2008.

MORGAN, Edmund S. *American Slavery, American Freedom*. Nova York: W. W. Norton & Company, 2003.

______. *Benjamin Franklin*. New Haven: Yale University Press, 2002.

______.; MORGAN, Helen M. *The Stamp Act Crisis*: Prologue to Revolution. Chapel Hill: The University of North Carolina Press, 1995.

MURCHISON, William. *The Cost of Liberty*: The Life of John Dickinson. Wilmington: Intercollegiate Studies Institute, 2013.

ORWELL, George; REYNOLDS, Reginald (Org.). *British Pamphleteers*. Londres: Alan Wingate, 1948. v. 1.

PAINE, Thomas. *Senso comum*. São Paulo: Martin Claret, 2005.

______. *Senso comum e a crise*. Brasília: Ed. UnB, 1982.

______. *The Writings of Thomas Paine*. Nova York: Bartleby.com, 2013. Disponível em: <http://www.bartleby.com/184>. v. 1.

RANLET, Philip. The British, the Indians, and Smallpox: What Actually Happened at Fort Pitt in 1763? *Pennsylvania History*, v. 67, n. 3, p. 427-441, 2000.

RICHARDS, Dave. *Swords in Their Hands*: George Washington and the Newburgh Conspiracy. Candler: Pisgah Press, 2014.

STOLL, Ira. *Samuel Adams*: A Life. Nova York: Free Press, 2009.

TAYLOR, Alan. *American Colonies:* The Settling of North America. Nova York: Penguin Books, 2002.

TOCQUEVILLE, Alexis de. *A democracia na América.* São Paulo: Martins Fontes, 2004.

TREUER, Anton. *Atlas of Indian Nations.* Washington: National Geographic, 2014.

UNGER, Harlow G. *American Tempest*: How the Boston Tea Party Sparked a Revolution. Cambridge: Da Capo Press, 2012.

______. *John Hancock*: Merchant King and American Patriot. Nova York: Wiley, 2000.

WILSON, James. *The Earth Shall Weep*: A History of Native America. Nova York: Grove Press, 2000.

WOOD, Betty. *Slavery in Colonial America, 1619–1776.* Lanham: Rowman & Littlefield Publishers, 2005.

WOOD, Gordon. *A revolução americana.* Rio de Janeiro: Objetiva, 2002.

______. (Org.). *The American Revolution*: Writings from the Pamphlet Debate 1764–1776. Nova York: Library of America, 2015.

YORK, Neil L. *The Boston Massacre*: A History with Documents. Nova York: Routledge, 2010.

Este livro foi composto na tipologia Minion Pro
Regular, em corpo 11/16, e impresso em
papel off-white no Sistema Cameron da
Divisão Gráfica da Distribuidora Record.